God Universe and I

Phiem

ISBN: 978-1-4251-7432-3 (sc)

Trafford rev. 10/19/2019

 www.trafford.com

North America & international
toll-free: 1 888 232 4444 (USA & Canada)
fax: 812 355 4082

God Universe and I

Phiem Diary # 1

Preface

Dear reader,

I should have to wait for the things will be absorbed that meant I will be totally destroyed under the secret execution team mission.

I moved to my house so I was busy specially my thought that they was completed my left side body, my right side body if they continue it will be the same process they did to my left side.

But recently in the months end of the year 2007 they tried to transform me into man and before that they tried to change my voice into gay voice, gay then lesbian, I was resentful, that was the reason made the piston for me to prepare this diary to publish to warning it to the world that I do not accept that notion. They showed it to me that they are terrible eager doing things they are intended to win.

In this diary book there are the same words and the same actions repeated everyday like hospital chart, it will lose interested during reading, this book was not written a fantasy story, the diary is the fact, the document, it will be useful to dresearch,history,investigate, and reader may gain the idea how this world will be shaped in the future, dangerous or peaceful world.

I have asked myself, who are they?

I do not know.

The only thing I thought.

They are network.

They are powerful.

They are rich.

They could buy anything, any one.

They're moving along whenever I am moving.

They are always behind my back.

They could be witness.

They could be protectors.

They could be saboteurs.

They could be my enemies.

The expertises will know who they are.

What they want from me?

What I did to them?

Who am I?

Why I became their target?

My writing?

My books were written as the document. That was the whole true.

Read my books the audiences and readers will understand the subject I noted as my diary.

Phiem

January 26, 2008

I came back USA 2004.

They were from USA following me to Viet Nam then they were following me back USA.

I lost my diary 2003 to 2005 from Katrina hurricane.
I could not remember date. I just note down the things they did to me.

In Viet Nam I ate fish sauce, I could feel the popup inside my body.
Once day I review my lesson, I could feel the force shot to my head and behind my head at the neck. I kept working. Sometime later the process repeated.

In USA

I had lived in New Orleans.

When I stood at the kitchen sink, I could feel the pull out at my cheekbone, at my mouth, at my lower cheeks.
I could feel the shot to my head. It paralyzed me in seconds.
When I sat at my table in my room to do on my computer. I could feel the shot on my head.
I heard the noise on my roof and outside my room. I came outside my house to look what was going on. I saw nothing on my roof and outside my house.
Once day I saw the tiny swollen bag at my eyebrow.
I saw my eyelids were changing to sagging eyelids.

I saw my cheekbones grew higher.
I saw my two cheeks (under the cheekbone) were changed into sagging cheeks.
I saw the cheekbones grew higher.
I saw my two cheeks got more sagging.
At that time my two cheeks were to tighten muscles. My two thighs were tightening muscles, athletic muscles. My entire body, my face, my hands were young too.

I had lived in El Paso

This was the first time I had the normal dream since 1993 or 1994 I had lived in Austin. I noticed my dream have been deprived, control and I dream someone dream or artificial dream.
I smelt smokes and I had to cover my nose with tissue. I saw the smoking pot brought out from my next door apt.
The force just began shot to my body then I was moving.

The brain function can cure and it also can control the entire body.
The implant of cells or tissue into body, this could be lively growing process into body. It could transform the shape, the young and aging even the health, physical function.
The injection fluid or chemical formula is the same affected.

Smell

This smell did effected body like drug. It could be organic smell or chemical smell and so on.

I had lived in Irving

Once day I was smelt cooking food then I saw my skin turn brown gray. It looked tired.
Then it had another smell was turning my disastrous skin back to my normal skin.

Directed energy weapon

I was shot I thought so because I felt nothing touching my body or smelling of any kind at that time, I was immediately lost all my energy. I was so hungry. I was so tired and I could not do anything.

Enter into my apt.

They might enter into my apt. When I was sleeping because I was usually saw the shot on my face, at my leg and my teeth.
My face was turned aging, wrinkle.
My leg grew bigger.
My teeth soar, my jaw was uncomfortable.

Diary with the date

July 25, 2005

This evening I could feel the shot at my left lung in the back. I could feel the size about my finger and it lasted about 1 to 2 minutes. I felt pain too but after the shot, nothing. I felt OK.

July 27, 2005

Today and few days ago I saw red spot at my cheeks bone.
Then it had several red spot at my cheekbones, my nose close to my eyes and my forehead.

August 10, 2005

I could feel the shot to my ovary place, the left first then the right. I felt pain then I rub it with heating cream.
Last night I was dreaming that was not my normal dream. It was computer.
I woke up I could detect the strange things like my habit was changed. I act differently. I lost my gaiety manner, I felt boring.
They shot to my legs.
I could feel the shot behind my head at my neck.

August 12, 2005

I could feel the pat like cup pressed to my head at my neck when I was praying for my son.

September 22, 2005

I saw 4 red dots on my right leg and one red dot on my left leg.

September 28, 2005

Through the wall I could feel the shot to my cheek.

September 30, 2005

Today I saw my cheek was swollen.
They did something on my head, I could feel it effected to my feet.
I had a headache for all the night.

October 03, 2005

I could fell the shot or any kind of force that was over my knowledge, it shot to my left ear and my left cheek few days ago then today I felt funny like something bothering me. I could not feel the place where it was shot.

October 04, 2005

Yesterday I saw the thin string (white and small like my hair size) was sticking at my eyelid. I tried to take it out but I could not take it out.

October 06, 2005

Today I saw the tiny string at the middle of my eyelid it was exactly the other.
Laser or a kind of force shot to my female. I felt burst and the vein of my leg too.

October 07, 2005

When I take shower, I could feel the assaulted shot of laser or a kind of force shot to my head.

October 12, 2005

I could feel the force shot to my head at the place control human unconscious.

October 19, 2005

When I stood at the kitchen sink to do dishes, I could feel the thing at my bone close to middle of my sole side. I saw the red dot pin trace at my left foot few days ago.
I could feel the shot from my right thigh then it affected my bone down to my heel.

October 20, 2005

I could feel the force shot to my back neck under my left head then I felt my left dull then my bone at my knee pain.

October 21, 2005

After lunch I usually do dishes at the kitchen, I could feel the bunch of ray (laser or any kind of magnetic wave or electronic wave) stir to my stomach.

October 22, 2005

I could feel the shooting hit my legs and the upper part behind my waist. It was affected to the nerve through my sole at the center of under my feet.

October 23, 2005

I was dreaming with learning I understood precisely, I woke up then I dreamed nightmare with stupid resolving problem. I was woken up into headache for almost entire day.

October 25, 2005

I could feel something strange at my right ear up to my forehead. I had headache later.

October 27, 2005

I could feel the shot at my too legs. I could feel the shot at my mouth at the right side.

October 28. 2005

I saw my left thigh was swollen.

October 30, 2005

I felt something from the force, I felt my left leg soar from inside to my knee.

October 31, 2005

I could feel the force attack on the top of my head, behind my head at my neck from right side to left side.
I felt tired, uncontrolled my physical.

November 1, 2005

Today I saw two dark dot pin traces on my center upper lip.
This morning I woke up I had a headache. I knew it was hard for me to concentrate to remember my son in order praying for him.

November 2, 2005

I smelt organic like garlic; stew cooking dishes that made something I could fell my brain expansion.
Force shot behind my head, force shot my legs, force shot to my left intestine. I felt soar.

November 03, 2005

It was organic roast pork smell.

November 05, 2005

Some one might be in my apt when I was sleeping but they came into my apt. from the roof or underground, it was not from the door.

November 09, 2005

This morning I woke up I felt soar at my cheek like acne. I used alcohol to wash it.
My athletic thighs today I saw it was grown bigger and it had fatty gouges.

November 10, 2005

I saw the circle size big like my finger at my right eye bag, it was purple color, I saw my whole eye bag and my under lid eye were in dark brown to purple.
Force shot to my head, my neck, my legs, and my body.

November 16, 2005

I heard the noise at my kitchen. I was afraid so I want to be awakening for whole night but I slept and I woke up at 6 A.M.

November 21, 2005

I saw the red dot at my right side mouth 2 days ago. I saw the carving at my left side mouth.

November 27, 2005

I saw the red dot at my right side tear eye drop line, few days ago I saw the red dot at my left side cheek.

November 30, 2005

Organic oriental cooking smell, this is different from chap and dried skin. This was affected organ like heart and nasal, lungs.

December 01, 2005

This is I could say the out came dream from some one because I have never see that in my life the woman bodies with tattoo.
This evening force shot at my left side ear head, few days ago force shot at my right eye bone.

December 05, 2005

Gas
I woke up I felt head ache, I took two tables of Tylenol.
Few days ago I saw the trace of needle injected under my left cheek skin.

December 07, 2005

I saw the red dot at my forefront close to my left eye.
I dreamed the doom day.

December 9, 2005

The force shot to my cheek, my head, arm, legs and stomach.

December 11, 2005

I could feel the wave (not the shot) to my head at the front and the back too.
It was affected to my concentration and it leaded to the emotion when I was reading and listening.

December 12, 2005

I saw the trace of cut at my right side ankle.

December 13, 2005

Force shot at my thigh.

December 14, 2005

Force shot to my head, it was affected my vein, my left under arm. This is physical affected. Mental.

December 16, 2005

Out came dream, I was in malicious behavior in that dream.
I want to explain how it was processing.
First I dreamed with my subconscious mind then I woke up, that is my character.
Then I went back sleeping again, at this time I dream artificial dream with the manner they control in the chip or something from psychology.

December 22, 2005

I could feel the force attack on my head, legs, lower abdomen, kidney, back, intestine, and stomach.

December 25, 2005

Music could cure and music could change or affect mental activity.

December 26, 2005

Last night I woke up but I was still in sleeping. I heard the voice male and females laughing, walking, and running outside my apt. .

December 29, 2005

Injected under my left cheek skin

December 31, 2005

Out came dream (doi truy), enjoying life with no limit (I don't know the word correctly to name this notion).

January 04, 2006

I felt uncomfortable under my right eye side. I saw the line and red at that place.

January 05, 2006

I saw the red dot at my finger like blood test.

January 08, 2006

I went to Monterey, Mexico

January 11, 2006

I came back Irving, USA
I moved out my apt. I rent another apt. in Irving too. I changed address.

January 22, 2006

The team was moving along wherever and whenever I was moving.

January 24, 2006

Out came dream, this is sex dream, This is my fiancé, he never hold my hands for the second time, don't think about our sex. Ask him to know the truth.

January 26, 2006

I was dreaming I ate with manner I was so hungry, I kept putting food into my mouth, I ate a lot.
My subconscious mind conducted my habit eating this evening.
In awake I ate like I ate in my dream.

February 06, 2006

The secret action was performed on my body by one team then another team discharged the affected action on my body secretly also.

February 07, 2006

The secret team was moving to my new place set up their equipment.
I could feel the shot on my head when I was reading.
First I could feel heavy from the pressure to my head then my brain was in lower condition like dull, it was hard for me to study and understand.
I could feel my vein and my nerves were irritated.

February 10, 2006

I saw the trace of cut at my cheekbone. I saw that place was grown bigger and higher than the cheekbone at my right side.

February 12, 2006

I could feel my left side ear my cheekbone were in strange feeling and my muscles at my left side face felt in strange feeling too.
About few days or week ago when I took shower, I could feel the pressing to my stomach at the left side. This was about 4 inches wide and pressed down to about 10 inches long, I felt pain at that time.

Until today I had experience of aging process like muscle aging process, brain-aging process, smell aging process.

Nerves and brain could be attack to lead to disorder and handicap and died easily too.

February 15, 2006

Using acupuncture pattern to paralyze nerve points and muscles too.
Using magnetic wave to paralyze or domain thinking, studying, reading, and praying too.

February 17, 2006

I saw the trace of pin injected at my right side nose and two others at my two cheekbones.
At night I was awaken up in seconds to know and remember my left leg was reacted by nerve testing.

February 18, 2006

I saw the small circle dented in at my two cheeks but it were not at the pin injected places.
At night I was awaken up in seconds to know and to remember the force made my stomach raise up and expanded, I felt uncomfortable or a kind of upset stomach.
Then I went back sleeping again.

February 19, 2006

I was in brain attacking when I was reading. I stop reading because the affection as I described.

February 20, 2006

I woke up just few minutes ago and now is 3:22 AM
It was something bothering me at inside my left ear like itchy I needed to use Q-tip.
The inner ear is violent
When I was living in another apt. before I moved into this apt. First I felt the force irritated my left ear then the big shot I could die at that time.
Here in this new apt. Whenever I sat at the salon chair I could feel my left ear was in attacked like itchy then I felt funny like dentist anesthesia.

February 21, 2006

I saw my cheekbone grew higher and the bone to the ear also grew higher too. I saw the green circle about my thumb at that place.
I could say that I could feel like something was working, moving or action at my cheek bone some time and few days ago too.
In bathroom I could feel like the pin shot at my right backside, attacking my right head, behind my head close to my neck.
I did not feel any pressing or any shot at my stomach but I felt pain at my stomach at the right side.

February 22, 2006

This afternoon the force shot to my head I got dizzy at that moment shot.
Then this evening when I stood at the kitchen sink to do dishes. I could notice the shot at my head at the top and the shot at my right thigh.

February 23, 2006

This evening I stood at the kitchen sink to do dishes the force shot at the top on my head like yesterday. I got dizzy but it was not much like yesterday. The force also shot at my left thigh.
Last night out came dream to change habit, gesture, eating gesture.

February 24, 2006

Last night when I was laying in my bed, I felt the shot to my two thighs then I raised my thighs to avoid it.
Later I could feel the vibration from my left head to my left side of my body to my left leg to toe. I felt sleepy when I woke up about 1:30 A.M. I could feel a little dizzy and foot pain. Then I stood up and walked the muscles were exercise, that pain was gone. My left ear and my face felt funny.

February 25, 2006

After I took shower I felt pain at my heart, my chest then my stomach.
This evening I was studying German, I just review it because that was longtime I had no chance to read. I could feel the force on my head, my left ear. I felt dizzy and I could not concentrate to understand what I read. I could not study, I could not think. Then I moved to another place. My brain was in back normal.

February 27, 2006

Today when I take shower I could feel that the force shot to my chest at my heart. I felt pain from that action. It was my uncomfortable body.
The evening I sat at the table, I could feel the force struck on my head then it leaded to headache for a while. Then that force was continued to my eyes, to my left eye seconds then my left ear and left side. I was in difficult concentration, I was in dull, and I was in forgot state.

February 28, 2006

I take shower then I could feel the shot to behind my right back head at the center. This is the cure point.
When I stood at the kitchen sink, I could feel the force made expanding inside my head. I felt headache at that moment, uncomfortable.

March 1, 2006

After lunchtime I stood at the kitchen sink to do dishes, I could feel the light vibration, after few minutes I felt like dizzy and head ache for a while then it was gone.

This evening when I do dishes I could feel the bunch of jet rays it was light touch to my head in the back and on my shoulders, this was not make me feel dizzy.

March 2, 2006

Yesterday I saw the trace of the pin injected at my right cheekbone.
These days I was so immense sad because I was prevented on my reading, I do not have TV, I do not have computer, I do not have newspaper, the only I have some books I borrow from library.
I just sat there, I have a lot of thing I need to do but I could not do anything.
For my boring time I just eating. This is the dangerous thing to do.

March 3, 2006

This early morning I'm praying in my bed I could feel the force shot to my head at the top then the shot to my lung. It was pain.
This evening I sat at the salon, I could feel the force attacked to my head, my left head then down to my ear to my left mouth. It was like nerves and muscles; it was funny like dental anesthesia.

March 4, 2006

Toggle command
I had this experience, the process leads and changes subconscious mind and conscious mind as hypnotism.
In the past I was one time heard my own voice then following the mysterious spirit conducted.
I sometime heard the songs were singing from someone during my dream or it was not in my dream sometime it was at the time I was about to woken up.
That was silent changing and abusing process to perform to the twin light conscious it was affected us but we do not know the reason.

March 5, 2006

I noticed the toggle command. They knew their command. It was not my error.
I wrote the poem Toggle Command for this chance.

March 6, 2006

At the kitchen sink I could feel the shot to my head and the forefront.

March 8, 2006

Few days ago I saw the small spot at my nose. I felt pain but it might reduce nasal when I was walking outside in cold weather.
Yesterday I saw the white dot at my left side mouth.

March 9, 2006

At night when I was in bed, I could feel something bother me at my left ear then the pressing for too long. I felt funny at my left ear, my cheek. I came to the mirror to look; I saw my cheek was swollen bigger than the right one.
Today I saw my arms muscles were saggy. I found out it has some white dots on my arms.

March 10, 2006

Today I was OK when I was sitting at the salon, it was nothing assaulted me reading and writing.

March 11, 2006

The out came dream.
I only remember the dream, I asked the woman on the phone.
Did your husband tell you my name?
Then I spelled out my name PHIEM.
She silent then cut off the phone conversation.

This was conducted dream for the thing they might want to do to insulted me from my behavior.
Because I said if I remarry, I am praying to God find and chose for me the man as my praying to God because they humiliated me. If they not humiliated me I was not praying God like that.

March 16, 2006

I dreamed the doom day.

March 17, 2006

Yesterday evening I could feel vibration or the whole force of Magnetic wave to my whole head. It's not pain.
This morning when I woke up at the dream, I was dreaming I went to bathroom and the physical body did processing like we were awakening. This I had it first time when I had lived in Austin 1993-1994 after they invaded my subconscious mind.

March 18, 2006

Yesterday I could feel the shot to my right arm. It was usually at my left arm, my both legs, my stomach, entire body.
I could feel the moving or working process muscles at my left side mouth like white blood cell fighting.

16

The force to my left ear and my left face when I was sitting at salon, It grew bigger and higher.

March 19, 2006

I sat at salon for reading, to do my work then the force assaulted to my head, and I had this experience before Dull and Dizzy.

March 20. 2006

I saw the bone at my left side face and the cheekbone grew higher and bigger.
I could not read or study because they assaulted to prevented me to do so I quit.

March 24, 2006

Few days ago and until now every time I sat at my salon, they bother my ear, my left head, I could not continue reading or studying, I quit because the kind of head ache, dull, uneven, damage.

March 26, 2006

Today I can determine that they did brain study process then brain abuse process, then brain deprive process, and next it will be brain homicide process.

March 28, 2006

Today I could feel my teeth soar after the shot from my head. I could feel the nerves from my head, my forefront to my eyebrow the left side.
Few days ago I could feel the shot at my left tempo, I could feel soar.

March 29, 2006

When I was in bed to rest I could feel the force shot to my left cheek then it stretched down to my lower cheek then down to my chin back to my ear. I could feel it bothering me like that place was swollen I came to look it from mirror; I saw it was swollen as a kind of saggy.

March 30, 2006

I saw the red dot at my eyebrow, my eyebrow grew higher and bigger.

April 1, 2006

Last night sex invasion dream, they rob emotion then lead to sex, from that subconscious to physical function.

I can figure it out from it was conducted and the result will be. The victim was domain on the conscious, it will store in his or her subconscious. That is the mental affected to life. Today I could feel the force stir on my right head at the top.

April 3, 2006

I saw the white dot at my left side mouth where I took string (they inserted the string) out few days ago; I also saw several white dots at my two arms and 3 white dots at my stomach.
When I was reading, I could feel the force bother me at my head, I felt headache, dull, heavy, I could not continue, I quit.

April 9, 2006

Out came dream.
They change my eating habit back to my normal.
My eating habit was changed but it was not obviously attention. When I noticed that, I intended do the worst as much as I could to state my bad eating habit because I thought my bad eating habit does not hurt any one including me, when I dinner with King or Queen of Europe I have to pay attention my eating gesture.
I concern on other thing like my human dignity, my honorable, and my life.

 April 10, 2006

Something wrong at the middle of my back the right side back, it was like strength muscles and vein. It was happened when I take shower.
This evening I could feel the force shot to my right ear area.

April 11, 2006

This evening when I was reading, I could feel the force control on my head. I could not continue, I felt dizzy, headache, heavy, I could not think, I could not reading. Meanwhile I felt pain at my chest, at my heart then down to my leg. I moved to another place in my apt. Then the pain was gone after few minutes.

April 12, 2006

I saw the line was raised at my left side nose, it was like something injected under skin, it size about toothpick and about 21/2inches long but I could not see the trace of pin.
When I take shower I could feel the shot at my female at the right side.
This evening when I was reading I could feel the force attacked to my head, I could not continue, the affect was the same as I described before. Sabotage!
At my bed time the force attacked to my forehead then to my eyes then to my heart. It was so pain but I was not avoiding it, I felt tire, it was still pain.

April 13, 2006

This morning I could feel the force pull up at my blade.
This morning when I woke up, my chest was still in pain condition even when I was praying in murmur.

April 15, 2006

I saw both sides of my nose the skin was discoloring.
Last night I could feel the shot at my day chang (the place between hip and blade), It was so terrible pain like the day I stood at bus stand waiting for bus after I bought pots for my plants.
Today I could feel the shot at the center of my chest from the neck to the marrow borne.
They formed my left side forehead bone was raised higher and my left side from the cheek to the ear too.
The pain at my head yesterday was gone.
I saw my stomach muscles were raised; my stomach was looked like body builder stomach.

April 17, 2006

When I do dishes this evening, I could feel the shot at my back at the center right side then I felt tighten at the pelvis area.
This evening when I was reading, the force attacked to my head, I felt pressure pressing down inside my head, I felt tired, headache, I could not reading.
Then I could feel the force stir on my left head at the top, it made me forgot what I was just reading. I quit.

April 18, 2006

Last night the sex dream conducted by outside, it affected my physical body sex activity. It means Professional selected my normal sex activity with my ex husband from my subconscious mind then created artificial dream.
This evening when I do dishes, I could feel the shot at my buttock and my hip too, and then I could feel the pressure tighten my muscles at my belt line at the back. I felt pain at that place then pain down to my entire left leg.
When I brushed my teeth, my back was exhausted.

April 19, 2006

Last night I was trying to be awakening because I am afraid of something they might do to invade or to control my subconscious mind when I was in sleeping. I tried but then I smelt food then I felt sleepy, I tried to wake up many times then I felt into sleeping. I had many dreams and I woke up at each dream to remember and enough to heard the voices enchanted exclaim then I went back sleeping then I had another dream until sunrise.
My back is feeling better with heat cream.

I do dishes daily routine at the kitchen sink then felt severe pain at my left hand, I felt pain at my chest, my heart.

This evening I smelt smoking.

Today I saw the dented place at my right cheek, it was turning darker skin than my skin, few days or week ago I felt my skin at that place rough like sandy feel at my finger but I did not know what it was.

Today I saw the trace of pin and some material were using, I saw it was the size of thread and it was implanted into my face and my body may be.

April 20, 2006

I do dishes after lunch, I felt pain at my right thigh and it was the same as my left thigh pain yesterday when I take shower. My left legs then my left arms were pain but I could not feel any force or vibration shot to my body or even smell.

My back and my left arm were still pain.

This afternoon when I sat at my salon chair, I could feel the tiny shot at my right hand, I could feel the itchy inside my right ear then the shot on my head, the light shot then the shot down to my right neck.

I could feel something to my head then I could feel something went inside my nose like a cleaner perform then the wave or force it affected sensation nerves of course I prevented it. I had the phone call from unknown person.

I sat at the sofa, I could feel the soar and pain at my lung. I stood up and walked to another place, it was gone.

Then evening came I sat at salon chair I could feel the shot to my left hand, I could feel irritate to my ear then I felt something in my head like headache, dull then my sensation nerves were affected. Then I walked away from that salon chair, my nerves were out of attacking, I tested it again but it was not came back.

Then I walked back salon chair and sat down there to write this note, my nerves were back in attack from my head.

April 21, 2006

This morning I saw the circle trace about my finger size at my forehead, it looked like the pressing skin testing or under skin testing. I also saw the red dot at my left cheek.

When I do dishes I could feel the shot at my heart for about few minutes, it was pain for a while then it was normal, it seems neutralized body emotion.

April 22, 2006

Telepathy process first made the attention, it was from music, sound, view, and thinking then it was the hypnotism, it was used to invade people mind to lead the victim to communicate, to do what the victim though it was right to do. They tried hard then harder until they command the victim into their telepathy conversation or thought. The victim was not aware of what cause the sentiment, emotion and so on.

I usually defend myself by saying and thinking the upside down attract subjects

April 23, 2006

I saw the circle as the size of my finger at my left cheek it looked like skin testing.
My lower abdomen was raised, I felt hurt. I could feel they pull it up or out so many
times when I was laying in bed, the first time they pull it up or out I had to go to
bathroom because my bowel was out with that force.

April 24, 2006

In the afternoon I could feel like the screwdriver on the top of my left side head and it
was pressure down feeling, sensation emotion, not concentrate reading, when they put off
their screwdriver from my left top head I was back normal in reading.
This evening when I do dishes I don't feel the force of laser or wave but it was like
something on my head, it was affected to my body, specially the left leg, nerves, vain,
and the joints too. I could feel dull, lost feeling, exhausted nerves and vain to my left leg,
and I got dizzy for a while.

April 25, 2006

Yesterday I touched the small dot at my left back head close to my neck. My ear area and
my left back head it was affected by something or by that dot.
When I sat at the table having dinner they attacked on my head I had sensation during
eating food, as at the salon chair I stood up, I walked away from the place was attacking.
This made me wrote Gold umbrella poem.

April 26, 2006

At the lunchtime I stood at kitchen sink I could feel the shot to my both legs.
In the afternoon I smelt like smoking, food cooking, and strong smell I did not know
what it was.
When I do dishes in the kitchen sink I could feel something did to my stomach, it was
like pressing but it was not hard like I had that experience when I take shower as I
described it before.
My buttock was hurt but I did not know what it was because I could not see behind my
back.
Now it is the midnight, I finished my reading the news on my cell phone then I realized I
was free from the abusing sensation force, I felt ease, I felt comfortable.

April 27, 2006

This morning I woke up about 5:30 a.m. with artificial dream, I just remember single
thing at the last minute of the dream.
I felt hurt at my stomach muscles, like upset stomach that I described before then it was
gone. I also felt my left ear frame hurt, the force penetrate through walls, ceiling, and
outside or it was control by devices installed in my apt.

21

I saw my left cheekbone and the bone from my left cheek to my left ear were grown higher and bigger, it is not my face, I detested it.

My stomach was ugly to me, it is not my stomach, and I detested it.

Why they are trying to deform my beauty, my body for what reason?

April 28, 2006

Yesterday I could feel tighten at my female area.

This morning I woke up I feel painful at my uterus area like period time, I was still in bed I felt my left leg; my left thigh was in exhausted pain. I got up and do exercise then it was ease for me.

This morning I saw the trace of pin at my left cheekbone and I saw both cheeks were dented in.

This evening when I brushed my teeth I could feel my left leg was dull, after I walked for a while in my apt. It was back normal.

April 29, 2006

This evening I sat at the salon chair I could feel my right ear was itchy and something did to my left ear frame too. I did not feel shot or wave or vibration but my right lower leg at the center pain then tighten muscles. I moved from salon chair to the dinner table I could feel something did on my head I continue review my work when I finished my work the force was on my right head, I felt pain at that place then the shot to my two tempoes.

April 30, 2006

Last night I was in bed I could notice the shot at my left side female, it was hurt then it hurt was gone after hour or half hour.

During the night when I was sleeping, I knew that I was not in awaken situation but they did something made me could remember something that they did to my lip like laser pin, it was not dreaming.

During the time from 1995-1999 I had lived in New Orleans, I stood at my kitchen sink with has window I could feel the thing ran on my face, it was like a pin was drawing on my face, my mouth. I could notice the force pushed me back and the force pushed my face back too like Tai Chi practice, It was happened to me more than two times.

Here I have to explain that because readers will not understand what it was.

According to the field of clairvoyance and fortuneteller state the Astrology, appearance, palm reading, and psychic are included.

Appearance has indicated that who has dragon mouth (ham rong, the line from the nose to the outside mouth form the hyperbola line) that person is famous, good.

Who has robber mouth (ham an cuop, the line from the nose to the outside mouth form the zigzag curve line and if it ran to the mouth) that person is bad and starving,

they draw the curve line to my mouth. What people have noticed since 1999.

When I was in Austin 1993- 1994 they remove the red dot in the middle of my hand,

Palm reading state that red dot means I have some one helping me (an nhan). When I saw it was gone, only the tiny hole at that place I was worrying if I supposed have someone who is helping me, my benedictory will face the trouble then I was so angry, I talk to myself that they have to understand, the city existed first then the map will direct us to the city, we can tear the map but the city still exist there.

After lunch I do dishes I could feel the force shot to my body from head to my lung, my back, my hip, my legs, my arms. I could feel the joints pain too, joints were still pain but it reduce. I had a little dizzy then it was gone.
My right lung was hurt when I sat at my sofa, I stood up I walked the pain was gone for a short of time.
At the dinner time I do dishes I could feel my left arm was hit by force then it was exhausted pain, I massage my arm muscle then it pain was gone.

May 1, 2006

I do dishes this evening I could not detected a kind of force it was but it affected to my head I felt little dizzy.
When I brushed my teeth my left buttock was in strength vein then my left leg was dull then my left leg was hit by force, I felt pain at the middle of my thigh then the pain was gone after few minutes then my leg was not strong, I walked to exercise my legs, all the pain was gone.
When I sat at the salon chair I could feel the force did to my head and my left ear side.

May 2, 2006

Today my head at my left side ear is still bothering me, it was pain a kind of headache when I was reading.
This evening when I brushed my teeth I could feel the force shot to my shoulder and at my right arm.
Yesterday and to day I noticed that my lips were different. It was not my lips, it was not my mouth shape.
My nose skin grew into rough skin condition.
My cheeks were in saggy muscles.
Until today I have to write these sentences to describe my face.
My forehead is wrinkle.
My eyelids were worn down.
My cheekbone were grown higher specially the left side.
My chin was not in smooth shape.
My stomach is body builder stomach.
My thighs were bigger and fat thighs.
I could not see behind my back so I did not know what was happened to my back body.

My mental

They attacked my subconscious mind when I was in the between conscious and subconscious.
The action invaded emotion to lead to sensitive human could not aware of that, lire.

23

They focus on the notion of sex, abuse about sex, they knew exactly what I was talking about.
They could select what they want from subconscious, they could enter subject they wanted from subconscious to conscious and reverse it.
They could implant microchip to function and control both physical body and mental as well.

May 3, 2006

Yesterday until today I could feel something bother my two lungs then evening I felt ease.
This afternoon when I sat at the sofa I could feel pain at my left knee and exhausted at my right shoulder.
Then in the evening I sat at the salon chair for reading I smelt something then I felt the force shot to my top head, I lost concentration and I saw in the mirror I looked older, looked tired.

May 4, 2006

This afternoon I could feel something as a kind of irritate to my left ear then I could feel the expansion from my left ear and my left head when I was reading.
I felt free from headache bother me when I was reading.

May 5, 2006

Last night it was heavy thunderstorm, it may cause the sensitive electronic was damaged.
I asked God why they always created the ill thing to humiliate, to harm, and to abuse people including me. I felt free this morning from the force attacking when I was in bed.
When I do dishes I could feel the force shot to my left cheekbone, my left cheekbone grew bigger. When I sat at salon chair I felt hurt at my left foot, I felt pain at my left leg, it was something else I could not detect the shot.

May 6, 2006

Last night I woke up I heard women voices they were laughing outside my apt.
Today when I sat at the table at lunchtime, I could feel something, force did to my head then I felt pain for a while at my chest, my heart then the pain was gone.
When I do dishes I could feel something to my left cheek and the shot to my right hip.
When I brushed my teeth I saw the puff at my left cheek.

May 7, 2006

At lunchtime I sat at the table I could not feel any kind of force shot to my head but I felt headache at the state we felt tired and could not do anything more. I walked away from the table then the headache was gone then I came back table and sat down there the headache I got like I just described.

When I do dishes I could feel the shot to my right back at the belt line.

This evening when I sat at the table they active or shot to my right side head, first it's at the middle then to top then down to my neck, I could feel pain for a while then it was gone.

When I do dishes I did not know what they did but I could feel the pain at my arms, my joints, my fingers, my left shoulder the pain was gone after few minutes.

I saw my left cheekbone grew higher.

Last night I tried to be awakening until 5: 00 A.M.

May 9, 2006

They released my sensation sex nerve that they controlled from my head before yesterday.

The force did to my right back neck like the one they did it to my left back neck on May 2005. Something bother me on my right side head, right ear and neck, it was same like I had that at my left side head on May 2005.

Recently they did something to my head I could feel like headache as a kind of tired could not do anything more. Every body thought it was illness! It can cure but it may become silently killer.

Yesterday my face was made fun of people who knew and saw me before because my left face was swollen and grown higher and bigger than the right side.

They did something to my head it affected to my brain the result is number and difficult for reading.

Recently, I fear they wanted to harm, to kill, to humiliate me during the day and night by physical body, subconscious mind and even by germs and chemical also.

May 10, 2006

After I take shower I saw the red dot at my left side mouth, it was on the white dot place. This evening when I sat at my salon chair I could feel the pain at my day chang (place between hip and lower abdomen) for about few minutes. I felt something did to my left top head at the area for speech then to the right at the number area. I could feel something did to my left back neck, I felt tired for reading, and I quit. I thought I did a lot of work today so I was tired.

May 11, 2006

Recently I fear to go to bed at night, I fear to read also because I did not know what they tried to do to my brain, my subconscious and my conscious mind.

Last night I had a dream I was carefully word chosen to speak out I woke up at that time enough for me to remember just that then I went back sleeping again then I dream another dream. This time was conversation between the group about political for Viet Nam then it was turning arguing, one man was losing control he was using insult language, I was so angry I told him communism, I woke up then went back sleeping again.

25

This morning I sat at the salon chair the force did to my left side head I could feel something heavy pull down like domain my head, it was uncomfortable then few hours later I had lunch at the table, my head was turned back normal. I did not know it turned back normal itself or I moved to another place out of that force.

In the evening I sat at the salon chair for reading then I first smelt perfume then they might do something to my head I could feel pain at my left side head and my left side back neck then the force did to my right head I felt headache, dizzy, I waked away from salon chair it was gone. I came back chair to continue reading I could feel the shot at my left side back neck I felt headache then the nerves at my upper lip to the left side ear were pulling up, my heart pain for a while, I felt tired.

May 12, 2006

Last night after I finished my reading I go to bed I was laying down on my bed then I noticed the force shot to my left side intestine it was continuing for hours because I want to know how long they will succeed then quit doing that. It was so much pain to me, meanwhile they trigged to my left eye for seconds or minute, the force shot to my left knee made pain and shot to my right thigh too. After I was so tired at that position I began turning my body to the right side then I was falling in my sleeping.

I had a dream the war from the time of Viet Nam war and it was confusing to today war, the noise outside was composing to my dream war activity, I thought I just bought can food for emergency then the loud noise and walking people outside were bombs in my dream but it also woke me up. I woke up to know the painful I got before sleeping now it was gone. I observed it but it has not any trace on it.

May 13, 2006

From to day I did not know what they did to my body so I wanted to avoid their shot as much as I could. I didn't let them do anything to my right head side however I could feel the shot at my blade and the pain at my right knee.

Last night I fear to go to bed until 6 a.m. I took nap this afternoon I could feel the shot to my left head and my left ear and my back neck.

I was ease for my unbalance, not feeling, and pain at my left head.

Now this is evening I am feeling better than in the morning with a kind of pain, unbalance, not sense at my left ear and my left head.

May 14, 2006

Last night I slept well and had normal dream but I forgot now.

This morning as I said I have to cover my stomach with my jacket.

I felt pain at my left toenail, this pain was gone after I do exercise.

The smell I did not know if it was mysterious or not, first I smelt Ajax then sewer, urine, and Lysol. My skin was so dried specially my left mouth area.

This evening when I sat at salon chair the force shot to my head I felt uncomfortable, it was pain but it was no severe pain as few days ago.

May 15, 2006

Today I saw the dot at my left side upper lip and the dot at my left side nose
When I was in bathroom the force did to my buttock at the vein and bone, it was
uncomfortable for my walking.

May 16, 2006

Today I could walk without pain at my right knee it was a long walk, I felt happy.
When I was in bathroom I could feel the shot to my left leg.

May 17, 2006

In the kitchen I could feel the shot at my left side stomach and the force did to my head,
my back too. When I was sitting at the table at lunchtime I could feel the force did to my
top head.

May 18, 2006

Last night I was falling into sleeping until 5:15 a.m. that I thought I tried to be awakening
all night.
I saw the red dot at my left cheekbone.
This evening I was sitting at salon chair I could smell something I don't know what it
was, it could be leaded to sleeping condition. I could feel something did to my left head
then down to my left face. The force also was executed to my lower par leg, it was pain
and I could see the quarter size dented on the skin then the pain was gone. The force did
to my right head I felt senseless. I walked away from that chair I felt ease from that
affected process.

May 19, 2006

I could not resist sleeping so I slept well last night.
I could feel the force did to my head when I sat at the table eating junk food.
This evening when I sat at my salon chair reading the force stroke to my nerves, it was
affected my sensitive nerves at my left breast, I could feel the heat at that place. I was so
angry this then they stopped it.

May 20, 2006

Last night I smell something at my bed like banana then tobacco then I felt sleepy then I
woke up 2 times to go to bathroom. I got something like nervous, sensation nervous. This
evening I was back normal with the sound.
This evening I sat at the salon chair I could feel the force stir on the top of my right head.

May 21, 2006

Last night when I was laying in bed before sleeping I could fee the force do to my head then I had headache for a while then it was gone. When I was falling into sleeping then the hallucination I viewed the landscape of the garden, it was rolling like we are watching movie. This was the conjunction to some one subconscious mind. It was from some one mind had that view experience in life, now she or he was in my subconscious mind. I opened my eyes I tried to be awakening and got out of that screen.

Later I was falling into sleeping I woke up to go to bathroom then I went back sleeping again.

I woke up in the morning but still lying in bed I could feel the force did to my right ear at the tempo then to my head at the forefront both left, right and the middle of the forehead. Few days ago the force shot to my heart, I felt tired when I woke up, and I felt pain at my heart. Within 10 days from today the force did to my left side body, it was not ease my bone and joints, my hip, and my leg.

These days I could smell something like dried air, I saw my face looked tired and a kind of dried tissues lack of oxygen.

May 22, 2006

I fear to go to bed because the invasion from some one to dominate my subconscious and conscious mind when I was starting into my sleeping, I am human I could not resist nature then I went to bed at 3 a. m., this morning I woke up I felt tired.

I stood at the kitchen sink at noon I could feel the heat at my left side body then I smelt dried air. I felt the force stir inside my nose it made itchy.

My skin at both sides of my nose were a kind of discolor skin and wrinkles started on my nose.

When I take shower the force shot to my left hand, it was a kind of exhausted, this evening I sat at the salon chair to note this down, the pain was gone.

My head was not ease when I sat at the table the force stroke to my head it affected to my heart for a while then it was gone, the force did to my lung too, I felt pain for a while then it was gone.

May 23, 2006

I could feel the force attack to my head at my forefront, when I sat at my salon chair for reading I felt like sensation, it was bothering me reading I could not concentrate in my reading so I move to another place, It was turned off.

My heart today was back in normal and my breath too, I did not know for sure but I believed that something was doing to help.

I saw the red dot at my right cheekbone and the trace of pin at my head nose, these days I saw the dots of implant material or tissue to my left hand and my right arm at my elbow.

In the evening I sat at the table I felt the pain at my left head then I left the chair and I stood up at the opposite site of my chair I just left then I felt pain at my right under jaw, under right ear.

May 24, 2006

Last night I woke up at 2:00 a.m. I went to bathroom then I saw my cheekbones were grown higher, it was strange higher shape, and it was obviously seen. I noticed that someone was walking out side my apt. at that time, I went back sleeping again. I woke up in the morning I saw my right cheekbone reduced the level high into 50% but it was still higher my original cheekbone, it was not my face, it was not my cheekbones. I did not know what was going on during my sleeping each night!
This morning I felt pain little pain at my heart, I felt pain my both back arm bones.
I saw my left eye at the end, the shape was changed, it was smaller 30% than my eye, it was not my eye as it result from few time striking force stroke to the end of my left eye, today I saw my left eye change shape like that.

Last night I felt the force did to my stomach, first it was at the center of my stomach then down across to my lower abdomen at the blalder, I felt like stomach pain but it was not serious and a kind of upset stomach. These days I covered my stomach with my coat, I was free for few days attacking with these force to my stomach but then the force was adjusted then it went through my coat so I placed my hands at the active place I felt, it was nothing happened to my hands.

At lunchtime I do dishes I felt the shot at my right lower head at my neck, I step aside to avoid it.

May 25, 2006

Last night I tried to be night guard, I heart someone spoke Vietnamese language con mat (eye) then I heard the voices of people were speaking outside my apt. then I fall into sleeping normally.
This morning I woke up caused from the speaking voice outside my apt. I felt tired, I got up I felt normal and the rest of the day.
This morning when I was still in bed I felt the force to my stomach at the around key muscles, I felt little pain like stomach ache, I place my hand to protect that place, it was so hurt I got up. After I do exercise the pain was gone.
The smell, it was food smelling but it could be chemical smell I had to drink upset stomach medicine.
At the dinnertime I sat at the table I felt the force stir on the top of my head, the affect was gone 10 minutes or so. When I stood at the kitchen sink I could feel the shot at my right ear.
At nighttime when I sat at salon chair I could feel something did to my left side head, my left side ear down close to my neck, it like heavy, little pain or pulling.

May 26, 2006

Today I sat at sofa I was reading, I could feel something to my head, my lung and light shot to my heart. I moved to table I sat there I could feel the shot on my head, I feel light pain at my heart for a while then it gone.
Dinnertime I do dishes I smelt dried air again then I felt tired, I drunk water.

May 27, 2006

I slept normal last night although I intended to be awake. I woke up in the middle of sleeping to go to bathroom, I saw wrinkle lines at my between nose and eyes, I saw the lines at my mouth too then I went back sleeping again. This morning I woke up in the time I was in hurry to go to bathroom, I felt strange, I did not want to go, I was laying in bed then it was reducing that condition. When I was still in bed, I could feel the force shot to my heart, my stomach too. I felt tired and a little pain at my stomach.
When I was in bathroom, I could smell oriental cooking, it was affected my stomach then I smelt Cherry odor freshness, I was back normal.
After dinnertime I went to bathroom I could feel the bunch of rayon softly stroke to my back shoulder to my lungs, I felt nothing.

May 28, 2006

Last night when I sat at salon chair I could feel the shot on the top of my head, I could feel something inside my head at the right side down to my neck.
I slept normally, I woke up in the middle of sleeping, I went to bathroom, I saw the red dot on my forefront at the center of my eyes, and I saw the blood on my left side lower lip.
This morning I washed out the blood on my left side lower lip, I saw it was the trace of cut or large pin did something on that place on my lip.
When I sat at the table reading news I could feel the soft striking hit my left hand fingers I felt exhausted for hours then it were back normal.
This afternoon I sat at the table I could feel the force to my nose, it was a kind of itchy but it was not disturb my attention. I was working on my lesson freely.
The force stroke to my both eyes too.
This dinnertime I started eating then I felt pain or a kind of uneasy at my center of my chest for few minutes then it was gone.

May 29, 2006

I woke up in the middle of sleeping I went to bathroom I saw 2 red dots on my cheeks both right and left.
Today I saw swollen bubble tissue on the place was blooded on my left lower lip yesterday.

May 30, 2006

Last night I sat at the salon chair I felt my knee soar then my hip, my left leg could not ease for walking.
At the bedtime I was in bed I could feel the thing like pin at the size pencil was drawing upside down parabola shape line at my knee. I woke up this morning it was soar to my knee, I could not stand up on my left leg comfortable.
At the lunchtime I do dishes I could feel the pencil pin as last night was drawing to my head at the left side on the part behind and middle of my head.

I could feel the force stroke or laser shot to my body too. My knee was relief but my hip and thigh was not ease.
Today I saw my lip was heal, the bubble tissues was flatten.

May 31, 2006

Today I felt ease for walking, my knee, my hip, and my thigh were back normal. I saw the red dot at my left lower leg.
I go to bed early today when I was in bed I could feel force shot to my left knee I felt pain then I was in sleeping I woke up in the midnight I went to bathroom. I felt pain my left leg, my hip, and my knee. I went back my bed I could feel the force did to my right knee, I felt the heat around my knee, and I felt pain too.

June 1, 2006

This morning I felt my left leg, left hip, and left knee pain and my right knee started pain too. I saw the big red dot swollen at my right cheekbone.
I had things to do today so I walked, I took bus it was so hard for me.

June 2, 2006

Last night I was in bed I could feel the shot to my left lower leg bone then this morning I saw the gray dot at that place I also saw the red dot at my left lower leg too.
This morning my left leg, left hip, and left knee felt much better, my right knee still has little pain.
I saw the red dot at my left forefront at the hair roots it was on the place I felt pain as a kind of headache yesterday or before yesterday. Today that pain was gone.
I could feel the stir stroke on my top of my right side head then down lower my head close to the neck.
I saw the dark color patch on the skin of my left side mouth.

Jun 3, 2006

Today when I take shower I could feel the shot to my right buttock.
After dinner I do dishes I smelt the kind of dried air then the force stir on my top head for minutes then I was swinging like I was dizzy, my both sides of my lower abdomen were pain, my left tempt was pain for a while then the pain was gone, it was something inside my bone, my joints.
I saw my face looked tired and aging.

June 4, 2006

This morning I sat at salon chair during the time I was praying in the middle of my praying I could feel something was strange to my left head, it likes the blockage or separation or communication was apart I believed it could be attempted some kind silently.

The lunchtime I do my dishes I felt something to my left head down to my neck, it was something like expansion vein.

These days I smelt dried air sometime at the kitchen and sometime at the living room.

June 5, 2006

This morning I woke up when I was in the kind of sensation nerves at my female then I was in completed awaken then it was vanishing, it meant to me that was in my subconscious mind was picking out or the force touched my nerves by this physical function or anything else they did.

This afternoon I couldn't concentrate reviewing my lessons then I sat at the table reading news the force did to my head, it was uneasy for reading, I quit.

When I take shower I could feel the shot at my buttocks, my two thighs and I could feel the adjusted vein too.

Jun 6, 2006

Today the implant bubble at my right cheek became a big dot like the acne.

As I described few days ago my left lower lip where the place was bleeding with the cut now my left lower lip growing bigger tissues, it was changing shape, It was not my lip.

This morning when I was in bed, I could feel the force to my left lower leg muscle and my left thigh too.

The lunchtime I do dishes I could feel the force shot to my left buttock then shot to my nerves from my right neck then to my right hand.

I took nap this afternoon, I woke up, and I saw the visible line across my nose between my eyes.

Dinnertime I do dishes the force shot to my buttocks.

June 7, 2006

This morning I was still in bed the force shot to my head I felt headache at my forefront, the force shot to my heart area I felt tired then I got up to do exercise.

Today I saw my left upper lip at the center at the beginning of the left side lip having a red dot swollen there.

Today I saw my left side nose at the place the implant tissue I described weeks ago, now the surrounding implant was grown like a wave line on my left side nose.

First the implant was a kind of white thread inserted into my left side nose then it was producing yellow liquid ran out later my left side nose skin became discolor and dried rough skin, now I saw the grown waving line tissue appearing on my left side nose, my right side nose was implanted weeks ago it was discolor skin, it did not have yellow liquid running out, it was turning rough skin but it reduce 50%.

At the dinnertime I do dishes I smelt dried air I felt pain at my both knees, at nighttime I sat at my salon chair I could feel the force shot to my knee, I smelt dried air too then the force shot to my heart, my head, my back head at my neck.

June 8, 2006

This morning I saw a red dot at my left cheekbone.
I sat at table reading news I could feel the bothering to my left ear then I moved to salon chair the force was moving along and bothering my left ear, I stood up and walked outside my apt. reviewed my lesson.
At lunchtime I do dishes I could feel the force hold up a big bunch attacked to my back head at my neck it pulled hard, I stepped a side to avoid it.
This evening I sat at dinner table I could feel the shot to my head I felt like tired headache then the shot like the pin shot to my head, left side head to my ear. I stood up walking around my apt. room. I felt angry today.
This evening I saw a tiny dark pin trace at my left lip. I saw my left lip tissues were in the sign turning back normal.
This evening when I sat at salon chair I could feel the shot to my right cheekbone, my ear. I could not stand the force twister to my left upper arm.

June 9, 2006

This morning the force shot to my right cheek I could feel like the pin went through my cheek, I saw the red dot at the circle mark on my right cheek.
I took nap this afternoon when I woke up I was in bed I could feel the force shot to my lower abdomen I felt pain, the shot did to my left under and behind ear.

This is the abstract subject or the affected sensitive nerves it was shot I was in the condition unease with the sound, the noises.

June 10, 2006

Today I saw my left lip at the place implanted tissues or something it was turning dried and rough skin.
I felt a little pain at my right cheek when I brushed my teeth, washed my face and put make up on.
This morning when I was in bed, I could feel the force shot to my heart I felt tired and dizzy.
This afternoon I sat at salon chair reading news I could feel the force stir on my top left head during this action I felt pain at my heart. I did not know it was the cause from my head or another force was using. I had that experience when they did something to my head I felt pain at my heart as I described it before.
When I took shower the force shot to my lower right leg it was the same kind of shot did to my right cheek, I could feel like a stapler then I felt my leg became tighten muscles, hours later it was back normal.
Today my knee is still pain.

June 11, 2006

Last night at 3:40A.M. the laughing voice was so loud it woke me up I went to bathroom then I went back sleeping again.
This morning when I was in bed the force shot to my tempo the force also shot to my lower abdomen it was pain.
This morning I saw my lower left lip was not back to normal as I thought, the lip liner was erasing, it was not my lip, it was not my nose, my eyes, my cheeks, my forefront, my chin, it was not my face.
I saw tiny dark pin dot at my right lower lip.
This morning I saw another red dot at my right cheek mark.
In the afternoon I sat at the table I could feel the shot to my temp, it was a kind of pounded pulling or spanned at my left tempt, it seems something got through that place, it was ease from that time.
At night-time I sat at the salon chair I could feel the shot did to my left cheek at the cheek bone then to my eye I could feel little headache the shot did to my mouth, my upper lip, and upper teeth too.

June 12, 2006

Today I saw my lower lip line at the right side was erased the line. I saw my lower lip was changed shape it was grown bigger and leaned outsider, it was mad fun to some one, it was not my lip, it was not my mouth.
Today I saw the vein raise obviously at my head at the tempt and forefront at the hair root.
Last night I was in bed I felt the force shot to my left leg close to my knee.
This afternoon when I was in kitchen sink I felt the shot to my right leg close to my foot, adjusted my left leg vain.
This afternoon I read newspaper the force shot to my head I felt dizzy I got out of that place I was back normal.
Now is nighttime I sat at salon chair I felt something was working, moving thing inside my cheekbone, my left ear.

June 13, 2006

This morning I woke up I felt pain behind my back at the right lung, I walked few blocks to do my grocery it was gone.
My left leg the place close to the knee was still uncomfortable.

June 14, 2006

When I was in bathroom I felt the shot to my head I was dizzy.
When I sat at the table having lunch I felt the force shot to left stomach side under my arm.
When I do dishes I felt pain at my left side stomach for a while then it was gone.

June 15, 2006

Last night I woke up in the middle of sleeping I heard people talking outside then I went back sleeping again.

This morning when I brushed my teeth I could feel the shot at my left lower leg.

I walked to catch the bus during the time I was in bus my feeling was detected by someone, I hate that I did not want to enter the conversation, I felt head ache it was a kind of changing behavior, changing thought or changing habit. I got off from bus I felt strange from my buttock to the hip down the legs but I kept walking then it was back normal.

Jun 16, 2006

This morning when I was in bed I felt the force shot to my left side female it was pain I turned my body to avoid it.

Today I saw a kind of red and growing tissue on my right side lower lip but it was not big as the left side. I saw a dot pin there but I could not define it was new or the old one, the old one I saw when it was dark pin dot days or week ago.

This evening when I do dishes I could feel like several pins shot to my nose at the hole it made me dizzy and runny nose, before that I smelt herb I was not sure the cause.

I could feel something was working, moving inside my cheekbone.

June 17, 2006

Last night I sat at the salon chair I could not get the clue for learning what the material was used to attack me then I heard exclaim voices then I felt tired at my heart, minutes later I walked away from the chair, I go to bed at midnight.

When I was in bed I felt the force shot to my forefront at the right side I felt pain then I turned to avoid it. Later I smelt bad odor in my bedroom first it was about 2 A.M. I sprayed third times for fresh air, I opened window for breathing, strong wind at that time, I heard voices from several men speaking Asian language I could not understand, and I smelt coffee from outside my apt. for a while I closed the window.

This morning I woke up I felt pain at two side my lower abdomen because I covered my stomach with coat. I could feel the force shot to my both hips, my thighs, I turn to right side the force continue shot to my exposure side body. I got unbalancing this morning.

This afternoon I sat at the salon chair noted this diary down I could feel the force soft shot to my right head at the neck I felt ease for my balancing. I felt relief 50% for the right backside lung that I did not notice the reason.

June 18, 2006

This dinnertime I sat at the table I felt the shot to my bone at my right lung in the back.

In the evening I sat at the salon chair reading I felt the force shot to my head it pressured down to my eyes, I felt uneasy, dull and heavy, I could not read and understand, I quit. I got out that place I was backing normal. This was so several times they did it to my head.

My lip tissues were grown bigger and the dried rough skin surrounding my lower left lip. My lower lip liner was vanished. My lip was changed shape.

June 19, 2006

This evening I sat at the table I felt pain at the left stomach side at the place was shot few days ago.
I heard some one knocked at my door I came to the door he left to go to next door, he might be salesman.
When I brushed my teeth I could feel the force shot to my left leg.
These days my back was not easy it was some kind bothering me.

June 20, 2006

This morning I felt hurt at my buttercup for a while and I also felt the force shot to right hand it was soar and tighten it was locked hand.
Mental abusing as the right to human is developed.
I usually take bus to go to check my mailbox and I do my grocery then I took taxi to go back my apt.
My back was normal was easy but I did not know what help my back.

June 21, 2006

In the morning I felt my right backside from my arm bone was stranded vein, I felt at the middle of my left side back unease it was same condition I had days before yesterday then evening my back was relief.
In this afternoon I take rest in my bed I place my hand at my chest then I felt my thumb soar like my knee soar

This evening and yesterday I saw my upper lip was changed it was not my lip it was so horrible.
That was my physical affected here is the mental.
This afternoon I was in bed to take rest then I was sleepy then my twin light conscious was invaded by some source sex obsession.
I realized last night and few days before I was in the beginning of sleeping I saw the people the places I never know in my life, I spoke the nonsense I knew it was not right when I tried to be awake. The process was the important thing from the beginning of sleeping for inserted what they wanted into the subconscious mind and be woken up at the time and the point the artificial dream wanted to be carry in the conscious mind.

June 22, 2006

Last night I was in bed I felt the force shot to my shoulder, this morning my thumb was still red.
I woke up at about 3:00 A.M. I went to bathroom then I went back sleeping again then I woke up at 5:50 A.M. I wanted to go to bathroom again but it was strange to me so I want to distract it by sleeping then I dream I went to bathroom and pushing down my urine, I woke up I kept laying in bed, I don't want to go to bathroom each time I woke up.
This evening I do dishes I could feel the shot stir to my head.

June 23, 2006

Yesterday evening I sat at the salon chair I review my work I felt the shot stir on my head, I couldn't continue reviewing my lesson so quit, I protested it.
At the bedtime I felt the shot to my right thigh then the force stir on my head and my forefront.
The hearing, the microchip was implanted at my ear frame then they control like sensation with the voices.

June 24, 2006

I saw the big red dot like the size of acne at my left cheek as it was on my right cheek I also saw acne at my chin too.
Few days ago and until this morning I felt the force shot to the vein at my right forehead at the root hair tempt (tempo) I felt little headache then today I saw the vein at that place but not big.
My left hip was better today.
When I was sitting at the table the vibration force made me felt dizzy when I was out of that spot it was gone.
Now it was nighttime I sat at the salon chair reading I felt the force shot to my head I felt headache then affected down to my eyes, it was not easy for me reading I walked away from the chair I was back normal then I came back sitting at the chair reading the force shot to my head, my ear I felt headache it was not easy for reading however I kept sitting there reading then I felt tired, thirsty then my heart was pain, I could say it will kill people easily.

June 25, 2006

Last night the force did to my head then down to my eyes I felt headache and pain to my eyes area.
Today I saw my haft side eyebrow bones were grown higher it was like big bone there, the transform process to my face continuing.
This morning the force shot to my forehead and my tempt I felt headache and pain.
When I take shower the shot did to my left lung then my left thigh.
At dinnertime I sat at the table the shot to my arm.
Now it was 10:50 P.M. I sat at the salon chair the force shot to my head like I described yesterday.

June 26, 2006

I do my laundry this morning I came there with my heart trouble my heart was assaulted last night as I described. I sat there with my heart was not normal for a while then my heart was back normal. After I finished my clothes I came back my apt. for a while I felt tired then after lunch it was back normal.

After dinnertime I do dishes I walked then I came to sit at the table reading email I felt tired and pain at my heart I stood up walked away to another places to avoid the attacker was following me.

Today I saw my eyes were changing into different shape a big eyebrow bones, it was not my eyes!

June 27, 2006

Today I felt the shot to the place between my heart and under arm a bunch of muscles, nerves and vein too, I saw my left thumb was affected. Later the strike was taken on my left top head then I saw my thumb was back normal.

June 28, 2006

Last night I was laying in bed I could feel the force with circle number pointed head pins activated pin down hard to my chest at my heart for a while I felt nothing.

This morning I woke up I could feel the force was shot to my heart I felt constantly little pain at my heart as long as I was in bed then got up I prepared to go out the little pain was gone.

I walked to bus stand I took bus to go to Post then do grocery then I took bus to go home. I was totally free from anything bothering me.

After lunch I sat at the table reading news the force shot to my head I felt pain at my heart then I moved to another place continuing reading then the pain was gone then the force did to my heart I felt tired.

Now it is 10:00 P.M. I sat at the table wrote this note down the force shot to my heart I felt pain at my heart then I left the table to go to salon chair I just sat down kept noting diary the pain was immediately gone, I sat there then the force was following me to the salon chair I was moving to avoid that assault. I was disappointed this situation I protested this action.

June 29, 2006

Last night when I was in bed I could feel the force was shot to my chest, my heart I felt hurt, pain I was so angry.

I was sleeping I woke up when I heard people spoke foreign language out side courtyard I could not understand I went back sleeping again.

I woke up this morning the pain was reducing then I felt the force did to my heart again at that time the pain was gone. The force did to my heart again then I felt tired this time I could feel like the pump it pumped for few times, this I thought it could be open the clog of artery.

My heart was so strong history then the time malpractice in 1988 my heart was in trouble but then it was through then gain back strong like I had it before, recently these things were happened as I wrote in this diary.

When I take shower I could feel the shot to my back lower leg then I felt like stranded muscle or vein. I felt the shot at my right back knee too then I felt like exhausted leg, hours later it was gone.

When I was at kitchen sink I avoided the force shot to my body. I sat at the table I felt the force shot to my heart, my head, and my shoulder.

June 30, 2006

Last night I went to bed my heart was not in normal condition I woke up when I heard the voices laughing outside my apt. court yard.

This morning I woke up my heart is normal as I am, no force, nothing.

After lunch I do dishes I felt the shot to my left side and right side back head at the neck it was like picking up whole bunch of muscles I felt the headache at my forefront and pain the vein down to my left leg too.

At the nighttime I sat at the table I felt the force shot to my left lung I felt pain at my heart, I went to bed sitting there and kept reading I felt nothing. I came back table sat there reading for a while I felt the vibration then the force shot to my right head I kept sitting there reading I felt my heart pain. I went to salon chair sat there I felt nothing.

After I went to bathroom I came back salon chair for a while I felt pain a little pain at my heart about one minute then it was gone then two more little pain in seconds then it was gone.

July 1, 2006

Last night during my sleeping I just woke up minute or seconds to know and to remember some thing did to my lower left leg the vein was affected to my sole.

I could feel the force shot to my right thigh and my upper left arm too.

Today I had upset stomach I could feel the force shot to my lower abdomen it pain was gone.

July 2, 2006

Last night I woke up when the conversation voices out side my apt. court yard, they spoke foreign language I could not understand.

This morning I saw my lower lip was a kind of dried skin and grew bigger and lean to outside it was not good feeling with my mouth like that. I picked up a lot of tissues on my lower lip before I started brushing my teeth.

Today after I take shower I smelt garlic as I had that experience sometime before I felt uncomfortable under my left breastbone for a while then it was gone.

At the dinner when I sat at the table the force shot to my head.

Now at the kitchen sink I could feel the force like wave or vibration did to my head.

I sat at the salon chair writing it made me got a little dizzy.

July 3, 2006

Last night I sat down on my bed I felt the shot to my head I got a little dizzy, I could feel the shot to my left hand and my right hand I felt pain at the shot place then I tried to remember the lesson I got a kind of head ache so I quit.

I was awake until 3:00 A.M. I smelt bad odor I might be falling in sleeping after that then I woke up at the artificial dream, it was mixing untrue and thinking, I was dreaming a strange place and strange people. This morning I woke up at the song that some one sang but it was not dream and it was not outside singing.

Then I remember the lesson I quit last night this is the solution from my subconscious working to solve the problem I was carrying in conscious mind.

In the evening I sat at the table reading news and having dinner I felt the force shot to my neck and my head I felt dizzy and exhausted neck muscles then the force stopped I was out of that dizzy and exhausted condition then the force went back I felt dizzy and exhausted muscles again. When I walked to kitchen I was out of that force I was back normal then I came back table I felt dizzy and exhausted muscles again. When I do dishes the force was following me to the kitchen sink then I went to bathroom brushing my teeth I was out of that force, I was back normal.

July 4, 2006

To day I saw my upper lip was changed, I could feel the strange thing like string muscles were working on my face at the upper lip area for few days ago.

I saw a black dot or gray dot at the center lower lip about week ago, my lower lip was changing shape and it leaned outside so I called it outsider, it was not my lip.

July 5, 2006

This morning I was in bed I felt the force shot to my left forefront I still keep that position to receive that shot as long as I was in bed I felt a kind of dull or the funny anesthesia from that place and down to my ear then down to my left neck. When I got up I saw the straight line about 2 inches at my tempt.

After lunch I sat at the table reading news suddenly I felt pain at my ovary place, after I took nape I felt pain then I felt ease for a while then I felt pain, I thought I might attack from the force I could not feel.

July 6, 2006

Today the pain at the left side I thought it was ovary place was ease.

July 7, 2006

Last night I was in processing suppose I have a normal dream but it was not completely my normal dream. My dream was deprived since the Texas lottery with the winning number 2, 12, 22, 32, 42 and may be 19 because they afraid of if I will be getting rich with my dream.

Today after lunch time I sat at the table I felt the force shot to my left head I felt like a bruise feeling at that place I did not know how to explain that, hours later that feeling bruise at that place was gone.

After I take shower I felt pain at my right head at the right ear it was uncomfortable for a while then it was gone.

At the dinnertime I sat at the table the force activated to my head I felt dizzy and it was at kitchen sink too.

July 8, 2006

Last night when I was in bed before my sleeping I felt the shot to my two tempts then to my center of front head, I was not avoiding that force I kept that position as long as I was in sleeping I could feel it was like a kind of bruise.

I was sleeping in that condition.

I woke up when the woman cried outside apt building, I heard several people helping that woman in that situation. This was also the time I was in artificial dream then I went back sleeping again I woke up in the early morning at the nightmare.

This morning I got up my back at the lung position was strange like Martial Art vein lock, doing exercise then it was back normal.

This morning my head was OK I walked to grocery as I used to do.

This evening I sat at the table reading news the force they used I could not notice what it was, it was affected to my center head, I felt not ease at the center head, It was hard for me to think and to understand.

July 9, 2006

These days I fear so I tried to be awake all night but I could not do it, I slept at about after 3:00 A.M. I woke up at 7:30 A.M.

July 10, 2006

My stomach was OK today because the food I ate yesterday I had upset stomach.

July 11, 2006

This morning I saw the trace of pins at both my cheekbones.

This afternoon I could feel the wave of vibration force at my table place, some time I could feel the wave vibration force in my sitting room.

When I take shower the force shot to my left leg both front and back.

After the dinnertime at the kitchen sink the force stroke to my right top head.

July 12, 2006

Last night I tried to be awake but I kept falling into sleeping.

When I was in bed I felt the force did something to my upper lip and to my upper teeth, it was hurt to the nerves of my teeth.

This morning I saw my upper lip was changing it was not my lip. I could not see my back body so I did not know what they did to my body.

This morning I sat at the table reading news I smelt food but I didn't know it's food or chemical, I inhaled then I felt my right lung pain at the place they shot last night when I was sitting at the table.

When I was sitting at the table doing my work, the force silent and softly attack to my right lung, to my left lung, to my shoulders, to my head it was affected to my brain, it was disturbed my brain, and it was prevented me doing my work.

I protested it.

July 13, 2006

This morning I saw the tiny cut at my left side nose under my eye, it might be implant tissue to that place.

This afternoon when I sat at the table writing my work I could feel the wave was activated to my sitting room and at the dinner table too, it was affected to my head, to reverse function was set up then it was turned off, I could feel the room was clear of wave of vibration.

Hours later the force was executed it was affected to my head, my brain, my heart I felt dizzy then I walked out of the wave I felt OK

July 14, 2006

Last night I woke up at 2:15 A.M. I could feel something did to my left ear I went to bathroom then I saw my cheeks were soggy down, I saw my face was stretched long down, I saw my left ear frame at the middle was turning red.

I went back sleeping again.

This morning I woke up I felt strange to my left ear and left cheek and left side head too, it was something nerves. I saw my cheeks were different than I saw it last night at 2:15 A.M. so I was wondering what they did to me during the night I was sleeping.

I went outside and walked for 2 miles, after that shopping trip I felt my ear, my cheek, and my head back to normal.

When I take shower I felt the shot to my right lung.

This evening I sat at the table I felt the force shot to my left ear I felt exhausted my left shoulder muscles then was covering my left ear hole for about 15 minutes, it was recovering from that stress.

I could feel the force shot to my left front head, to my back head I felt affected to my head then I walked away from the table, I sat at the salon chair then I felt the force did to my right nose, it was affected to sex sensation nerve.

July 15, 2006

This morning I woke up at the artificial dream with the emotion of the M religious believe.

When I brushing my teeth I felt the shot at my right thigh, I could feel something did to my right lung I felt exhausted for a while.

I usually sitting at the salon chair to do exercise my legs I felt the force shot to my left ear I could feel unease my left ear.

When I sat at the table reading news the force shot to my head then I was interrupted by something obsession thinking, I fought it then I overcame it, I continue reading then I felt the force shot to my head I felt headache I could not continue, I quit.

July 16, 2006

Last night when I was in bed the force shot my left head it was pain like headache I sat up in the bed to avoid the force for a while it was gone. I was sleeping at about 3A.M. I woke up about 6:30 A.M. at the someone dream that she determine whom she will choose and will get along. This made me felt frustrated because my subconscious mind now like the trash place for them to dump what ever they wanted. I was still in bed with my anger then the force shot to my left front head as it was stroke before I was sleeping then the force did to my whole head I felt vomit like brain injury for seconds then it was stopped. Later I went back sleeping again.

I woke up I could feel my brain was refreshing the stress was gone.

July 17, 2006

After dinner I do dishes the shot stroke to my right leg then the shot at my right lung and down to my back.

I saw the tiny grain at my left side nose it was like microchip implanted to my nose, I also saw several grains were implanted to my face, my fore front, my back ears, and my left hand.

July 18, 2006

This morning I woke up at the mixing some one dream and some of it from my own subconscious.

I do dishes after lunch I felt the force shot to my stomach then the shot to my vein at my neck it connected to my shoulder my arm I felt exhausted for a while.

This afternoon I sat at the table reading news the kind of force like wave, microwave magnetic did to my head, my body it was my left side body feeling. I stood up I felt dizzy then took shower then it was gone.

This dinnertime I sat at table I felt shot to my left side neck I felt nothing.

July 19, 2006

I woke up at 6:30 A.M. I had a nightmare.

July 20, 2006

This morning I woke up at the situation like a dream or thing I did not know what it was then I forgot it, I don't know how to describe it.

This afternoon I sat at the table I felt the shot to my right side top head, when I take shower I felt the shot to my right head again.

In the evening I sat at the table reading I felt like the wave attacked to my head I felt dizzy.

July 21, 2006

Last night I tried to be awake but I was falling into sleeping I woke up at about 3:15 A.M. I had no dream then I went back sleeping again, I woke up about 4:40 A.M. at the artificial nightmare, in the dream that was my character.

Then I went back sleeping again I woke up at 7:00 A.M. at the dream too, I had a long dream from Viet Nam then mixing in this present time, that was my character to my family and to my society.

This morning I thought what they would create to abuse me with their new path today. This could be silently throw mud to people but the victim will always wonder why.

Today my right side head was affected to math, calculate, logical function was dull it was surprised to me.

I try to avoid my opinion in this report diary because reader will understand when reading my book, now I have to say, this is dangerous to me, and they damage my beauty, my body, and now my brain.

I do not tolerate this action to my body, to my life.

July 22, 2006

I had a dream last night but I forgot it.

This morning I was still in bed I felt the force shot to my left ear, my left side head and face. It was mysterious smell too.

When I was in kitchen I felt the bunch of force stir on my right stomach, when I sat at the table I felt the force did to my right head close to the right ear for a while then the wave to my head I felt dizzy for a while, at the kitchen sink I felt the force shot to my right shoulder I felt hurt when I was moving my hand then the force shot to my right ear I felt irritate.

When I brushed my teeth the shot to my left back head at left ear area I felt stranded at the area.

July 23, 2006

As I already indicated that the situation made me fear go to bed each night I did not know what they are trying to do during the time I was sleeping both mental and physical actions.

I am alone so nobody watch for my turn sleeping time, I was still awake at 3:30 A.M. but I could not resist sleepy when I lay down on bed. I was dreaming in nightmare path then woken right at my ex husband and I were sex. I went back sleeping then I woke up right at my family in the dream.

This morning I went to bathroom I smelt mysterious smell.

Today I saw a thumb side mark at my left cheekbone.
This afternoon I sat at the table reading news I felt the shot to my head at the front then to my left ear I felt unfeeling at that place for hours.

July 24, 2006

This morning I woke up at 1:15 A.M. at the dream I was in bathroom I tried to push down bowel moving, this was second time the first time in 1994 or 1995 I had lived in Austin, after they invaded my subconscious mind, I went back sleeping again I had dream but I forgot. When I still in bed I could feel the force shot to left head at the front then to my left ear this made me tired.
This afternoon I sat at the table reading news I was covering my left ear I read in concentrate situation although the conversation voices outside could interrupt my attention then the force stroke to my left top head I immediately was lost my concentration, my mind was following what they intended me thinking like losing concentration with nervous or a kind of sex thinking something like that. I quit.

When I take shower the force stroke to my right lower leg.
After dinner I do dishes I could feel the shot to my left base ear, lower ear then to my left top head then to my right base ear and lower ear too.

July 25, 2006

Last night I go to bed at 12:30 P.M. I woke up due to the familiar voice I heard out side my apt. I covered my ear to block that voice. I might be dreaming before I woke up but I forgot it. I went back sleeping again I heard the familiar voice in Vietnamese language cai chan (leg) I woke up enough to hear and to remember that. I was back in sleeping again I was dreaming but in the dream I knew that was the dream in my mind communicate with foreign Asian people but they speak Vietnamese, we discuss about drinking habit and respect woman manner.
This morning I saw the tiny red dot at my left cheekbone and the skin was scratch.
The thumb size mark it was turning dried skin yesterday it was gone today.
Few days ago I saw the tiny dot like the cotton thread at my left side upper lip.

July 26, 2006

I woke up this morning at 7:15A.M. at the dream with the message let me know the thought I avoided thinking from the junk mail before I was sleeping last night.
I thought if I knew someone got sick or will get sick I would wish she's or he's luck and healthy and happy life. I do not worry anything.
This morning I was still in bed I felt the force shot to my left side nose it irritate then the force shot to my left side ear, to my left side face. I felt like the expansion.
Today I saw my left cheekbone grew bigger and higher.
When I take shower I felt the shot on my top head left side I felt the left leg exhausted but I thought it was caused from the wave or another force.
It's mysterious smell.

45

July 27, 2006

Last night I went to bed early I slept right away then I woke up before midnight, I went back sleeping again I woke up this morning I had a long normal dream.
This morning I saw the vertical line at the center of my forefront it formed with horizon line to display the cross on my front head.
The thumb size mark on my left cheekbone was still in dried skin condition it was darker and dented in at my left cheekbone close to my ear.
I protested it!

July 28, 2006

This morning I woke up at the artificial dream.

Today I saw dried skin at my left cheekbone at the place I saw red spot with scratch skin two days ago. I saw left cheekbone grew bigger like it was yesterday, the bone connected to left ear and the left cheekbone was grown bigger and higher too.
At the kitchen sink the mysterious smell I wonder if it was from digital chemical smell.

July 29, 2006

This morning I woke up because the noise I was dreaming I regretted for my normal dream was interrupted.
This morning I saw the red dot at my left cheek bone, I saw the skin at the left cheekbone, ear bone the whole section was affected from transformed action it was turning darken than other place.

July 30, 2006

Last night I woke up in the middle sleeping due to woman laughing voice then I went back sleeping again I had a dream with the stupid measuring shape.
This morning when I was in bed I felt that something attack to my left side mouth it made me feel dried to my throat. I felt my muscle of my left cheek was touching my left teeth.
This dinnertime I sat at the table I felt the stir stroke to my right top head then to my left top head, this affected my left vein neck.
Few days ago I sent letter to FBI to described the situation because I didn't know what it were executed here.

July 31, 2006

Last night I was in bed I could feel the force shot to my left head I felt heavy, the force shot to my shoulder muscles I felt exhausted shoulder muscles.
I was falling sleepy I woke up at nightmare dream.
After dinnertime I do dishes I felt the force shot to my right head at the front.

August 1, 2006

Last night I go to bed the force shot to my head, the force shot to my female sensitive nerves place it was affected for long hours, I was afraid of sleeping because I did not know what they tried to do to my body and my mentality in the twilight conscious so I went out to sat at the table until 5:30 A.M. then I was so tired I went to bed. I did not know what was happened during the time I was sleeping. I woke up at 7:15 A.M. due the voice at courtyard apt. then I went back sleeping again until 9:30 A.M. I was in normal physical body, I was still lying in bed then the force shot to my female section again. I got up to avoid the affect to my physical normal body.
Today I saw my scar on my right cheek dented in and darker color it was visible scar now.

Today I wrote poem Aries Birth Mark.

August 2, 2006

Last night I was in bed the force shot to my head it seemed control the obsession section I fear it was in their processing so left the bed then I smelt food cooking after midnight, I was falling sleepy then I woke up at 7:30A.M
This morning I saw 2 red dot pins at my right cheekbone.
This morning I'm walking on the sidewalk to grocery store suddenly I heard laughing voice I saw the gentleman and 2 other ladies in professional clothe were walking into the fast food store near by side walk, I did not know if it meant for something!

August 3, 2006

Last night I go to bed late at 2:00 A.M. so I realized the awaken activity environment however I defend myself at the highest point I could, I woke up at 8:00 A.M.
This evening I reviewed my lesson I felt the force shot to my left top head about 15 to 20 minutes then I could not concentrate to my work like zoning out, I tried to overcame it by returning my work then it was about 30 minutes later the force attack my head affected to sex thinking that make me could not concentrate on my work, I stood up I left the table, it made me was so angry at that time then I challenged them by continuing my work until I finished it.
During the time I sat at the table the force shot to my left cheekbone I saw my left cheekbone was swollen higher and bigger.

August 4, 2006

Last night I go to bed late I woke up several times, each time was in the middle of the dream. I heard the conversation from the group outside my apt. at the courtyard. I heard people speaking that they knew my family well and they knew the bad man too. I went back sleeping again I woke up at 10:00A.M.
This morning I saw the red dot size about my pointed finger at my left cheekbone it was gone hours later.

This afternoon I sat at the table I felt the force shot to my left cheekbone, the force stroke to my left top head left then right then down to my back head.
This evening I sat down at the table I felt the shot to my left ear it's a sharp pain for seconds.

August 5, 2006

Last night I go to bed at 1:30A.M. I woke up at 6:00A.M. but I was in kind of headache I went to bathroom then I went back sleeping again I woke up at 10:15A.M. I felt a little ease my headache. I wonder if it was my sodium or it was in changing process. Why I said that? Because every time I felt headache when I woke up that was each time I was changing, changing habit, changing thought, and changing behavior.
Today I saw the tiny pin mark at the place I saw big red dot yesterday, I saw another big red dot on my left cheekbone like the size I saw yesterday.

August 6, 2006

Last night I go to bed early I woke up early at 6:15A.M. I went back sleeping again until 9:15A.M. I had dream but I forgot it.
This morning I saw red dot pin at my 2 sides of my nose at the tear line.
This afternoon I sat at the table reading I felt the force shot to my left cheekbone.
After dinner I do dishes I felt the force shot to my left back head at the neck I felt like the blocking, heavy, exhausted.
Then the shot to my right back head at the neck I felt nothing affected, it was like the shot to my left back head at the neck more than year ago.

August 7, 2006

I went to bed at midnight I woke up at about 7:00A.M. I went back sleeping again I woke up at 10:15A.M. I had dream but I forgot it. I was still in bed the shot to my right side head.
Today after I take shower I felt it was not normal to my both hips, my back a kind of pain then it was back normal hours later.

August 8, 2006

Last night I go to bed at midnight I woke up at 1:15A.M. I want to go to bathroom it was not normal to me I went back sleeping again I woke up 2 hours each time at the artificial dream until morning.
When I was still in bed the force shot to my heart I felt pain, I turned my body to avoid that then I felt pain at my left lung for a while. I got up it was gone.
Today I saw my left side front head at the tempt the bone was risen up higher, they stroke that place a year ago or longer now they began strike to the right side about month or 2 months ago.

August 9, 2006

Last night I go to bed at midnight I woke up at 7:00A.M. I was still in bed the force shot to my heart I turned to side to avoid it.
This afternoon I could not resist sleeping I took long nap.

August 10, 2006

This morning I was still in bed the force shot to my female I turned to right side to avoid it then I stood up I felt unease at that part.
This evening I take shower the force shot to my female this time it was several shots to several different places on my female. I also felt the pressing to my left side stomach it was large about 4 inches it was pressing from up to down 10 inches my left side stomach. At the kitchen sink the force shot to my right top head about 5 to 10 minutes, my right vision was affected at that time.

At night I was in bed the force shot to my left head because I turned right to avoid the shot to my female.

August 11, 2006

This morning I saw 3 large black age pots at my right side eye and tempt too, one black age pot at my left side tempt above my left side eye, it was over night.
This morning I saw a white tiny string like tissue implanted onto my right side upper lip. My left side lip lower lip was deforming under their process.
I detested looking my face now.
I don't know what they did to my lung I felt heavy at that part.

August 12, 2006

When I take shower I felt sharp shot to my tempo it last long hour there.

August 13, 2006

Last night when I was in bed the force shot to right head at the temp then to my left side head at the tempt.
This morning when I was still I bed I felt the force shot to my heart, stomach, and lower abdomen section.

August 14, 2006

In the evening at the kitchen sink I felt the sharp pin stick into my right inside nose it made affected immediately my runny nose. The force to my right head at the neck too then I smelt fish cooking dish it was sensitive nerve at my right nose were affected, I had to use the tissue paper to wipe out my runny nose.

August 15, 2006

This morning I saw red dot pin at my right cheekbone, I saw the tissue implanted in my left upper lip I tried to pull it out but it was still there.

August 16, 2006

This morning when I was in bed the force shot to my left tempt I rub it with my finger to ease that place.
This afternoon the bad odor I spayed freshness air but it was still there, I felt headache then I opened the door.

August 17, 2006

I woke up at the artificial dream I knew what they wanted to pickup and what they intended to insert in.
This morning when I was in bed the force shot to my right foot at the nerves point.

August 18, 2006

Today I sat at the table I felt the shot to my left head close to shoulder.
Few days ago when I take shower I felt the force with the size about 21/2inches was touching and kept pressing at my tailbone I felt hurt several days later like the cut.

August 19, 2006

Last night I was in bed I felt the force pressing at my abdomen for hours I kept that position I did not turn to side to avoid it then in the morning I woke up I felt the same force pressed to my abdomen like last night did as long as I was in bed. I got up to go to bathroom urine was hurt at my abdomen, straight line.
Then I take shower I felt the force did something to my abdomen right to the place I felt soar, my second urine was back normal the soar was gone.
This morning I saw red dot pin at my left cheekbone. I saw the puff close to my left cheekbone too

August 20, 2006

This morning I saw the puff close to my left cheekbone was gone.
I stood at the kitchen sink to prepare food I could feel the shot to my left stomach and at the left thigh too.
After lunch I do dishes I felt the force shot to my stomach at the center then to the right side.

August 21, 2006

The subject was obsession but I was not written down what it was so I could not explain here.

August 22, 2006

Last night when I was in bed I could feel the force was pressing to my lower abdomen I felt hurt then I turn to right side to avoid it.
I woke up several times during sleeping.
This morning I forgot or ease from the obsession I could not stand yesterday.

August 23, 2006

Last night I woke up several times during the night. I had artificial dream it was mixing with someone dream or his or her subconscious mind.
This morning I saw 3 to 4 dot pin traces at my right lower cheek close to my nose and my mouth, the dot pins it look like the one I saw on my center upper lip before.

Today is my anger day the obsession subject was occupied like the day before yesterday.

August 24, 2006

Last night I had combine artificial dream.

August 25, 2006

This morning I saw the red dot close to my scar at my right cheekbone.
When I sat at the table in my apt. the force did to my left side head it was attempted to lose my attention.
On the street at the intersection when I was walking from bus stop going back my apt. I felt the shot to my side head but it was nothing affected, I felt nothing.

August 26, 2006

I had no dream last night.

October 11, 2006

I had nightmare last night I was escape the danger and nature disaster too.
At this time I prepared for moving to my house at another city.

I have lived in Houston

July 17, 2007

Since the end of November 2006 I moved to Houston I did not to note down in this book anything more because I thought that was the same they did to my left body.

However few weeks ago I noticed something new method when I was sitting at my kitchen table having meals they shot behind my back from the left lung it affected like anesthesia from the left lung to my left head then several hours later I felt pain at that lung, few days later the shot to my right lung I felt as I felt the affect at my left lung procedure.

Few days later I was coughing I took medicine to suppress that coughing. They continue shot to my both lungs, my colon whenever I was sitting there for my meals.

I was moving to dinning room for my meals I felt the shot to my left eye it was the strong shot 2 times that day then the next day I saw that place turn to gray skin.

I moved to another place of the table I felt the strong shot to my left head and to my left arm I felt pain.

It was almost every day when I take shower and brush my teeth I felt the shot to my fore head, my back, my lungs, my head, my buttocks, my thigh, my legs, my feet, and my stomach. It was my whole body.

When I do dishes I felt the shot at my forehead, my back, my lungs, my head, and my legs skin (it liked insect or worm crawling on our skin).

When I was using computer in my master bedroom I felt the shot to my neck, my back head, my nose, my inside nose, my cheeks.

July 27, 2007

Yesterday evening I do dishes at the kitchen sink I smelt the smoke I felt pain at my left breast for a while then it was release.

Last night I moved to another room when I woke up I felt the strong shot to my left oval it was terrible pain.

Few days ago when I was lying in bed I felt the shot to my uteri, my female, ovaries I thought they already installed the devices in my house and now they started their jobs.

When I walked outside I felt better than I was in my house with smoking smell.

I felt the shot to my left hand, after lunch I smelt the fragrant from India, my left hand join pain.

July 28, 2007

Smoke made me felt headache, dizzy and I would collapse easily in my bathroom.

August 2 - 4, 2007

I called gas company service came to check gas oil and smoke, appliance service came to check refrigerator, freezer, and dryer too then air conditioner servicemen came to clean air duct vent and air conditioner. I spent money for that hazardous smell.

I did not know how and when the shot to my inside my upper lip and my lower lip it was pain, this evening I ate red pepper my lip was swollen into big thick lips I saw the trace of pins there, it might cause from the seafood (shrimp) I ate today and yesterday too.

August 29, 2007

Few days ago I read newspaper I learn from the advertisement about the process turn people from 25 of age to 75 age they show the woman face how she look like in the process from 25 age to 75 age.
Another newspaper wrote about the advertisement plastic surgery and change gender, change woman to man and man to woman, change behavior, character, and change the structure of the body.
I was asking myself that was the process they punished on me.
My dignity, my honorable, my life money cannot pay.
My beauty will be one billion dollar.

September 4, 2007

Last night I was in bed I felt the shot to my left sole, my female then to my right sole but lighter shot than the left sole.
This morning I woke up I felt strange and uncomfortable at my right side under my right ear. My left sole and my left leg was pain I could feel my left sole pain but it was not severe like my left foot.

October 11, 2007

About week ago I did not know what they did to my breast, my under arm and my back at my lungs it was hurt. Two days ago my 2 legs were terrible exhausted pain, I didn't know what they did it.
I did not know what they did to my breast it were losing size in just over night, it was small size like insult to me, to became old lady who they intended to do.

October 15, 2007

Last night and few days ago I did not know what they did inside my female, inside my uteri route. When I woke up I heard the laughing voices exclaim from the group I felt the sensation nerves inside my uteri route were touching then it kept feeling that for the whole day today I felt like I want to go to bathroom in urgent I could not control water was pouring out.

October 20, 2007

Last night when I was reading news on my computer I heard the sound like the cracking wall or something tried to open the wall I turned around to look what it was I saw nothing but when I saw my face in the mirror I knew it was from the computer or it was wrong, sometime I felt my marrow bone pain, forehead pain, I felt the shot and soft shot trigger

53

to my back several times and one day I felt my back was not control the straight back when sitting.

October 21, 2007

This morning I saw the trace of cut at my right foot close to the ankle and 3 of big red dot on my foot.
Few days ago to today when I was sitting at my computer at the table at the game room I felt the shot to my left top head then left back side head and the side head at my left ear, it was dizzy and I could not concentrate and hard to understand.

November 10, 2007

The shot to my head, my left cheek, the kind of injection to my right cheek and to both shoulders I could see the trace of pins, bother my feet vein. The shot to my ovaries for long period time I felt the pain at that place, the shot to my female and uteri whenever I was lying in bed.
Today I take shower I felt the vibration bother my female then I observed to see what it was doing I found out that my female was changed shape, it was in small size, it was strange to me, it was losing tighten muscles I could feel it was moving muscles when I was walking.

November 15, 2007

All the night last night the shot to my lower abdomen and my female, this morning I woke up I could not walked, it was so painful, I did not know what they did to my uteri and my female then this evening when I take shower I observed what they did to my lower abdomen, I was surprise when I saw 2 lines of stretch skin at the left side of my lower abdomen the trace of bearing child. I have 3 children but during the pregnancy and after childbirth I was applied cream to my lower abdomen, my stomach, my back, and my legs too.

November 16, 2007

Last night when I was in bed the force was tried to do something to my female I did not know how to describe it I felt the force did the thing like the circle thing out of my female sensitive place then I felt the cut across at the line beginning my female shape then I felt the pulling down as a kind of my uteri was force out. I stood up to avoid that process.

November 17, 2007

Last night the force bother my female when I was in bed I could not sleep so I got up to take picture my room I defended with the blockage stand, with pillows, map book, and my coat to cover my body from the shot to attempt in order to change, to shape, and to harm my body. But it was got through these things I noted it before, they adjusted the power force to get through it.

This morning I got up I go to bathroom I wiped out my urine I felt strange to my female side was changed. I was so angry so I took pictures my strange female at that time, it was so hard to take my picture myself. It was not my female, it was their female or the man shape.

November 19, 2007

Today I take shower I observed my female to see how they changed it last night, I saw it was changed into female shape but it was not my origin female. Since I noticed the change of my female I always observe my female in the morning or in the time I take shower.

November 21, 2007

Last night I was in bed the shot to my lower abdomen then this morning I saw my abdomen was form into man shape.

November 25, 2007

Today I found out all the pictures I save on my digital camera was erased however I already upload pictures to my computer and lock the file on my computer.

November 26, 2007

This morning I woke up I felt hurt at my female like a cut, I observed it but I only feel it I could not see it.
This morning I saw the pin dot at my center upper lip liner, the dot at my nose and the cut at my nose about inch long.
I felt the vibration under my panties (underwear).

November 28, 2007

This morning I observed my lower abdomen I saw it was in saggy shape.
I saw something strange to my upper lip so I yarned to reshape it.

December 1, 2007

Before yesterday I saw the small puff at my left side upper lip close to the left cheek, today I saw they form the man look to that place so I rub it with my fingers.
This morning when I was still in bed the shot to my female and my abdomen I did not know what they did today, I am so tired to check my female each morning, I am so tired.

This morning when I checked my female I saw they change to another form of female but it was not my origin female. I was so recent.

December 7, 2007

Today when I take shower I was washing my female I felt at the left side of my female was formed the hard circle there. I didn't know what they try to do, the male form?

December 14, 2007

Last night I was sleeping in my bed I woke up cause the pain to my upper part of my back then I took the map book to place on the mattress then I was lying down to sleep until morning.
I remember the night I was in bed the force shot to my female then I tried to block that force by placing the pillows, my coat, and the carton paper but it was still attacking my female so I took my cell phone to place at my female then I could feel the magnetic microwave moving surrounding then attacked to another places on my body. I knew they could realize that too on that night.

December 27, 2007

I take shower I felt the vibration to attack my female they tried to change from shape to shapes.
I felt the shot to my lung, the vibration to my lungs, at night I felt pain when I was laying on my bed.

December 29, 2007

Today I take shower I felt the shot to my buttock then they let me hear that they saw me at that time to insult me I was so angry I called God then I saw the light struck to my leg I did not know that was their force of some source radiation was losing out because I was frighten them.

January 8, 2008

Yester day morning I took shower when I was washing my female I felt soar at the right side at the place 2 side female form, I could not see it but I felt like sandy at that place, it might be inserted micro chip or some kind of tissue, or cell.
I felt my 2 side female was changed I could not describe it, it was not my full 2 side female form.

January 10, 2008

Last night during the time I read news on the my computer I felt something shot to my top left side head then to the center down to 1 to 2 inches I touched these places with my fingers I felt the kind of insert chip or something because it was like a small button there.

This evening at the kitchen sink I felt the vibration to my both lungs, the shot to my left ear, under my ear, the shot to my left side female.

January 14, 2008

Today all the things made me had the salvation thought to write the mission God Universe and Me.

January 22, 2008

About week ago when I finished my shower I felt the shot and vibration to my neck then few minutes later I felt stall, stiff neck or a kind strange muscles at my neck and upper back.

January 23, 2008

Today when I was sitting at dinning room I felt the shot to my left neck.
When I do dishes at the kitchen sink I felt a boucle circle force hit to my right top head 2 times then the affect was light dizzy when I was brushing my teeth or it was another kind of force I did not notice.

January 25, 2008

Last night I was just laying in my bed I felt the force of pressing it pressed to my chest from the neck to the marrowbone I felt the whole chest pain through to the lungs in back too.
It was disturbed my sleeping so few hours later I was still awake I felt the force shot to my toes, my foot, my legs I felt the unfeeling muscles from my feet up to my hips.
This morning I saw the red dot at my left side upper lip.
Few days ago I saw and felt the sandy like the inserted chip to my left side cheek.

January 26, 2008

Few days ago I sat at my computer I heard the sound and I could feel the wave of electronic scanned through my whole house 2 continuous line waves.
In the summer time 2007 I went outside cutting vegetable and taking pictures then I came back inside my house, I prepared my lunch and washing my vegetable I'm just cutting.
After I finished I went to the backdoor where I 's putting my camera there. I noticed the sound was here at the camera I heard for hours, I could not turn it off then I brought it to my room upstairs, I stood at the door then I could feel the expanding of vibration rapidly to broaden to the walls of my whole house, I heard the sound shaking from the windows, I was panic I thought my house could exploded itself in seconds then it automatically turned off itself, my camera off too.
Yesterday and today in my house I smelt the gas oil and smoke like 5 moths ago.

January 27, 2008

Yesterday I began typing my diary to my computer to arrange for my next book God Universe and Me.

57

When I sat at the dinning room the force attacked to my left head, my back head at the neck.
When I sat at my computer in the game room to type my work I felt the shot to my head.

January 28, 2008

The gas oil I still smelt it today.
When I was sitting in dinning room I felt the shot to my left ear, my center back head.
When I sat at my computer I felt the force pressed to my head, shot to my left head, and my right back head.

January 29, 2008

This morning I woke up at the dream I believe it from terrible sex mind to conduct it into my dream which will lead to my conscious mind in the twin light conscious. I was so angry I said it would say like Davince Code in the future.

February 2, 2008

Today when I sat at the table in dinning room I felt the forced attacked to my right top head, left neck, the left lung I felt like unfeeling muscles there.
Few day ago when I'm brushing my teeth I felt the shot to my under right eye then I saw the small black dot there then the day later another shot at that place again then the morning of the next day I saw the big black dot and dented in at that place.

February 3, 2008

At the dinner time the force shot to my left lung, my left neck under my left ear, and my left head.

February 4, 2008

When I sat at my computer the force pressed to my left head.
This evening when I am brushing my teeth I felt shot and scanned through my right female, the shot to my day chang (the place between hip and lower abdomen) too.

February 5, 2008

When I was at dinning room the force attacked to my left side back head close to the neck I felt little dizzy.
When I do dishes at the kitchen sink I felt the force of wave circulated vibration under my panties then it shot to my left female side then through to the bone at that left side female too.

February 7, 2008

Last night I woke up due to the terrible pain at my right foot joint bone then in seconds I went back sleeping again I dreamed some one dream in China or some one with experience watching cold disaster news recently in China.

This afternoon when I took shower I was washing my female I felt pain both sides my female it were in a kind of injury like the pins attacking these sides.

My anger was full now. It was so terrible I could not silent. My female was change into their shape.

Before they attempted changing my female they tried so hard to change my natural female into gay then lesbian, they knew what I am talking about.

February 8, 2008

I did not smell gas oil or smoke these days since I went out for my grocery few days ago.

When I was in bed I felt my cheeks was like in pin picking up then let it falling down.

Few days ago I felt the force was pulling up to expand my lower abdomen then last night the force did to my abdomen it was so pain so I took tin can and my cell phone placed to my abdomen. I walked to exercise my muscles were relief hours later.

Phiem
February 8, 2008

Troi Dat va Toi

PHIEM NHAT KY # 1

Loi Mo Dau

Thua doc gia:

Nhung gi toi trinh bay trong Troi Dat va Toi khong phai la cau chuyen ly thu de loi cuon doc gia, toi tin rang no se lam mat di su hung thu boi vi tai lieu thuc va lap di lap lai nhieu lan, cung danh tu dung hoai moi ngay nhu doc bieu do cua benh nhan.

Toi nghi toi doi den khi nhung su viec tieu tan di nhu bui tro trong troi dat con toi mut nat duoi nhung ban tay bi mat triet tieu nhe nhang.
Toi don nha den thanh pho khac nen toi cung ban ron voi nhieu chuyen can phai ton nhieu thoi gian va lai toi nghi ho da thuc hien xong phan than the ben trai cua toi neu bay gio ho tiep tuc, toi nghi phuong phap cung giong nhu the thoi.
Nhung trong nhung thang gan cuoi nam 2007 co nhung du kien bien cai toi thanh ai nam ai nu va da di xa hon nua voi du tinh bien hoa toi thanh nam gioi da thuc day toi sap xep nhung gi xay ra toi da ghi vao nhat ky de canh bao cung the gioi nhung gi da xay ra hom nay va se thanh hinh the gioi trong tuong lai nhu mong uoc nguy hai hay thanh binh. Doi ngu cua ho da bieu duong cho toi hieu ho quyet tam chien thang va khong co gi de can buoc tien cua ho.

Toi tu hoi, ho la ai?
Toi khong biet.
Ho co the luc.
Ho giau.

62

Ho co the mua chuoc bat cu ai va but cu noi dau.
Ho co trong mang luoi to lon.
Ho di chuyen theo toi bat cu noi nao toi den, toi di.
Ho luon theo sau lung toi.
Ho co the la nhan chung.
Ho co the la nguoi ho ve.
Ho co the la nguoi pha hoai.
Ho co the la ke thu cua toi.
Nhung nguoi chuyen nghiep trong nghe biet ro ho la ai.
Ho muon gi tu toi?
Toi da lam gi ho?
Toi la ai? Tai sao toi la muc tieu cua ho?

Sach toi viet la su that, tat ca la tai lieu.

Phiem Nguyen
January 26, 2008

Toi tro ve nuoc My nam 2004.

Ho tu My theo sau lung toi den Viet Nam va lai ben got theo toi tro ve MY
Toi da mat nhat ky toi viet trong thoi gian 2003 den 2004 vi bao Katrina, toi khong the
nho ngay thang chinh xac, toi chi ghi nhung su viec xay ra.

Khi toi o Viet Nam toi an nuoc mam, toi thay nhu co nhung vat the trong than the toi no,
toi da cam thay su no do.
Mot ngay toi coi lai bai vo cua toi, toi cam thay co mot luong dien tu hay laser hay la dien
tu xung kich toi khong biet la gi da ban vao dau, phia sau dau, va vao phia ot cua toi. Ho
da ban nhieu lan va lau nhu the.

Trong nuoc My

Trong thoi gian toi song o New Orleans

Khi toi dung lam bep hoac rua chen o ban rua chen, toi cam thay co tia hong tuyen, tu truong dien tu da keo go ma cua toi ra, con mieng toi bi bop lai va cung keo ra.
Toi cam thay tia hay tu truong dien tu ban vao dau toi, no da lam cho toi khong con biet gi nua trong tictac.
Khi toi ngoi o ban viet toi trong phong toi va lam viec tren may vi tinh, toi cam thay tia laser hay tu truong dien tu ban tren dau toi.
Toi nghe co tieng dong o tren mai nha va o ngoai nha toi , toi di ra ngoai de xem co chuyen gi vay, toi khong thay gi ca tu tren mai nha toi va ngoai nha toi.
Mot hom toi thay co tuyen nho phong len o chan may toi.
Toi thay mat cua toi thay doi, mi mat cua toi xup xuong thanh mat mot mi.
Toi thay luong quyen toi nho len cao hon
Toi thay go ma cua toi xe xuong. Luc do go ma cua toi chac nich khong the nao nhao ra nhu the do duoc.
Toi thay luong quyen toi nho cao hon nua.
Toi thay go ma toi thong xuong hon nua.
Luc do than the toi bap thit san ran chac tu mat cho den chan.

Thoi gian toi song o El Paso

Day la lan dau tien to co duoc giac mo binh thuong ke tu nam 1993 hay 1994 luc toi o Austin, luc do toi biet duoc rang giac mo cua toi bi xam lang va sau do duoc cau truc thanh giac mo nhan tao.

Toi huoi mui khoi, toi phai bit mui lai voi khan giay. Toi thay nguoi ta bung binh nghi ngut khoi ra khoi can nha ben canh.

Laser hay la tu truong dien tu vua moi khoi dau noi day thi toi don nha.
Bo nao cua chung ta tu do co the chua duoc benh va cung tu do co the dieu khien ca hoat dong cua toan co the.

Su cay te bao, mam vao co the, no se sinh soi nay no trong co the, no cung co the chuyen doi co cau tu hinh the den suc khoe cung nhu gia, tre nua.
Su tiem vao co the hoa chat hay dung dich no cung co nhung tac dong nhu vay.

Nguoi mui thom

Mui thom va su nguoi co tac dung den co the nhu la dung thuoc vay, no co the o duoi nhieu dang nhu mui thuc an, hanh, toi hay dau thom, nhan, khoi, gas va v.v.

Thoi gian toi song o Irving

Co hom toi nguoi mui thom mon an roi toi thay mau da toi tro nen mau nau xam, toi trong tieu tuy. Sau do toi nguoi mui thom khac, da toi va mat may toi tro lai binh thuong.

Directed energy weapon (Truc phan nang luc)

Toi bi tan kich bang directed energy weapon boi vi toi cam thay gi ca tu nhien minh bi mat nang luc dot ngot, toi thay doi, thay met va khong lam gi noi nua.

Xam nhap vao can nha toi o

Toi nghi ho co the xam nhap vao nha toi o boi vi toi thay vet chich tren mat toi, o chan toi va rang cua toi.
Mat toi tro nen gia va nep nhan o quanh mieng toi.
Dui toi phong lon len va co nhieu cut mo.
Rang cua toi dau, ham cua toi rat kho chiu.

Nhat Ky ghi ngay thang

Ngay 25 thang 7 nam 2005

Vao buoi chieu nay toi cam thay co Tia laser hay tu truong dien tu ban vao phoi trai cua toi, toi cam thay no to bang dau ngon tay toi va keo dai khoang 1 den 2 phut, toi thay dau nhung sau do toi khong cam thay gi, toi cam thay binh thuong.

Ngay 27, thang 7 nam 2005

Hom nay va may ngay vua qua toi thay co cham do o luong quyen toi. Ke tiep theo do toi thay co nhieu cham do o luong quyen nua va ca o mui gan mat va tren tran toi.

Ngay 10 thang 8 nam 2005

Toi cam thay co Tia laser hay tu truong dien tu ban vao noi buong trung toi, ben trai truoc den phia phai, toi thay dau.
Toi qua toi nam mo nhung giac mo do duoc dan dung bang computer dieu khien chip trong co the toi. Khi toi thuc day toi cam thay su la doi voi toi, thoi quen cua toi bi thay doi, toi hanh dong khac di, toi mat di su vui ve, toi cam thay chan chuong.
Tia laser hay tu truong dien tu ban vao chan toi.
Tia laser hay tu truong dien tu ban vao phia sau dau toi, phia ot toi.

Ngay 12, thang 8 nam 2005

Hom nay khi toi ngoi cau nguyen cho con, toi cam duoc co Tia laser hay tu truong dien tu nhu mot manh lon bang cai tach ep vao phia ot cua toi.

Ngay 22 thang 9 nam 2005

Toi thay 4 diem do o chan phai va diem do o chan trai toi.

Ngay 28, thang 9 nam 2005

Xuyen qua tuong toi cam thay co Tia laser hay tu truong dien tu ban vao ma cua toi.

Ngay 30 thang 9 nam 2005

Hom nay toi thay go ma cua toi duong nhu sung lon len.
Tia laser hay tu truong dien tu ban vao dau toi, no anh huong den chan toi.
Toi thay nhuc dau ca dem nay.

Ngay 3 thang 10 nam 2005

Vai ngay qua co Tia laser hay tu truong dien tu da ban vao phia trai go ma toi va tai, hom nay toi cam thay ky la nhu co gi lam cho toi kho chiu noi do nhu mat cam giac noi da bi ban vao.

Ngay 4 thang 10 nam 2005

Ngay hom qua toi thay co soi day nho trang bang soi chi hay soi toc da cay vao mi mat tren cua toi, toi thay kho chiu nen toi muon keo no ra bo nhung toi khong lam duoc, no van con dinh o do hoai.

Ngay 6 thang 10 nam 2005

Hom nay toi thay co soi day nho trang bang soi chi hay bang soi toc cay vao mi mat cua toi going y het nhu mat ben kia.
Tia laser hay tu truong dien tu da ban vao bo phan phai nu toi, toi cam thay nhu chan dong tu noi do den chan cua toi.

Ngay 7 thang 10 nam 2005

Khi toi tam co Tia laser hay tu truong dien tu ban manh vao phia tren dinh dau cua toi.

Ngay 12, thang 10 nam 2005

Tia laser hay tu truong dien tu ban vao phia dau toi noi dieu khien su ngat xiu.

Ngay 19, thang 10 nam 2005

Khi toi dung rua chen o ban rua chen toi cam thay xuong o gan long ban chan toi duong nhu co suc nong de cho toi cam thay duoc. Toi thay co diem do cua dau kim dam o ban chan trai cua toi vai ngay qua.

Tia laser hay tu truong dien tu ban vao dui phai cua toi, toi cam thay no tac dong den xuong va chay dai toi got chan cua toi.

Ngay 20 thang 10 nam 2005

Tia laser hay tu truong dien tu ban vao phia ot trai cua toi luc do toi cam thay minh mat tat ca su sinh song, sau do dau xuong doi goi.

Ngay 21 thang 10 nam 2005

Toi thuong ngay dung rua chen noi ban rua chen sau khi an com, toi cam thay co Tia laser hay tu truong dien tu ban ria vao bung cua toi.

Ngay 22 thang 10 nam 2005

Tia laser hay tu truong dien tu ban vao chan toi va phia sau lung tren phan lung quan, no tac dong den than kinh den giua long ban chan toi.

Ngay 23 thang 10 nam 2005

Toi nam mo trong giac mo do toi hoc, toi da thuc hanh rat dung phuong phap, toi thuc day, toi ngu tiep, toi mo giac mo thu nhi, trong giac mo ac mong nay, toi gia quyet van de mot cach ngu xuan. Toi thuc day o ngay giac mo va bi nhuc dau cho ca ngay.

Ngay 25 thang 10 nam 2005

Toi thay kho chiu o phia tai phai va len tan dau, toi thay nhuc dau ca ngay.

Ngay 27 thang 10 nam 2005

Tia laser hay tu truong dien tu ban vao chan toi. Luc ban vao phia phai mieng toi.

Ngay 28 thang 10 nam 2005

Toi thay dui trai toi to lon len.

Ngay 30 thang 10 nam 2005

Tia laser hay tu truong dien tu xung kich lam toi cam thay dau nhuc trong xuong dau goi o chan trai.

Ngay 31 thang 10 nam 2005

Tia laser hay tu truong dien tu ban manh vao dinh dau toi, ban vao ot toi tu phia phai roi sang phia trai. Toi cam thay met va khong the dieu khien than the minh duoc.

Ngay 1 thang 11 nam 2005

Hom nay toi thay 2 dau kim den tren chinh giua moi tren toi.
Sang nay toi thuc day toi nhuc dau va no da lam cho toi rat kho dinh tam than de cau nguyen cho con.

Ngay 2 thang 11 nam 2005

Toi nguoi mui toi, mui thom thuc an no da lam cho toi cam thay nhu co su dan no ra trong dau toi.
Tia laser hay tu truong dien tu ban vao dau toi, chan toi, phia ruot non toi, toi cam thay dau.

Ngay 3 thang 11 nam 2005

Toi ngui mui thom thuc an khac hom nay.

Ngay 5 thang 11 nam 2005

Toi nghi co the co nguoi vao can nha toi o trong khi toi ngu nhung neu dung nhu the thi ho phai tro noc nha hoac la duoi ham dat, ho khong the nao vao duoc cua truoc.

Ngay 9 thang 11 nam 2005

Buoi sang hom nay toi thuc day toi thay dau dau o go ma toi nhu the la co mun vay, toi dung con de rua noi do.
Dui san cung thit cua toi hom nay to lon len va co hinh thu cua vai khom mo.

Ngay 10 thang 11 nam 2005

Toi thay vong tron bang ngon tay toi o duoi mat mat noi tui cua mat, no co mau tim. Toi thay ca tui phia duoi mat tro nen mau bam tim.
Tia laser hay tu truong dien tu ban vao dau toi, co toi, chan toi va than the toi.

Ngay 16 thang 11 nam 2005

Toi nghe co tieng dong o nha bep nen toi khong dam ngu, toi dinh thuc den sang nhung toi ngu va toi thuc day luc 6 gio sang.

Ngay 21, thang 11 nam 2005

Toi thay diem do o phia phai mieng toi 2 ngay qua. Toi thay dau lan o phia mieng trai toi.

Ngay 27, thang 11 nam 2005

Toi thay diem do o phia phai ngay lan nuoc mat chay, vai ngay qua toi thay diem do o go ma trai toi.

Ngay 30 thang 11 nam 2005

Mui thom thuc an A-Dong da tac dong khac hon la lam kho khoc da, no anh huong den bo phan ben trong than the nhu tim, khuu mui va phoi.

Ngay 1 thang 12 nam 2005

Voi giac mo hom nay toi co the noi do la giac mo gia tao boi vi toi chua he bao gio thay than the cua nguoi dan ba nao co xam minh tu truoc den hom nay.
Tia laser hay tu truong dien tu ban vao phia trai tu tai den dau toi, vai ngay qua Tia hong tuyen, tu truong, dong dien dien tu ban vao xuong phai mat toi.

Ngay 5 thang 12 nam 2005

Hoi khi dot
Toi thuc day toi thay nhuc dau, toi uong 2 vien Tylenol.
Vai ngay qua toi thay dau lan cua kim chich xuyen qua duoi da go ma trai toi.

Ngay 7 thang 12 nam 2005

Toi thay diem do o tran toi gan mat trai toi.
Hom nay toi mo ngay tan the.

Ngay 9 thang 12 nam 2005

Tia laser hay tu truong dien tu ban vao go ma toi, dau toi, canh tay toi, chan va bung toi.

Ngay 11 thang 12 nam 2005

Toi cam thay luon song cua tu truong dien tu xung kick vao dau toi phia truoc va phia sau.
No da tac dong va anh huong den su chu y va dan den tinh cam va su xuc dong khi toi doc va nghe.

Ngay 12 thang 12 nam2005

Toi thay dau lan cat o mat ca phai toi

Ngay 13, thang 12 nam 2005

Tia laser hay tu truong dien tu ban vao dui toi.

Ngay 14 thang 12 nam 2005

Tia laser hay tu truong dien tu ban vao dau toi, no tac dong den gan va phia duoi canh tay toi. Toi thay co the bi anh huong. Tinh than.

Ngay 16 thang 12 nam 2005

Giac mo gia tao, Toi bi dua vao giac mo gia tao do voi su dan dung tu cach con nguoi gian doi, xao quyet.
Toi phai giai thich phuong phap lam the nao de tao thanh giac mo do.
Truoc tien toi mo giac mo chinh that con nguoi toi voi tiem thuc toi la nguoi dung dan, khong co hanh vi xau. Toi thuc day, toi lai ngu tiep va voi giac mo thu nhi nay toi duoc dua vao trong chuc vi gian ngoa, no duoc ket thanh tu chip, tu nao bo va tu tam ly thuc nghiem.

Ngay 22 thang 12 nam 2005

Tia laser hay tu truong dien tu ban vao dau toi, chan, da duoi, than, ruot non va bung toi.

Ngay 25 thang 12 nam 2005

Am nhac co the chua tri duoc va am nhac cung co the thay doi va anh huong den tam ly hanh dong.

Ngay 26, thang 12 nam 2005

Dem qua toi dang ngu nhung toi chac co the thuc mot chuc xiu thoi du de nghe va nho co tieng cuoi cua nguoi dan ong va nhieu tieng cuoi dan ba, ho di va ho chay ngoai khu nha pho toi dang o.

Ngay 29 thang 12 nam 2005

Chich duoi da noi phia trai go ma toi.

Ngay 31 thang 12 nam 2005

Giac mo gia tao voi tach cach doi truy.

Ngay 4 thang gieng nam 2006

Toi thay kho chiu duoi mat phai toi, toi thay co lan va do noi do.

Ngay 5 thang gieng nam 2006

Toi thay dau kim do o ngon tay toi nhu la dau kim cua thu mau.

Ngay 8 thang gieng nam 2006

Toi di Mexico va den thanh pho Monterey.

Ngay 11 thang gieng nam 2006

Toi tro ve Irving, Hoa Ky.
Toi muon can nha khac va don den do cung o trong thanh pho Irving.

Ngay 22 thang gieng nam 2006

Toi thay dau hieu toan bi mat don theo toi noi nao toi den.

Ngay 24 thang gieng nam 2006

Giac mo gia tao, day la van de nhuc duc the xac. Nguoi hua hon toi khi toi con la con gai chua he cam tay toi lan thu nhi chu dung nghi chung toi ngu chung voi nhau. Hoi ong ta de biet su that.

Ngay 26 thang gieng nam 2006

Day cung la giac mo gia tao nua, toi an voi tanh cach doi ra nguoi ra, toi cu tiep tuc bo thuc an vao mieng an ngau nghien.
Tiem thuc toi da duc ket cach an uong cua toi chieu nay, toi an nhu toi an trong giac mo.

Ngay 6 thang 2 nam 2006

Hanh dong cua mot nhom bi mat gay tro ngai tren co the toi, nhom khac phan hoi hanh dong do tren than the toi cung mot cach bi mat.

Ngay 7 thang 2, nam 2006

Nhom bi mat da don den noi o moi cua toi va sua soan dung cu nghe nghiep cua ho.
Tia laser hay tu truong dien tu ban vao dau toi khi toi doc, truoc tien toi thay nhu luc de phu len ben trong dau toi ke den bo nao khong the lam viec duoc, toi khong the doc, hoc hay la hieu duoc nua.
Toi co the cam nhan duoc gan va than kinh toi bi tro ngai.

Ngay 10 thang 2, nam 2006

Toi thay dau lan cat o luong quyen trai toi. Toi thay noi do nho cao hon len so voi luong quyen ben phai toi.

Ngay 12 thang 2 nam 2006

Toi cam thay tu tai trai den luong quyen trai co su la va te bao noi do cung cam thay la nhu la bi te.
Vao khoang vai tuan qua luc toi tam, toi cam thay co suc ep vao phia trai bung toi, kich thuoc bang chung ngang 4 inches va ep vao xuong den khoang 10 inches. Toi cam thay dau luc do.

Den hom nay thi toi trai qua nhieu thu nghiem de don nhan cho minh su gia nua nhan tao nhu anh huong va kich thich te bao gia nua, nao bo anh huong co the gia nua va benh tat, nguoi mui bang khuu giac anh huong va tac dong toan co the va Tia laser hay tu truong dien tu oxy hoa.
Than kinh va nao bo bi tan cong dan den bcnh tat va co the bi tan phe va tu vong cung de dang.

Ngay 15, thang 2 nam 2006

Xu dung do hinh phuong phap cham cuu de lam te liet than kinh toa diem va te bap thit van dong.
Xu dung luc tu de lam te liet hay dieu khien suy nghi, hoc, doc va chu tam cau nguyen, dieu do co the noi lam te liet tat ca nhung gi dung bang nao bo.

Ngay 17 thang 2 nam 2006

Toi thay dau kim chich vao o phia phai mui toi va vao hai luong quyen toi.
Hoi dem toi co thuc day trong vai giay de biet va nho chan trai toi su co phan ung thu than kinh.

Ngay 18 thang 2 nam 2006

Toi thay co dau tron nho thung vao o hai go ma toi nhung do khong phai noi co dau kim chich.
Trong dem toi da duoc thuc day trong giay lat de biet va nho co Tia laser hay tu truong dien tu da lam cho bung toi phong len va dan ra, toi cam thay kho chiu nhu dang bi pha bung.
Roi toi tro lai ngu tiep.

Ngay 19, thang 2 nam 2006

Toi dang doc thi bi Tia laser hay tu truong dien tu quay pha nen toi ngung.

Ngay 20 thang 2 nam 2006

Toi thuc day vai phut qua va bay gio 3:22 A.M.
Nhu co gi lam phien toai trong tai trai toi, toi thay nhu bi ngua va phai dung den Q-tip de ray tai.

Tai trong la noi kich thich bao hanh va tuc gian.

Khi toi con o can nha truoc chua don den can nha nay toi cung da bi quay pha vao tai trai toi, toi cam thay ngua roi tiep theo sau la cu ban that manh, toi tuong toi co the chet luc do.

Noi can nha nay day moi lan toi ngoi o ghe salon toi cam thay co su phien toai trong tai trai toi nhu ngua phai can ray tai ke tiep toi thay nhu bi te kieu nhu tiem thuoc te tram rang.

Ngay 21 thang 2 nam 2006

Toi thay xuong luong quyen va xuong tu luong quyen den tai nho cao len, toi thay vet tron xanh bang ngon tay cai noi do.

Toi cam thay nhu co su van dong, van hanh o luong quyen toi vai lan truoc va vai ngay qua.

Khi toi di tam toi cam thay Tia laser hay tu truong dien tu ban vao nhu mui kim dam phia phai lung toi, ban vao dau toi va sau ot toi.

Toi khong cam thay Tia hong tuyen, tu truong, dong dien dien tu hay lan song hoac presser nhung toi cam thay phia ben phai bung toi bi dau.

Ngay 22 thang 2 nam 2006

Luc xe chieu nay Tia laser hay tu truong dien tu ban vao dau toi, toi cam thay chong mat. Chieu khi toi rua chen o ban rua chen Tia laser hay tu truong dien tu ban vao tren dinh dau toi va ban vao dui phai cua toi.

Ngay 23 thang 2 nam 2006

Chieu den toi cung rua chen nhu thuong le Tia laser hay tu truong dien tu ban vao dind dau toi cung nhu hom qua, toi bi chong mat nhung it hon hom qua, Tia laser hay tu truong dien tu ban vao dui trai cua toi.

Toi qua giac mo nhan tao da phan hoi thoi quen an uong cua toi

Ngay 24 thang 2 nam 2006

Toi qua khi toi nam trong giuong, toi cam thay co Tia laser hay tu truong dien tu ban vao hai dui toi nen toi co gap dui len de tranh.

Sau do to cam thay dong tu truong xam nhap vao ben trai dau toi va ca phia trai than the toi tu dau den ngon chan toi

Toi ngu roi toi thuc day luc 1:30 A.M. toi cam thay chong mat mot chut va chan toi dau, toi dung len di bo vai vong, chan toi het dau.

Tai trai va mat trai cua toi te nhu di nha si vay.

Ngay 25 thang 2 nam 2006

Hom nay sau khi toi tam, toi thay dau o nguc, trai tim ke tiep bung toi.

Chieu nay toi hoc sinh ngu Duc, toi chi on lai vi lau qua toi khong co dip doc.

Toi cam thay co Tia laser hay tu truong dien tu ban vao dau toi, tai trai toi, toi bi chong mat, khong chu tam duoc nua, khong hieu, toi khong hoc duoc nua. Toi roi noi do, toi tro lai binh thuong.

Ngay 27 thang 2 nam 2006

Hom nay luc toi di tam, co Tia laser hay tu truong dien tu ban vao nguc toi noi trai tim, toi thay dau, no da lam cho toi kho chiu.

Chieu den toi ngoi noi ban an com, co Tia laser hay tu truong dien tu ban manh vao dau toi va da lam cho toi nhuc dau mot luc, sau do Tia laser hay tu truong dien tu ban tiep tuc ban vao mat trai toi vai giay roi tai trai va phia trai dau ben tai trai. Toi khong the nao chu tam duoc, toi mat het ban nang lam viec cua bo oc, khong doc, khong hieu, khong hoc, khong nho duoc, toi roi di noi khac toi tro lai binh thuong.

Ngay 28 thang 2 nam 2006

Luc toi di tam co Tia laser hay tu truong dien tu ban vao giua o phia sau dau ben phia phai toi, noi do la diem chua tri.

Khi toi dung o nha bep co Tia laser hay tu truong dien tu tao ra su dan no trong dau toi, toi thay nhuc dau mot luc va khong thoai mai.

Ngay 1 thang 3 nam 2006

Sau khi com trua toi rua chen co Tia laser hay tu truong dien tu xung kich va sau do vai phut toi thay chong mat mot luc roi het.

Den chieu toi cung rua chen co chum Tia laser hay tu truong dien tu cham vao phia sau dau toi va tren vai toi, toi khong bi chong mat lan nay

Ngay 2 thang 3 nam 2006

Hom qua toi thay dau kim chit vao luong quyen mat toi.

Nhung ngay nay toi het suc that vong boi vi toi khong lam gi duoc tu doc cho toi hoc. Toi khong co TV, khong co computer, khong co bao, chi co vai cuon sach toi muon duoc o thu vien thoi.

Toi chi ngoi do trong khi toi co rat nhieu viec phai can lam. Toi khong lam gi duoc thi toi an, do la chuyen het suc nguy hiem.

Ngay 3 thang 3 nam 2006

Sang som nay toi cau nguyen co Tia laser hay tu truong dien tu ban vao dinh dau toi, sau do ban vao phoi toi, no lam toi dau.

Chieu toi ngoi o ghe salon Tia laser hay tu truong dien tu ban vao phia trai dau toi roi xuong den tai trai roi xuong den phia mieng trai toi, toi thay bi te nhu di nha si lam rang bi gay te vay.

Ngay 4 thang 3 nam 2006

Toggle command (tam dich Nghich Ly Menh Lenh)

Toi da trai qua dien tien dan du va xam nhap tiem tri thuc de bien doi tiem tri thuc nhu mong muon cung going nhu qua hinh thuc thau mien nhung phat trien va tinh vi khoa hoc hon nhieu.
Toi da co lan nghe chinh giong minh doc kinh hang ngay tiep theo sau do la tin nguong kham pha o khong gian bao la khong the giai thich duoc.
Nhieu lan toi nghe giong ca tu vai nguoi toi khong quen biet cung co luc nhung bai ca toi quen thuoc trong giac mo va cung co luc khong phai trong giac mo cua ming ma trong luc minh dang ngu va cung thuc day ngay luc do de minh nho nhung gi minh vua nghe qua.
Do la nhung su am tham bien doi va hanh ha phuong phap dien tien de thuc hien giua luc tinh thuc cua 2 mien tiem tri thuc, no anh huong den chung ta mot cach am tham va tu nhien nhung chung ta khong biet ly do.

Ngay 5 thang 3 nam 2006

Toi da nhan biet toggle command. Nguoi ta biet menh lenh cua nguoi ta, dieu do khong phai toi sai.
Toi viet bai tho Toggle Command trong dip nay.

Ngay 6 thang 3 nam 2006

Noi ban rua chen co Tia laser hay tu truong dien tu ban vao dau toi va tran toi.

Ngay 8 thang 3 nam 2006

Vai ngay vua qua toi thay diem nho o mui toi, toi thay dau nhung co giam bot so mui khi toi di ra ngoai luc troi lanh.
Hom qua toi thay co diem trang o phia ben trai mieng toi.

Ngay 9 thang 3 nam 2006

Luc toi o trong giuong ngu ban dem co luc ep lam cho toi kho chiu o tai trai, luc ep qua lau, toi thay te o tai trai va go ma trai toi, toi xem va thay go ma toi xung to hon.
Hom nay toi thay bap thit o canh tay toi chay xe xuong va toi thay co nhieu diem trang noi do.

Ngay 10 thang 3 nam 2006

Hom nay toi duoc binh thuong boi vi khong co luc gi quay pha toi khi toi ngoi o ghe salon doc va viet.

Ngay 11 thang 3 nam 2006

Giac mo gia tao.

Toi thuc day ngay giac mo va chi nho von ven toi hoi nguoi dan ba qua dau day dien thoai.

Chong ba co noi ten cua toi khong?

Toi danh van ten toi PHIEM.

Ba ta im lang roi cup dien thoai.

Day la su dan dung trong giac mo voi chu y lam nhuc tu cach cua toi.

Boi vi toi noi neu toi muon dam cuoi, toi cau nguyen cung Chua tim kiem cho toi nguoi chong du dieu kien toi noi voi Chua boi vi ho da lam nhuc toi nen toi moi co dieu kien, neu ho khong lam nhuc toi, toi da khong cau nguyen voi Chua nhu the.

Ngay 16 thang 3 nan 2006

Toi nam mo ngay tan the.

Ngay 17 thang 3 nam 2006

Chieu hom qua co tu luc bao phu tron ven dau toi, toi khong cam thay dau.

Sang nay toi thuc day ngay tai giac mo, toi mo toi di tieu va co the toi hoat dong nhu luc thuc. Day la lan thu hai tu khi toi o Austin 1993-1994 sau khi ho da xam nhap tiem thuc toi va dieu khien.

Ngay 18 thang 3 nam 2006

Hom qua co Tia laser hay tu truong dien tu ban o tay phai toi, hai chan toi, bung va ca than the toi.

Toi cam thay nhu co vat gi hoat dong hoac di chuyen te bao, bap thit o phia trai mieng toi nhu the la Bach huyet cau dang bao vay vi trung la.

Khi toi ngoi o ghe salon co Tia hong tuyen, tu truong, dong dien dien tu ban vao tai trai va mat trai toi, no sung lon hon va cao hon.

Ngay 19 thang 3 nam 2006

Toi ngoi noi ghe salon doc sach co Tia laser hay tu truong dien tu ban manh vao dau toi nhu toi mo ta truoc day, nao bo toi tro nen te liet va toi thay chong mat.

Ngay 20 thang 3 nam 2006

Toi thay xuong go ma trai luong quyen toi nho co len.

Toi khong the nao doc sach hay hoc duoc boi vi co Tia laser hay tu truong dien tu luon ban vao dau toi, su lam viec cua bo nao toi bi te liet, toi khong tiep tuc duoc.

Ngay 24 thang 3 nam 2006

Vai ngay truoc day va den hom nay moi lan toi ngoi o ghe salon, toi luon bi quay ray o tai trai toi va phia trai dau toi, toi khong the nao doc hay hoc duoc nua, toi phai nghi boi vi nhuc dau, khong thang bang va te liet su lam viec cua tri oc.

Ngay 26 thang 3 nam 2006

Hom nay toi co the khang dinh rang: Nguoi ta hoc hoi ve su lam viec cua nao bo, nguoi ta ung dung cach lam viec cua nao bo, nguoi ta hanh ha bo nao con nguoi cung nhu tuoc doat di tu trong bo nao va ke tiep phuong cach am sat.

Ngay 28 thang 3 nam 2006

Hom nay toi thay co Tia laser hay tu truong dien tu ban o dau toi, toi cam thay duoc than kinh trong dau toi, tran toi toi phia chan may trai cua toi.
Vai ngay qua co Tia laser hay tu truong dien tu ban vao mang tang trai toi, toi thay dau.

Ngay 29 thang 3 nam 2006

Khi toi nam nghi trong giuong co Tia laser hay tu truong dien tu ban vao luong quyen ma trai toi va keo dai xuong toi cam roi sang den tan phia tai toi. Toi thay kho chiu va cam thay noi do sung len, toi di soi guong thi dung no da co sung lon len va xe xuong.

Ngay 30 thang 3 nam 2006

Toi thay diem do o chan may toi, chan may toi phong len cao hon va lon hon.

Ngay 1 thang 4 nam 2006

Giac mo gia tao cua nhuc duc, ho tuyen chon tinh cam binh thuong trong tiem thuc roi ho gan ep vao nhuc duc cua ho, ho kich dong phan ung co the de tao ra su dien bien that. Nan nhan cua phuong cach hanh ha duoc danh thuc ngay luc do trong su cau tao cua ac mong, de giac mong in han sau hon tron tri thuc va roi no se ghi vao trong tiem thuc cua nan nhan, tiem thuc se dieu khien chung ta hanh dong mot cach tu nhien. Do la tam ly se tac hai vao doi song con nguoi.
Hom nay co Tia laser hay tu truong dien tu ria tren dinh dau toi.

Ngay 3 thang 4 nam 2006

Toi thay diem trang o phia trai mieng toi noi toi lay soi day cay vao do, toi cung thay nhieu diem trang o hai canh tay toi va 3 diem trang o bung toi.
Khi toi doc co Tia laser hay tu truong dien tu quay pha noi dau toi nen toi khong doc duoc nhu toi da ke ra nhieu lan truoc day, toi bo cuoc.

Ngay 9 thang 4 nam 2006

Giac mo gia tao.

Ho sua doi thoi quen an uong toi tro lai binh thuong.
Thoi quen cua toi luc an uong tra ve cho toi nhung ma toi khong nhan thay den khi toi
nhan thay toi co tinh an uong theo kieu nguoi ta muon toi an theo kieu tham an boi vi toi
nghi toi tham an nhu the cung khong xuc pham toi ai va cung khong phuong hai toi toi,
toi khong quan tam. Khi nao toi an tiec chung voi vua chua cua Chau Au toi phai quan
tam canh an uong cua toi.
Co nhieu chuyen toi quan ngai hon nhu la danh du toi, nhan pham toi, doi nguoi cua toi.

April 10, 2006

Toi thay co su tro ngai o lung ben phai toi, no going nhu la moi bap thit va gan, no xay ra
luc toi di tam.
Chieu nay co Tia laser hay tu truong dien tu ban vao tai phia ben phai toi.

Ngay 11 thang 4 nam 2006

Chieu nay khi toi doc sach co Tia laser hay tu truong dien tu dieu khien tren dau toi, toi
khong the tiep tuc duoc, toi thay chong mat, nhuc dau, suc de ep nang xuong, toi khong
the nghi duoc, toi khong the doc duoc, dong thoi toi thay dau o nguc noi trai tim roi dau
xuong den chan toi. Toi roi noi do den noi khac trong can nha toi, toi tro lai binh thuong
sau vai phut.

Ngay 12 thang 4 nam 2006

Toi thay co lan noi len o ben phai mui toi no nhu la su chit duoi da, kich thuoc bang tam
xia rang va dai co 21/2 inches nhung toi khong thay dau cua kim.
Khi toi di tam co Tia laser hay tu truong dien tu ban vao bo phan phai nu toi o phia ben
phai.
Chieu nay luc toi doc sach co Tia laser hay tu truong dien tu ban manh vao dau toi, toi
khong the tiep tuc duoc boi vi su tac hai toi da ke ra tu truoc. Toi nghi khong doc nua.
Toi cho la su pha hoai!

Khi toi di ngu trong giuong co Tia laser hay tu truong dien tu ban vao dau toi roi den mat
toi va den trai tim toi. Toi thay rat dau nhung toi khong tranh ra noi khac, toi cam thay
met, no van con dau.

Ngay 13 thang 4 nam 2006

Sang nay co Tia laser hay tu truong dien tu keo phia bang quang noi bung cua toi cao len.
Sang nay khi toi thuc day nguc toi van con dau den do toi thi tham cau nguyen cung
khong duoc tai vi dau qua.

Ngay 15 thang 4 nam 2006

Toi thay noi hai ben canh mui toi da bi mat mau.

Toi qua co Tia laser hay tu truong dien tu ban vao noi day chang toi, lam toi dau kinh khung goiing nhu ngay toi dung cho xe buyt sau khi toi mua may cai chau va dat cho cay cua toi.

Hom nay co Tia laser hay tu truong dien tu ban vao ngay giua nguc toi tu co cho den xuong marrow.

Ho lam cho xuong tran phia ben trai toi nho len cao va xuong luong quyen va xuong tu luong quyen den mang tai cung lon them len va nho cao len.

Noi dau o dau hom qua, hom nay da het.

Toi thay bap thit bung toi noi len va bung toi trong nhu la bung cua the thao cu ta vay.

Ngay 17 thang 4 nam 2006

Khi toi rua chen chieu nay co Tia laser hay tu truong dien tu ban vao noi chinh giua lung phia ben mat toi va toi cam thay su cang moi noi vung xuong chau toi.

Cung trong chieu nay khi toi doc sach co Tia laser hay tu truong dien tu ban manh vao dau toi, toi cam thay suc ep de nang xuong trong dau toi, toi thay met, nhuc dau, toi khong the tiep tuc doc duoc nua.

Roi toi cung cam thay co Tia laser hay tu truong dien tu ria tren dinh dau phia trai toi, no lam cho toi quen di nhung gi toi moi vua doc. Toi khong doc nua.

Ngay 18 thang 4 nam 2006

Giac mo nhan tao.

Dem qua giac mo trong phong the duoc dan dung boi nhung nha tam ly hoc, ho tuyen chon trong tiem thuc toi khi toi ngu voi chong cu cua toi roi ket noi nhung gi ma nhung nha chuyen mon do muon de tao ra phan ung that tu than the toi.

Chieu nay toi rua chen nhu thuong le co Tia laser hay tu truong dien tu ban vao ma dit va mong toi roi toi cam thay bap thit xung quanh that lung phia sau nhu bi suc ep lam cho cang moi len, toi thay dau noi do va dau xuong chan trai toi.

Khi toi danh rang toi cam thay moi lung.

Ngay 19 thang 4 nam 2006

Dem qua toi ran thuc boi vi toi so nguoi ta lam nhung gi de xam pham va dieu khien tiem thuc toi giua luc toi ngu cung nhu luc bat dau ngu va luc thuc day. Toi co gang nhung khi toi ngui mui thom cua thuc an boc ra trong can nha toi, toi thay minh buon ngu, toi co thuc day nhieu lan va roi toi ngu di. Toi co nhieu giac mo va toi thuc day o moi giac mo de nho va nghe tieng cuoi nhu the vui mung cua nguoi dan ba roi toi ngu tro lai va co giac mo khac cho den sang.

Lung cua toi do nhieu nho thoa dau nong.

Luc toi rua chen toi thay dau nhieu o tay trai, noi nguc va trai tim toi.

Chieu nay toi nguoi thay mui khoi cua thuoc hut.

Hom nay toi thay cho thung vo o go ma phai co da sam mau hon da mat toi, vai ngay hay tuan vua qua toi cam thay da noi do bi nham khi toi ro vao nhung toi khong hieu tai sao.

Hom nay toi thay vet kim va co the da co micro chip hay te bao hoac mam da cay vao mat toi va than the toi.

Ngay 20 thang 4 nam 2006

Toi rua chen sau khi com trua, toi thay dau o dui phai va cung giong nhu dui trai toi hom
qua luc toi tam. Chan trai toi roi canh tay trai toi bi dau nhung toi khong cam thay Tia
laser hay tu truong dien tu hoac mui thom gi ca.
Lung toi va canh tay trai toi van con dau.
Chieu nay khi toi ngoi o ghe salon co Tia laser hay tu truong dien tu ban nhe vao tay mat
toi.
Toi cam thay ngua o trong tai mat roi co Tia laser hay tu truong dien tu ban nhe vao dau
toi va ban xuong toi ot, co phia ben phai toi.
Toi cam thay co Tia laser hay tu truong dien tu cham vao dau toi sau do toi cam thay co
Tia laser hay tu truong dien tu di vao trong mui toi giong nhu dang lam sach trong mui toi
roi toi thay nhu anh huong den than kinh kich thich trong mang mui cua toi, di nhien toi
chong lai bang cach bit mui toi lai va can tho toi tranh di noi khac. Toi co dien thoai cua
nguoi la goi luc do.
Toi ngoi vao ghe sofa (truong ky), toi cam thay dau o phoi, dung day di den noi khac, no
het dau.
Buoi chieu toi ngoi o ghe salon toi cam they co Tia laser hay tu truong dien tu ban vao
noi tay trai toi, toi thay nhu ngua o trong tai toi, toi thay nhuc dau, kha nang lam viec cua
bo nao bi cham chap roi su anh huong cua than kinh kich thich. Toi dung day va di noi
khac, than kinh kich thich cua toi da ra ngoai su va cham cua Tia laser hay tu truong dien
tu do, toi thu lai de xem than kinh toi hay tai vi luc kich dong, toi biet khong phai than
kinh toi.
Roi toi tro lai ghe salon ngoi vao va bat dau viet nhat ky nay, than kinh kich thich cua toi
bi tan cong lai tu tren dau toi.

Ngay 21 thang 4 nam 2006

Buoi sang nay toi thay dau tron nho co ngon tay ngay noi tran toi, no giong nhu la thu
phan ung bi hay la thu duoi da. Toi thay diem do o go ma trai toi.
Khi toi rua chen toi cam thay co Tia hong tuyen, tu truong, dong dien dien tu ban vao trai
tim toi khoang 5 phut, no dau mot luc roi tro lai bing thuong, no giong nhu binh thuong
hoa anh huong than kinh he trong than the toi.

Ngay 22 thang 4 nam 2006

Than giao doi thoai phuong phap, truoc tien gay su chu y nhu thau mien, nguoi ta dung
am nhac, tieng dong, hinh anh va y nghi roi thau mien tuc la dieu khien, dua nan nhan
hay doi tac dam thoai de cung cap tin tuc hoac dan dua y muon toi doi tac de thuc hien
nhung gi nguoi ta muon. Ho co gang nnhieu cho den khi doi tac hay nan nhan vao trong
dam thoai hay y nghi, nan nhan khong biet minh tai sao hi, no, ai, o va van van.
Khi nhan biet duoc toi thuong nghi hay noi nhung gi phan nghich lai.

Ngay 23 thang 4 nam 2006

Toi thay dau tron bang dau ngon tay ngay tren go ma trai, no giong nhu thu te bao da. Da duoi toi phong noi len, toi thay dau, toi da cam thay ho keo len de gian no ra nhieu lan khi toi nam trong gioung, lan dau tien ho keo da con toi phinh len lam toi phai di tieu vi suc ep tu ruot gia toi.

Ngay 24 thang 4 nam 2006

Buoi xe chieu toi cam thay nhu co dinh xoay cua Tia laser hay tu truong dien tu tren dinh dau phia trai toi, no ep xuong, cam giac kich thick, khong chu tam doc duoc, khi ho buong tha cai dinh xoay tan cong noi phia trai dinh dau toi, toi tro lai binh thuong va toi doc duoc.

Buoi chieu nay khi toi rua chen toi cam thay nhu co dong tu truong cham vao dau toi, no tac dong den than the toi, dac biet chan trai toi, than kinh, gan va khop xuong. Toi cam thay suc ep de xuong trong dau toi, toi thay bo nao lam viec cham chap, mat cam giac, chan trai toi bi moi va toi cam thay chong mat mot luc.

Ngay 25, thang 4 nam 2006

Hom qua toi ro vao mot mut nho o ot phia trai toi. Toi thay vung o tai va phia sau dau co bi anh huong nhung toi khong biet co phai boi cai mut do hay ly do khac.
Khi toi ngoi an com noi ban toi bi Tia laser hay tu truong dien tu tan cong tren dau toi, toi co su kich thich trong luc toi dang an. Toi dung len va di noi khac. Chuyen hom nay da giup toi viet bai tho Long Vang.

Ngay 26 thang 4 nam 2006

Gio trua an com toi dung o ban rua chen toi cam thay bi Tia laser hay tu truong dien tu ban vao 2 chan toi.
Buoi xe chieu toi co nguoi mui khoi thuoc hut, mui thuc an va mui la toi khong biet la gi.
Khi toi rua chen toi cam thay nhu presser ep vao bung toi nhung no khong manh bang luc toi di tam, toi da ke truoc.
Mong dit toi bi dau nhung toi khong biet ly do, toi khong coi duoc o ngoai sau than the toi nen toi khong biet nguoi ta da lam gi ngoai sau do.
Bay gio la nua dem toi doc xong tin tuc tren dien thoai roi toi nhan biet toi cam thay thoai mai tu su hanh ha ve cam giac kich thich. Toi thay binh thuong.

Ngay 27 thang 4 nam 2006

Buoi sang nay toi thuc day vao khoang 5:30 sang ngay giac mo va toi chi nho duoc von ven nhung gi ngay o giay phut thuc day thoi.
Toi thay dau o bung nhu bi pha bung ma toi co ke truoc day roi sau mot chut no het. Toi cung thay dau o vanh tai trai toi, toi nghi Tia laser hay tu truong dien tu duoc ban xuyen tuong, tran nha, ngoai nha hoac la nhung dung cu duoc dat ngay trong can nha toi va su dieu khien tu tren man hinh vi tinh o noi nao nguoi ta dieu hanh.

Toi thay luong quyen, va phan mat tu luong quyen den mang tai toi lon cao len, do khong phai mat toi, toi ghet qua. Bung cung khong phai bung cua toi, toi cung ghet qua.
Tai sao ho phai thay doi sac dep cua toi, than the toi, vi ly do gi?

Ngay 28 thang 4 nam 2006

Hom qua toi thay duong nhu bap thit o vung bo phan nu gioi bi chac che.
Sang nay toi thuc day toi cam thay dau o da con noi phan tu cung nhu luc co kinh nguyet.
Toi van con nam trong giuong toi thay chan trai va dui trai toi moi, toi dung day tap the duc mot luc, toi thay de chiu.
Buoi sang nay toi thay dau kim o tren xuong luong quyen va toi thay 2 go ma toi thung vo.
Buoi chieu luc toi danh rang trong nha tam, toi thay chan trai toi yeu di, sau khi toi di bo mot luc, no tro lai binh thuong.

Ngay 29 thang 4 nam 2006

Chieu nay toi ngoi o ghe salon toi thay trong tai phai toi bi ngua va vanh tai trai toi cung bi tan cong nua. Toi khong thay su tang cong cua Tia laser hay tu truong dien tu nhung giua long ban chan toi bi dau va bap thit thi bi cang cung ra. Toi doi qua ban an, toi thay toi cung con bi tan cong tren dau toi, sau khi toi doc xong bai, toi cung con bi tan cong tren dau toi ben phia tay mat, toi cam thay dau noi do roi ho tan cong vao 2 mang tang cua toi.

Ngay 30 thang 4 nam 2006

Dem qua khi toi o trong giuong toi biet co Tia hong tuyen, tu truong, dong dien dien tu ban vao phia trai bo phan nu gioi cua toi, toi thay noi do dau, 1 gio hay ½ gio sau thi het dau.
Trong dem khi toi dang ngu, toi biet la toi khong thuc luc do nhung ho lam the nao do de toi co the nho duoc la co kim chit o moi cua toi, toi khong nam mo.
Trong thoi gian tu 1995-1999 toi o New Orleans, toi dung o ban rua chen co cua so o nha toi, toi cam thay nhu co vat gi chay tren mat cua toi, no cung giong nhu kim hay viet ve tren mat toi, mieng toi. Toi cung biet co luong suc day than nguoi toi nga ra sau va day mat toi nga ra sau nua, no giong nhu Tai Chi vay. No xay ra nhieu lan nhu vay.

Noi day toi muon giai thich cho doc gia hieu va nhut la nguoi phuong Tay khong hieu tuong menh cua phuong Dong.
Theo sach tuong so chi rang ai co ham rong thi duoc tot, vinh hien, noi tieng, tuu chung la tot. Con ham tuong cuop thi khong phai duong hyperbol ma la duong khuc khuyu chay vong ben ngoai mieng tu canh mui xuong, nhu the la khong tot neu nhu duong do ma chay vao mieng, se co chet doi.
Ho da ve duong tuong cuop tren ham rong cua toi, nguoi ta thay nhung gi xay ra tu nam 1999.
Khi toi o Austin tu nam 1993-1994 ho bung diem son trong long ban tay toi.

Khoa chi tay viet, neu co diem son trong long ban tay luon co quy nhan ho tro, giup do. Khi toi thay no bi khuoi ra, toi lo lam, toi noi voi toi thoi, gia su toi co ai do la an nhan cua toi, bay gio toi khong co nua, toi lo khong biet co chuyen gi xay ra cho nguoi ta hay khong, toi nghi toi do toi cung tuc gian lam, sau do toi nghi lai neu ban do co bi xe rach di thi do thi van con do, ban do chi co cong viec chi duong minh tim den do thi do thoi chu ban do khong xay dung duoc thanh pho do.

Sau khi com trua toi cung dung rua chen nhu moi ngay toi cam thay Tia laser hay tu truong dien tu ban vao than the toi tu tren dau den phoi, lung, mong, chan va canh tay toi, toi thay khop xuong dau roi sau do giam bot, toi bi chong mat nhung it, mot chut thoi roi het.
Khi toi ngoi o sofa (ghe dai) toi thay phoi ben mat toi dau, toi dung day di bo trong nha no het dau mot chut xiu sau do.
Sau com chieu toi rua chen toi cung bi tan cong o canh tay trai toi, toi thay moi, toi xoa bop bap thit o canh tay roi no het.

Ngay 1 thang 5 nam 2006

Toi rua chen chieu nay toi bi tan cong o dau toi cam thay chong mat nhung it thoi.
Khi toi danh rang toi cam thay mong dit trai toi nhu bi van gan, chan trai bi yeu di roi lai bi tan cong vao chan trai do, toi cam thay dau o chinh giua dui, no het dau sau vai phut ke do chan toi thay yeu di, toi di bo, chan toi hoan toan khong con dau.
Khi toi ngoi o ghe salon toi lai bi tan cong o dau va phia dau ben lo tai trai.

Ngay 2 thang5 nam 2006

Hom nay dau phia ben tai trai van con lam toi kho chiu, no dau nhu kieu nhuc dau khi toi doc.
Chieu nay luc toi danh rang toi cung bi tan cong vao vai va canh tay phai toi.
Hom qua va hom nay toi thay moi toi da doi khac. No khong phai moi toi, no khong phai hinh dang mieng toi.
Mui toi da tro nen nham kho.
Go ma toi xe bap thit xuong.
Den hom nay toi moi viet xuong day nhung dong chu nay de mo ta sac dep va than the toi bi bien doi the nao.
Tran toi bi nhan.
Mi mat toi hai mi xup xuong con mot mi.
Luong quyen toi bi cao len nhut phia luong quyen ben trai.
Cam toi khong bang phang.
Bung toi tro thanh bung luc si.
Dui toi lon va map len.
Toi khong the thay o ngoai sau lung toi nen toi khong biet nhung gi xay ra cho phia sau than the toi.

Tam than toi

Ho da xam pham tiem thuc toi khi toi o trong tinh trang tinh thuc, do la luc mo mang sap ngu va luc sap thuc day.

Ho da xam lan tinh cam tu nhien de dan toi van de nhay cam cua con nguoi ma khong ngo duoc, lao khoet.

Ho dac trong tam tren chieu huong nhuc duc, hanh ha nhuc duc, ho biet chinh xac toi noi nhung gi.

Ho co the tuyen chon nhung gi ho muon va can tu trong tiem thuc, ho co the lap rap vao nhung gi ho muon cua tiem thuc vao trong tri thuc va nguoc lai.

Ho co the cay microchip vao co the do hoat dong va dieu khien the xac lan tinh than.

Ngay 3 thang 5 nam 2006

Hom qua cho den hom nay toi thay co gi do lam cho toi thay kho chiu noi 2 phoi toi, chieu nay toi thay de chiu, toi khong biet nguoi ta lam gi.

Xe chieu nay toi ngoi o ghe dai toi thay dau o dau goi va moi o vai.

Buoi toi ngoi noi ghe salon doc sach, toi nguoi thay mui gi la roi Tia laser hay tu truong dien tu tan cong tren dinh dau toi, toi mat di chu tam roi toi di soi guong toi thay toi trong gia di, tieu tuy met moi va nhu la thieu duong khi.

Ngay 4 thang 5 nam 2006

Xe chieu nay toi thay co gi do lam phien den tai trai toi, toi thay ngua roi toi thay nhu trong tai toi gian no ra luon ca phia trai cua dau toi nua khi toi doc.

Toi thay thoai mai, khong con nhuc dau khi toi doc nua.

Ngay 5 thang 5 nam 2006

Dem vua qua troi mua sam set du doi, chac la dung cu dien tu bi hu nen toi khong bi quay ray hay tan cong khi toi thuc day sang nay trong giuong ngu.

Toi hoi Chua Troi Dat tai sao ho luon che tao nhung thu gi benh hoan de lam nhuc, de hai va hanh ha nguoi ta va ca toi nua?

Buoi trua toi rua chen toi bi tan cong vao luong quyen trai toi, luong quyen toi nho cao len va to lon hon. Khi toi ngoi noi ghe salon toi thay dau ban chan trai, chan trai, toi khong hieu ly do tai sao dau vi toi khong cam thay bi tan cong bang Tia laser hay tu truong dien tu.

Ngay 6 thang 5 nam 2006

Dem roi toi thuc day khi nghe co tieng cuoi cua dan ba o ngoai can nha toi o.

Luc an trua toi ngoi o ban toi bi tan cong vao dau, toi thay dau o nguc, tim mot luc roi het.

Khi toi rua chen toi bi tan cong vao go ma trai toi va dui phai toi.

Khi toi danh rang toi thay cai boc nho noi len o go ma trai toi.

Ngay 7 thang 5 nam 2006

Luc an trua toi ngoi o ban an toi khong cam thay Tia laser hay tu truong dien tu tan cong
vao dau nhu bao nhieu lan truoc nhung ma toi thay nhuc dau o cai do ma minh khong lam
gi duoc nua. Toi roi ban an, toi het nhuc dau, toi tro lai ban an ngoi xuong do, toi nhuc
dau tro lai nhu toi da mo ta.
Khi toi rua chen toi bi tan cong o lung ben tay mat noi that lung.
Luc chieu toi ngoi noi ban an toi bi tan cong vao dau phia ben phai toi, truoc o chinh giua
dau roi toi dinh dau xong di xuong toi ot, den co, toi thay dau mot luc roi het.
Khi toi rua chen toi khong biet ho lam gi ma toi thay dau noi canh tay, khop xuong, ngon
tay, vai trai toi dau vai phut roi het.
Toi thay luong quyen toi nho cao va lon hon.
Toi thuc den 5:00 gio sang vi toi muon thuc de canh dem.

Ngay 9 thang 5 nam 2006

Ho ngung kich dong than kinh sinh duc ma ho da dieu khien tu bo nao toi ngay hom kia.
Tia laser hay tu truong dien tu tan cong ot, co phia ben mat toi giong nhu ho da lam phia
ben ot trai toi thang 5 nam 2005.
Co nhung gi lam phien toi o phia dau ben mat toi, tai,co phia ben mat toi, no cung giong
nhu la ho da lam phia dau ben trai toi hoi thang 5 nam 2005.
Nhung ngay gan day ho tan cong dau toi, toi thay bi nhuc dau toi do khong lam gi duoc
nua, nguoi ta co the nghi la minh bi binh, voi phuong cach nay no cung chua tri va no
cung giet nguoi mot cach im lang.
Hom qua toi di ra ngoai, guong mat toi da lam tuc cuoi nhieu nguoi, nguoi ta da thay toi
tu truoc, hom nay nguoi ta thay mat phia ben trai toi sung to va nho cao hon.
Ho da tan cong dau toi noi da anh huong den bo oc, noi dieu khien ve so, toan va van nen
toi thay kho khan de doc va tinh toan.
Hien tai, toi so ho am hai, giet va lam nhuc toi ngay cung nhu dem tu than the toi, tiem
thuc toi va ho cung co the dung vi trung va ca chat hoa hoc nua.

Ngay 10 thang 5 nam 2006

Sau khi toi tam toi thay diem do o phia trai mieng toi, no o vi tri cua diem trang ma toi co
ke truoc.
Chieu nay toi ngoi o ghe salon toi thay dau o day chang lau vai phut, toi bi tan cong o
tren dinh dau toi noi dieu khien van chuong va noi cho toan, so, toi cung bi tan cong ot,co
phia ben trai, toi thay met khong doc duoc, to bo. Toi cung nghi co the toi lam nhieu viec
hom nay nen toi bi met.

Ngay 11 thang 5 nam 2006

Hien thoi toi so phai ngu moi dem, toi cung so doc sach nua boi vi toi khong biet ho lam
gi den tri oc, tiem thuc toi, tri thuc toi va ca than xac toi nua
Dem vua qua toi nam mo trong giac mo toi rat can than dung chu de noi, de phat bieu, toi
thuc day ngay do du de toi nho nhu vay thoi, toi ngu tro lai toi lai mo mot giac mo khac

nua. Gia mo nay la noi chuyen trong mot nhom ban ve chinh tri Viet Nam roi tro nen cuoc cai va, co mot nguoi qua tuc gian da chui len danh tu nang ne, toi cung tuc gian va toi noi ong ta la Cong San. Toi thuc day ngay do va ngu tro lai nua.

Sang nay toi ngoi noi ghe salon toi bi Tia laser hay tu truong dien tu tan cong vao phia trai dau toi, toi bi suc ep trong dau de nang xuong, toi thay phien ha nhu bi chiem giu ca cai dau toi nhu the, nhieu gio sau toi den ban an de an trua, dau toi tro lai binh thuong, toi khong biet dau toi tro lai binh thuong cua chinh no hay la toi doi di noi khac ra ngoai vung anh huong cu tan cong.

Buoi chieu toi ngoi noi ghe salon doc sach, truoc tien toi nguoi thay mui dau thom ke do co the ho tan cong vao dau toi, toi thay dau o phia dau va co ben trai, toi bi tan cong vao dau phia ben phai, toi cam thay chong mat, toi roi ghe salon, toi het chong mat. Toi tro lai ghe ngoi va tiep tuc doc, toi bi Tia laser hay tu truong dien tu tan cong o co phie ben trai toi, toi thay nhuc dau va than kinh o moi tren den tai phia trai toi nhu bi keo len, tim toi dau mot luc, toi thay met.

Ngay 12 thang 5 nam 2006

Dem vua qua toi doc sach xong, toi di vao giuong va nam xuong, toi nhan biet toi bi Tia laser hay tu truong dien tu tan cong vao ruot non ben trai toi, no keo dai nhieu gio boi vi toi muon xem bao lau ho dat duoc ket qua va ngung. No het suc dau doi voi toi dong thoi ho cung tan cong mat trai toi chung mot phut, dau goi toi nua toi thay dau va tan cong dui phai toi. Sau do toi thay moi o vi the do nen toi nghieng qua ben canh roi toi ngu. Toi nam mo chien tran tu thoi chien tranh Viet Nam va cau tao voi su lon xon cua chien tranh hien tai, tieng dong ben ngoai da gop phan cho giac mo cua toi, toi nghi toi moi vua mua do hop de khi huu su dung roi tieng dong rat lon va tieng chan nguoi di ben ngoai la bom da gop phan trong chien tranh giac mo cua toi dong thoi no cung danh thuc toi day.
Toi thuc day toi biet rang toi khong con thay dau nua, toi xem noi ruot non toi nhung toi khong thay dau vet gi noi do ca.

Ngay 13 thang 5 nam 2006

Ke tu hom nay toi khong biet ho dinh lam gi than the toi nen toi ne tranh su tan cong cua ho khi toi nhan biet duoc.
Toi da khong de cho ho tan cong dau phia phai toi tuy nhien ho cung tan cong bang quang toi va toi thay dau noi dau goi phai toi.
Dem qua toi co gang thuc den 6:00 gia sang vi the toi ngu trua hom nay, ho tan cong dau phia trai, tai trai va ot, co toi.
Toi thay de chiu khong con thay mat thang bang nua va khong con dau noi dau phia ben trai nua.
Gio day la buoi chieu toi cam thay kha hon luc sang ve dau, khong thang bang, khong cam giac noi tai trai va dau phia trai toi.

Ngay 14 thang 5 nam 2006

Dem roi toi ngu ngon va giac mo binh thuong bay gio toi quen.

Sang nay nhu toi da noi toi che bung toi voi ao coat (ao da day de mat lanh mua dong).

Toi thay dau o dau ngon chan cai trai toi, sau khi toi the duc no het dau.

Mui thom toi khong biet no co phai la thu pham hay khong, truoc tien la mui Ajax ke tiep la mui ong cong roi mui nuoc tieu va sau cung la Lysol, da toi cam thay kho, dac biet o phia trai mieng toi.

Buoi chieu khi toi ngoi o ghe salon Tia laser hay tu truong dien tu xung kich vao dau toi, toi thay kho chieu, no dau nhung khong du doi nhu may ngay qua.

Ngay 15 thang 5 nam 2006

Hom nay toi thay diem tren phia trai moi tren va diem nua o phia trai mui toi.

Khi toi o trong nha tam Tia laser hay tu truong dien tu xung kich mong dit toi noi gan va xuong, no lam cho toi di kho khan.

Ngay 16 thang 5 nam 2006

Hom nay toi thay khong dau o dau goi trai toi nua khi toi di bo rat xa, toi thay mung.

Khi toi o trong phong tam toi cam thay co Tia laser hay tu truong dien tu ban vao chan trai toi.

Ngay 17 thang 5 nam 2006

Trong nha bep toi co the cam thay Tia laser hay tu truong dien tu xung kick noi phia trai bung, dau toi, va lung toi.

Khi toi ngoi o ban luc com tra bi xung kich vao dinh dau toi.

Ngay 18 thang 5 nam 2006

Dem qua toi tuong toi se thuc thau dem boi vi toi khong dam ngu nhung ma toi ngu cho den 5:15 A.M.

Toi thay co diem do noi xuong luong quyen phia trai toi.

Buoi chieu khi toi ngoi o ghe salon toi nguoi thay mui la toi khong biet la gi no co the lam toi buon ngu, toi cam thay nhu co Tia laser hay tu truong dien tu xung kich vao dau phia trai toi roi di xuong mat phia trai toi va xung kich vao khuyeu chan toi. Toi cam thay dau va thay mot dau tron bang 2 inches thung xau vao da roi toi het dau. Khi no xung kich vao dau phia ben phai cua toi, toi mat cam giac, toi roi ghe roi toi thay de chiu khi toi ra ngoai vung anh huong cua xung kich.

Ngay 19 thang 5 nam 2006

Toi khong the nao chong lai duoc ngu, nen toi ngu ngon dem roi.

Khi toi ngoi o ban an vat, toi bi xung kich vao dau.

Buoi chieu nay khi toi ngoi noi ghe salon doc sach Tia laser hay tu truong dien tu xung kich vao than kinh, no da anh huong den than kinh nhay cam o ngay vu trai toi, toi cam thay nong ngay noi do. Toi het suc tuc gian, ho ngung.

Ngay 20 thang 5 nam 2006

Dem qua khi toi nam trong giuong, toi ngui mui thom nhu chuoi ke tiep mui thuoc la roi toi buon ngu, toi thuc day 2 lan de di tieu. Toi thay giong nhu toi bi non nao hay hoi hop, kich thich non nao, chieu den toi tro lai binh thuong voi tieng dong va tieng nguoi.
Buoi chieu toi ngoi noi ghe salon toi bi Tia laser hay tu truong dien tu xung kich voi vong khuay tren dinh dau toi.

Ngay 21 thang 5 nam 2006

Dem roi khi toi dang nam trong giuong truoc khi ngu, toi bi Tia laser hay tu truong dien tu xung kich vao dau toi, sau do toi bi nhuc dau mot luc roi no het. Khi toi roi vao giac ngu toi thay ao giac mot vuon cay kieng, hinh anh do chay truoc mat toi nhu xem TV vay. Day la su dung nap vao tiem thuc cua mot nguoi nao do vao trong tiem thuc toi. Toi co mo mat, toi co thuc day va thoat khoi man anh do.
Sau do toi ngu, toi co thuc day di tieu va ngu lai.
Toi thuc day vao buoi sang va con nam trog giuong, toi bi Tia laser hay tu truong dien tu xung kich o tai phia ben mat o mang tang, dau, tran trai, tran phai va chinh giua tran.
Vai ngay qua Tia laser hay tu truong dien tu ban vao trai tim toi, toi thay met khi toi thuc day va toi thay dau o ngay trai tim toi. Trong vong 10 ngay tro lai day toi bi xung kick vao phia trai than the toi, no anh huong den xuong, khop xuong, xuong hong, va chan toi. Nhieu ngay toi nguoi khong khi kho, toi thay ve mat toi trong met moi va giong nhu kho heo thieu oxgen.

Ngay 22 thang 5 nam 2006

Toi so di ngu vi toi khong biet ho se lam gi luc toi vua bat dau ngu, ho xam nhap va dieu khien tri thuc tiem thuc toi nhung toi song doi song con nguoi nen toi khong the khong ngu duoc. Toi ngu luc 3:00A.M. toi thuc day toi thay met.
Khi toi dung o phong bep toi cam thay luong khi nong xung kich phia than the trai toi sau do toi nguoi khong khi kho. Toi cam thay Tia laser hay tu truong dien tu khuay trong mui toi, no lam cho toi thay ngua.
Da o 2 ben mui toi da bi mat mau da va mui toi thay co lan nhan.
Khi toi di tam toi bi xung kich noi tay trai toi, no lam cho moi tay, chieu nay luc toi ngoi o ghe salon viet nhat ky nay no het dau.
Khi toi ngoi o ban an toi bi xung kich vao dau no anh huong den trai tim toi mot luc roi het, toi cung bi xung kich vao phoi, no cung lam cho toi thay dau o phoi mot luc roi het.

Ngay 23 thang 5 nam 2006

Luc toi ngoi noi ghe salon doc sach Tia laser hay tu truong dien tu xung kich vao tran toi, toi cam thay nhu bi kich thich, no da lam toi khong chu tam duoc nen toi di noi khac, no tu dong het, do la toi da ra khoi vung tan cong toi nghi nhu vay.
Trai tim toi hom nay da tro lai binh thuong va hoi tho cua toi nua, toi khong biet chac chan nhung toi tin co su giup do.

Toi thay diem do o xuong luong quyen toi va vet kim o dau mui toi, nhung ngay nay toi thay dau cay cua microchip hay te bao, mam o tay trai va tay phai toi gan cui cho.

Buoi chieu toi ngoi a ban an toi thay dau o tren dau phia tay trai, toi roi ghe ngoi va dung sang phia doi dien voi ghe toi vua ngoi, toi thay dau o duoi ham phia ben phai, duoi tai phia ben phai.

Ngay 24 thang 5 nam 2006

Dem qua toi thuc day luc 2:00A.M. toi di tieu, toi thay luong quyen toi cao len ky cuc, no cao thay ro rang. Luc do co nguoi dang di o ngoai can nha toi o, toi ngu tro lai, khi toi thuc day toi thay luong quyen toi thap xuong bot 50% nhung ma no van con cao doi voi toi, do khong phai luong quyen toi, do khong phai mat cua toi. Toi khong biet ho da lam gi trong luc toi dang ngu moi dem!

Sang nay toi thay dau mot chut o trai tim toi, toi thay dau xuong ca hai canh tay phia sau. Toi thay phia duoi mat trai toi, hinh dang da thay doi, no nho di 30% doi voi mat cua toi, do la ket qua sau vai lan ban vao duoi mat trai toi, hom nay toi thay mat trai toi thay doi hinh dang nhu the, no khong phai mat toi.

Dem qua Tia laser hay tu truong dien tu xung kich bung toi, truoc tien o chinh giua bung roi di xuong da con, bang quang, toi thay dau bung nhung ma khong du doi, no dau nhu bi pha bung. May ngay nay toi che bung toi voi ao coat, toi duoc khoi tan cong may ngay nhung ho da dieu chinh cong suat nen no da di xuyen qua ao coat toi nen toi lay hai tay toi che len noi bung toi bi tan cong, toi khong thay anh huong gi den tay toi.

Luc trua toi rua chen toi lai bi tan cong noi ot phia ben phai, toi buoc qua noi khac de tranh.

Ngay 25 thang 5 nam 2006

Dem roi toi rang thuc khong dam ngu boi vay toi moi nghe duoc tu mot vai nguoi nao do di ngang qua can nha toi o va ong ta noi tieng Viet Nam "con mat", sau do toi nghe tieng nhieu nguoi noi chuyen ben ngoai san cua apt. building, toi ngu.

Sang nay toi thuc day vi co tieng nhieu nguoi dang noi chuyen ben ngoai apt. toi thay met, toi ngoi day toi thay binh thuong va toi ngi ngoi ca ngay.

Sang nay toi con nam trong giuong Tia laser hay tu truong dien tu tan cong gan xung quah run cua toi, toi thay dau nhu dau bung, toi de tay toi len de che run toi lai, toi thay dau noi tay toi qua nen toi dung len va the duc mot luc no het dau.

Mui thom cua thuc an nhung ma cung co the la chat hoa hoc tiem an trong mui thom thuc an, toi da phai dung thuoc pha bung.

Vao buoi chieu toi ngoi an com noi ban an toi cam thay Tia laser hay tu truong dien tu xung kich bang nhug tia khuay tren dinh dau toi, anh huong cua no tan di sau 10 phut. Khi toi dung rua chen toi bi tan cong noi tai mat toi.

Buoi toi, toi ngoi noi ghe salon toi bi tan cong noi phia trai dau toi, tai trai xuong den co, toi thay suc ep nang xuong, dau va co cam giac nhu su keo.

Ngay 26 thang 5 nam 2006

Hom nay toi ngoi o ghe dai doc sach toi cung bi tan cong vao dau, phoi va nhe hon o tim, toi di chuyen den ban an toi ngoi noi do roi toi cung bi tan cong tren dau, toi thay dau o trai tim mot luc roi het.

Buoi chieu khi toi rua chen toi nguoi thay khong khi kho, toi cam thay met, toi di uong nuoc.

Ngay 27 thang 5 nam 2006

Toi ngu binh thuong toi hom qua mac du voi y dinh se thuc suot dem, toi thuc day trong luc ngu de di tieu, toi thay lan nhan o song mui noi mat, toi cung thay lan nhan o mieng roi toi ngu tro lai.

Buoi sang nay toi thuc day ngay luc toi mac tieu quynh, toi thay la nen toi khong di, mot luc sau no khong con nua. Khi toi con nam trong giuong Tia laser hay tu truong dien tu tan cong vao tim toi, bung toi, toi thay met va dau o bung mot chut.

Khi toi o trong phong tam, toi nguoi thay mui thom thuc an cua A Chau, no anh huong den pha bung roi toi nguoi thay mui thom Cherry freshness, toi tro lai binh thuong.

Sau khi com chieu toi danh rang trong phong tam toi bi tan cong voi hinh thuc tuong chung nhu co mot bo tia xung kich nhe den vai phia sau cho den phoi, toi khong cam thay gi.

Ngay 28 thang 5 nam 2006

Dem vua roi toi ngoi o ghe salon toi bi Tia laser hay tu truong dien tu tan cong tren dinh dau toi, toi co the cam thay ben trong dau toi phia tay mat xuong toi co.

Toi ngu binh thuong, toi thuc day giua dem de di tieu, toi thay diem do o tren tran chinh giua hai mat, toi thay mau o moi duoi phia ben trai.

Sang nay khi toi thuc day toi rua mau o tren phia trai moi duoi toi, toi thay dau kim to chich hay dau cat de cay gi do vao moi toi.

Khi toi ngoi noi ban doc sach toi bi tan cong nhe vao nhung ngon tay trai, toi thay moi qua nhieu gio roi tro lai binh thuong.

Buoi xe trua toi ngoi doc sach noi ban toi bi tan cong vao mui, no lam toi thay ngua nhung no khong pha su chu y cua toi nen toi tiep tuc doc sach, toi cung bi tan cong vao ca 2 mat nua.

Khi an chieu luc toi moi ngoi vao ban toi bi tan cong ngay nguc, toi cam thay dau va kho chiu noi chinh giua nguc vai phuc roi no het.

Ngay 29 thang 5 nam 2006

Toi thuc day trong dem de di tieu, toi thay dau 2 cham do tren 2 go ma toi.

Hom nay toi thay te bao noi bong bong len noi vet cat chay mau tren phia trai moi duoi toi hom qua.

Ngay 30 thang 5 nam 2006

Toi qua toi ngoi noi ghe salon toi cam thay dau dau goi, hong, tiep nua chan toi khong the de dang de di.

Khi toi vao giuong toi cam thay nhu co cay kim co bang viet chi ve duong parabol nguoc vao dau goi toi. Toi thuc day sang nay dau goi toi van con dau, toi thay kho chiu dung len duoc tren chan trai toi.

Buoi trua toi rua chen toi cam thay cay kim nhu viet chi giong nhu toi hom qua bay gio ve len phia sau chinh giua dau ben trai toi.

Tia laser hay tu truong dien tu xung kich vao than the toi nua, dau goi toi giam dau nhung hong va dui chua het dau.

Hom nay toi thay moi toi lanh, te bao bong bong tren moi toi xep xuong.

Ngay 31 thang 5 nam 2006

Hom nay toi thay de chiu di bo duoc, hong, dui toi da tro lai binh thuong. Toi thay diem do noi khuyu chan toi.

Toi nay toi di ngu som khi o trong giuong toi cung bi tan cong vao dau goi trai, toi thay dau roi toi ngu, toi thuc day giua khuya toi di tieu, toi thay dau noi chan trai, hong va dau goi, toi tro lai giuong, toi bi tan cong vao dau goi phai toi, toi thay suc nong xung quanh dau goi, toi thay dau.

Ngay 1 thang 6 nam 2006

Hom nay dau goi trai dau, hong trai va chan trai dau, dau goi mat bat dau dau.

Toi thay mut do lon sung len o luong quyen phia ben mat toi.

Toi co chuyen can phai lam hom nay cho nen toi phai di, toi don xe buyt, that kho!

Ngay 2 thang 6 nam 2006

Dem vua qua toi nam trong giuong Tia laser hay tu truong dien tu tan cong xuong khuyeu chan trai toi, sang nay toi thay vet xam noi do va diem do o khuyeu chan trai nua

Sang nay toi thay dau goi trai, hong trai, chan trai kha hon va dau goi mat chi con chut xiu dau.

Toi thay diem do noi chan toc phia tran trai, do la noi toi cam thay nhuc dau hom qua va hom kia, hom nay het roi.

Toi cung bi tan cong theo cach khuay tren dinh dau va xuong den ot phia ben mat.

Toi thay mot vet sam cua da o phia ben trai cua mieng toi.

Ngay 3 thang 6 nam 2006

Hom nay khi toi tam toi bi Tia laser, tu truong, dien dien tu ban vao mong dit toi.

Khi toi rua chen toi nguoi thay mui khong khi kho ke tiep la xung kich tren dinh dau lau vai phut, toi cam thay minh bi dong dua nhu chong mat, hai ben phia da con dau, mang tang trai dau mot luc roi het, hinh nhu toi cam thay co gi khong on trong xuong, khop xuong toi.

Toi thay ve mat toi xem moi met va gia di.

Ngay 4 thang 6 nam 2006

Buoi sang nay toi ngoi noi ghe salon de cau nguyen trong luc toi dang cau nguyen toi thay bi xung kich voi phuong phap khac vao dau phia trai toi, toi cam thay nhu bi mot su ngan chia hay la dong cua lai cua nhung mui nao he lien lac de hoan thanh chuc vu ma toi dang thuc hien.

Luc com trua xong toi rua chen toi bi xung kich vao dau phia ben trai va tiep tuc xuong toi co, toi co cam giac nhu no lam dan no lon dong mach noi do.

May ngay nay toi thuong nguoi mui khong khi kho noi phong bep va noi phong khach.

Ngay 5 thang 6 nam 2006

Sang nay khi toi moi vua thuc day toi thay nhu co su kich thich noi bo phan phai nu toi, khi toi hoan toan tinh ngu no het, toi biet nguyen do nay la do su ban vao noi than kinh nhay cam cua phai nu trong khi toi ngu hoac ho lay ra tu tiem thuc cua toi hoac ap dung phuong thuc moi me khac ma no con dang thi nghiem, chua duoc cong bo.

Buoi xe chieu nay toi khong the tap trung tu tuong duoc nen toi den ngoi noi ban an de doc tin tuc thi co su xung kich vao dau toi, toi khong de gi doc duoc nua, toi nghi.

Khi toi di tam co su xung kich vao mong dit, hai dui toi, toi co the nhan biet duoc su van veo gan.

Ngay 6 thang 6 nam 2006

Hom nay toi thay bong bong noi cay te bao hay mam noi go ma phia ben mat toi da tro nen mut lon nhu mun.

Nhu toi da mo ta vai ngay qua ve moi duoi phia ben trai noi co vet mau chay hom nay te bao noi moi duoi phia ben trai do da lon len giong nhu te bao truong nuoc vay, no da thay hinh dang moi toi, no khong phai moi cua toi nua.

Sang nay khi toi con nam trong giuong Tia laser hay tu truong dien tu xung kich vao bap thit noi khuyu chan trai toi, dui trai toi nua.

Gio trua toi rua chen toi bi tan cong vao mong dit trai roi tan cong vao than kinh noi co phia mat vao tay mat toi.

Luc toi ngu trua, toi thuc day, toi thay lan nhan thay ro o song mui giua 2 mat.

Khi chieu toi rua chen bi tan cong vao mong dit toi.

Ngay 7 thang 6 nam 2006

Sang nay toi van con nam trong giuong Tia laser hay tu truong dien tu xung kich vao dau phia ben trai toi, toi thay bi nhuc dau noi tran ke tiep bi tan cong vao trai tim toi, toi thay met nen dung len va tap the duc.

Hom nay toi thay noi chinh giua moi tren phia trai co diem do va sung len.

Hom nay toi thay canh mui noi bi cay te bao vao, toi da mo ta vai tuan qua, vung xung quanh bi cay te bao da sung len nhu lan song o canh mui trai toi. Truoc tien toi thay nhu soi chi trang cay vao canh mui phia ben trai toi, sau do no sinh ra chat nuoc vang chay ra noi canh mui toi ke tiep nua da canh mui tro nen mat mau da va da noi canh mui tro nen kho, cung, bay gio toi thay lan song lon len tren canh mui trai toi. Con canh mui phia ben mat cung bi cay te bao vao vai tuan truoc, no tro nen mat mau da, no khong co nuoc vang chay ra, no lam cho da tro nen kho, cung nhung hom nay giam di duoc co 50%.

92

Sau khi com chieu xong toi rua chen toi nguoi mui khong khi kho, toi cam thay 2 dau goi bi dau.

Toi den toi ngoi noi ghe salon toi bi tan cong vao dau goi, toi cung nguoi thay mui khong khi kho nua roi toi lai bi tan cong vao trai tim, dau, lung, phia sau dau va co toi.

Ngay 8 thang 6 nam 2006

Sang nay toi thay co diem do noi luong quye trai toi.

Toi ngoi noi ban doc tin tuc toi cam thay nhu bi quay ray noi lo tai phia ben trai toi, toi doi den ghe salon, toi cung lai bi phien nhieu noi tai ben trai nua, toi di ra ngoai apt. tiep tuc viec xem lai bai hoc.

Khi trua toi rua chen Tia laser hay tu truong dien tu tan cong, toi co cam tuong nhu mot chum tia tan cong vao ot va hinh nhu co su keo ra rat manh, toi buoc sang ben de tranh chum tia do.

Den chieu toi ngoi noi ban an toi cung bi tan cong vao dau, toi cam thay met nhu kieu met nhuc dau khong lam gi duoc nua ke tiep no giong nhu mui kim tan cong vao dau phia ben trai xuong den tai toi. Toi dung day di long vong trong can phong, toi thay tuc gian. Buoi chieu nay toi thay co vet den cua kim tren moi trai toi, toi thay te bao moi trai toi trong chieu huong tro lai binh thuong.

Chieu nay luc toi ngoi noi ghe salon toi bi tan cong vao luong quyen mat toi, tai toi.

Toi thay kho chiu voi su tan cong xoay, van veo noi phan tren tay trai toi.

Ngay 9 thang 6 nam 2006

Sang hom nay Tia laser hay tu truong dien tu tan cong vao go ma phia ben mat toi, toi cam thay nhu kim xuyen thung qua go ma toi, toi cung thay co diem do ngay noi theo tron tren ma phia ben mat toi.

Toi ngu trua hom nay khi toi thuc day toi van con trong giuong toi bi tan cong vao da con, toi thay dau sau do tan cong vao phia sau va duoi tai phia trai toi.

Day la van de truu tuong thuoc ve tam ly hoc hay no la van de thuoc ve than kinh he bi kich dong, toi bi o trong tinh trang khong binh thuong khi toi nghe tieng dong va tieng nguoi noi chuyen.

Ngay 10 thang 6 nam 2006

Hom nay toi thay moi phia tay trai noi cay te bao la vao moi toi, da tro nen kho cung.

Toi thay dau it thoi noi go ma phai khi toi danh rang, rua mat va danh phan.

Buoi sang nay khi toi con nam trong giuong, Tia laser hay tu truong dien tu da tan cong vao trai tim toi, toi thay met va chong mat.

Xe chieu nay toi ngoi noi ghe salon doc tin tuc toi cam thay bi tan cong duoi hinh thuc nhung tia khuay tren dinh dau toi, toi thay dau noi trai tim, toi khong biet do la su anh huong tu nao bo toi hay la tu su xung kich khac den trai tim toi, toi da co trai qua nhieu lan nhu the.

Khi toi di tam toi lai bi tan cong noi khuyu chan va cung xuyen thung nhu da tan cong vao go ma mat toi, toi co cam tuong nhu cai kim bam kim loai, bap thit chan toi cung bi nhu vay, di vai gio sau no moi tro lai binh thuong.

Hom nay dau goi toi van con dau.

Ngay 11 thang 6 nam 2006

Dem qua vao khoang 3:40A.M. toi thuc day boi vi tieng cuoi that lon, toi di tieu roi ngu tro lai.

Hoi sang nay khi toi con nam trong giuong Tia laser hay tu truong dien tu tan con vao mang tang, da con toi thay dau.

Sang nay toi thay moi duoi trai toi khong tro lai binh thuong nhu toi tuong, vanh moi da bi xoa di, do khong phai moi toi, khong phai mui toi, khong phai mat toi, khong phai go ma toi, khong phai tran toi, khong phai cam toi, do khong phai guong mat toi.

Toi thay dau kim den tren moi duoi phia ben mat.

Sang nay toi thay dau cham do ngay noi theo go ma phia mat toi.

Xe chieu toi ngoi noi ban toi bi tan cong vao mang tang toi co cam tuong no cung xuyen thung qua noi do, no khong lam kho chiu nua.

Den toi toi ngoi noi ghe salon toi lai bi tan cong vao luong quyen trai roi den mat, toi thay nhuc dau nhe ke tiep tan cong vao mieng, moi tren, ham rang tren nua.

Ngay 12 thang 6 nam 2006

Hom nay toi thay moi duoi phia ben mat vanh moi toi bi xoa di.

Hom nay toi thay moi duoi toi hinh dang da thay doi va dua ra phia ngoai, no da lam tuc cuoi cho nhieu nguoi khi nhin thay moi toi. Do khong phai moi toi, no khong phai mieng toi.

Hom nay toi thay gan noi len o chan toc, mang tang, va tran.

Toi hom qua khi toi di ngu, luc nam trong giuong toi bi Tia laser hay tu truong dien tu tan cong vao chan trai gan dau goi toi.

Xe chieu nay khi toi dung trong nha bep toi bi tan cong vao chan mat gan ban chan toi, toi cam thay su van veo gan noi do nua.

Xe chieu nay toi doc tin tuc toi bi tan cong vao dau toi thay chong mat, toi di noi khac toi tro ve binh thuong.

Bay gio la ban dem toi ngoi noi ghe salon toi cam thay nhu co gi dang hoat dong, di chuyen ben trong luong quyen va tai trai toi.

Ngay 13, thang 6 nam 2006

Sang nay toi thuc day toi cam thay dau phia sau lung ngay noi phoi ben mat toi, toi di bo de mua thuc an, no tro lai binh thuong.

Chan trai gan dau goi toi van chua binh thuong.

Ngay 14 thang 6 nam 2006

Khi toi dang trong phong tam Tia laser hay tu truong dien tu xung kich vao dau, toi cam thay chong mat.

Khi toi ngoi noi ban an toi bi tan cong vao phia trai bung duoi nach toi.

Khi toi rua chen toi cam thay dau noi phia trai bung toi mot luc roi no het.

Ngay 15 thang 6 nam 2006

Dem vua qua toi thuc giac khi toi nghe nhieu nguoi noi chuyen ben ngoai apt. roi toi ngu tro lai.
Sang nay toi danh rang toi bi Tia laser hay tu truong dien tu tan cong noi khuyu chan.
Toi di bo de don xe buyt, trong luc toi dang trong xe buyt, toi bi doc tu tuong boi mot ai do nen toi tranh ra su doi thoai tam ly, toi thay nhuc dau do cung la mot trong cach lam thay doi tanh tinh, y nghi va thoi quen. Toi xuong xe buyt toi thay giong nhu bi treo gan tu mong dit xuong den hong va xuong den chan, toi van di bo mot hoi no het hoac co vai nguoi di ngoai sau toi co the giup.

Ngay 16 thang 6 nam 2006

Sang nay toi con dang trong giuong Tia laser hay tu truong dien tu xung kich vao phia trai bo phan phai nu toi, no gay dau, toi tro minh de tranh.
Hom nay toi thay te bao no lon va do tren moi duoi phia ben mat toi nhung ma no khong lon bang phia moi ben trai, toi cung thay dau kim den o tren moi duoi phia ben mat nhung toi khong biet la dau moi hay la dau cu toi da co mo ta truoc vai ngay hay tuan qua.
Chieu nay toi rua chen toi cam thay duoi dang nhu mot chum kim tan cong vao mui, noi lo mui, no lam toi cam thay chong mat, nhay mui, chay mui nhung truoc do toi co nguoi mui rau thom, toi khong biet su anh huong tu dau.
Toi cam thay nhu co nhung gi dang hoat dong, di chuyen trong luong quyen toi.

Ngay 17 thang 6 nam 2006

Dem qua toi ngoi noi ghe salon toi nghe tieng vui mung la to len xong toi thay met noi trai tim, toi roi ghe salon vai phut sau do, toi vao giuong vao nua dem. Toi khong the doan duoc ho dung gi lan nay.
Luc toi vao trong giuong Tia laser hay tu truong dien tu tan cong vao tran phia mat toi, toi thay dau va toi tro minh de tranh. Sau do toi nguoi thay mui hoi o trong phong, luc ay vao khoang 2:00 A.M. toi phai xit khu mui den lan thu 3, toi phai mo cua ra de tho, luc do co gio lon, toi nghe tieng noi cua nhieu nguoi dan ong A Chau noi chuyen nhung toi khong hieu roi toi nguoi mui coffee ngoai apt. mot luc sau toi dong cua lai.
Hom nay toi thuc day toi thay dau o hai ben da con boi vi toi che bung toi voi ao coat.
Toi cung cam thay Tia laser hay tu truong dien tu tan cong 2 ben hong, 2 dui toi, toi tro minh qua ben tay mat toi van con bi tan cong vao than the toi noi nao khong bi che, toi cam thay mat thang bang sang nay.
Xe chieu toi ngoi noi ghe salon de ghi nhat ky toi cung bi tan cong vao ot phia ben mat, toi cam thay de chiu lai cho su mat thang bang cua toi. Toi cam thay do di 50% cho noi phoi trai ngoai sau lung, toi khong biet ly do.

Ngay 18 thang 6 nam 2006

Buoi chieu nay toi ngoi noi ban an com Tia laser hay tu truong dien tu tan cong noi xuong canh ga ngoai sau lung noi phoi mat toi.

Den toi toi ngoi noi ghe salon doc sach toi lai bi tan cong vao dau suc ep xuong den mat toi, toi cam thay kho chiu, bat luc voi su lam viec cua noa bo, thay nang ne voi suc ep trong dau luc do. Toi khong the doc va hieu duoc nghia la hoan toan bi te liet, toi bo khong doc nua. Toi bo di noi khac toi tro lai binh thuong. Ho da lam nhu the nhieu lan tren dau toi va no deu dien tien nhu vay.

Moi duoi toi te bao no lon len va da kho xung quanh moi, duong vanh moi da mat, moi toi da thay doi hinh dang.

Ngay 19, thang 6 nam 2006

Chieu nay khi toi ngoi noi ban an toi thay dau o bung ben tay trai noi bi tan cong vai ngay qua.
Toi nghe co nguoi go cua, toi den va toi thay ong ta di qua nha khac, ong ta co the la buon ban quang cao.
Khi toi danh rang toi bi tan cong noi chan trai.
May ngay nay lung toi khong de chiu.

Ngay 20 thang 6 nam 2006

Hom nay toi thay dau o khop xuong ba vai mot luc va toi cung lai bi tan cong noi tay mat, no dau va nhu cang bap thit.
Hanh ha tam than do la quyen nhan vi da duoc phat trien.
Lung toi da do nhieu sau khi di cho ve, toi ngac nhien va mung.

Ngay 21 thang 6 nam 2006

Sang nay toi thay lung phia ben mat tu xuong canh ga nhu bi cang gan, toi thay noi giua lung ben phia trai kho chiu no giong nhu tinh trang toi bi may ngay truoc hom qua, den chieu toi thay giam bot.
Xe trua toi nam nghi trong giuong toi de tay tren nguc toi cam thay ngon tay cai toi bi dau giong nhu dau goi toi dau vay.
Buoi chieu nay toi thay moi tren cua toi da doi hinh dang no khong phai moi toi that la kinh khung.
Do la nhung gi tac hai den than the toi, day la tam than.
Khi toi ngu trua luc moi chap chon vao giac ngu toi da bi xam lan vao tiem thuc va tri thuc bang nhung tinh duc canh tuong tuc tieu ho de vao chu toi khong co biet va thay nhung thu do bao gio, co nghia la tiem thuc cua mot ai do da nap vao trong tiem thuc toi luc do.
Toi nhan biet vai ngay truoc va dem qua khi toi moi vua vao giac ngu toi thay nhung nguoi la va noi chon cung la toi chua bao gio gap roi toi nghe toi noi ngu xuan, toi co tinh day khong ngu luc do nua. Phuong phap quan trong luc moi chap chon tuc la o giua trang thai cua tiem va tri thuc ho nap vao nhung gi ho muon vao trong tiem thuc, khi bi danh thuc day ngay giac mo la luc ho muon nap vao tri thuc nhung gi ho muon ngay do.

Ngay 22 thang 6 nam 2006

Dem vua roi Tia laser hay tu truong dien tu tan cong vao vai toi, sang nay toi thay ngon tay toi van con do.

Toi thuc giac vao khoang 3:00A.M. toi di tieu, toi ngu tiep, toi thuc day luc 5:50A.M. toi muon di tieu nua nhung toi thay la nen toi khong di, toi ngu tiep nua, toi nam mo toi di tieu va tieu nhu that trong mo, toi thuc day va toi tiep tuc nam trong giuong, toi khong muon di tieu moi lan toi thuc day.

Buoi chieu nay toi bi tan cong vao dau nua.

Ngay 23 thang 6 nam 2006

Chieu hom qua toi ngoi noi ghe salon doc sach Tia laser hay tu truong dien tu tan cong duoi dang tia khuay tren dau toi, toi khong the tiep tuc doc nua duoc, toi ngung, toi phan doi voi hanh vi nay.

Luc toi di ngu toi bi tan cong vao dui va tan cong vao dau va tran toi voi dang tia khuay nua.

Toi kham pha ra rang su nghe, do la micro chip da duoc cay vao noi vanh tai toi va tu do ho dieu khien su kich thich voi su nghe cua tieng noi.

Ngay 24 thang 6 nam 2006

Toi thay mut do lon nhu la mun noi go ma trai nhu da co o go ma mat va toi cung thay noi cam toi cung co mot mut mun lon nhu vay.

Vai ngay qua va cho den sang nay toi bi tan cong noi gan phia ben phai tran va o chan toc mang tang, toi thay nhuc dau nhe roi hom nay toi thay gan noi do nhung khong lon.

Mong trai cua toi thay do hon hom nay.

Khi toi ngoi noi ban an toi bi tan cong duoi dang song tu truong no da lam cho toi thay chong mat, khi toi di ra noi khac toi khong con chong mat nua

Bay gio la buoi toi, toi ngoi noi ghe salon doc sach Tia laser, tu truong, dien dien tu tan cong vao dau, toi thay nhuc dau roi anh huong suc ep xuong den mat toi, toi khong the doc duoc nua, toi roi ghe di noi khac, toi tro lai binh thuong, toi tro lai ghe ngoi doc tiep, toi bi tan cong vao dau, vao tai, toi thay nhuc dau va no khong de gi cho toi doc sach duoc nhung toi co ngoi do va tiep tuc doc nua, toi thay met, khat nuoc, tim toi thay dau, toi co the noi no co the giet nguoi mot cach het suc de dang.

Ngay 25 thang 6 nam 2006

Dem roi Tia laser hay tu truong dien tu tan cong vao dau toi, xuong mat toi, toi thay nhuc dau va dau noi vung 2 tai toi.

Hom nay toi thay nua phan chan may toi noi lon len nhu the toi co xuong to noi do, ho thuc hien bien doi guong mat toi dang tiep tuc.

Sang nay toi bi tan cong vao tran va mang tang, toi cam thay nhuc dau va dau.

Khi toi di tam bi tan cong vao phoi trai roi den dui trai toi.

Chieu den toi ngoi noi ban an bi tan cong vao canh tay.

Gio day vao khoang 10:50P.M. toi ngoi noi ghe salon toi bi tan cong vao dau va su dien tien nhu toi da mo ta hom qua.

Ngay 26 thang 6 nam 2006

Toi di giat ao quan sang nay, toi den nha giat do voi trai tim khong on vi bi xung kich dem qua nhu toi da ke, toi ngoi do voi trai tim bi thuong mot luc roi toi cam thay trai tim toi tro lai binh thuong, toi khong biet ly do va cung khong cam thay gi. Sau khi toi giat ao quan xong toi tro ve apt. mot luc sau toi cam thay met, sau khi toi an com toi thay khoe tro lai.
Buoi chieu toi rua chen xong, toi di bo trong nha roi toi den ngoi noi ban an doc email, toi thay met va dau noi trai tim toi, toi dung len va di noi khac de tranh su xung kich va nguoi toi luc nay.
Hom nay toi thay mat cua toi doi hinh dang va xuong chan may noi lon len, no khong phai mat cua toi!

Ngay 27 thang 6 nam 2006

Hom nay Tia laser hay tu truong dien tu xung kich vao noi giua trai tim va nach toi voi dang mot bo bap thit, than kinh va gan nua, toi thay ngon tay trai bi anh huong, sau do lai tan cong vao dinh dau phia trai toi roi toi thay ngon tay cai trai cua toi da tro lai binh thuong.

Ngay 28 thang 6 nam 2006

Dem vua qua toi dang nam trong giuong toi lai bi xung kich duoi dang hinh dang vong tron voi nhieu dau kim nhon dam manh xuong vao nguc noi trai tim mot luc, toi khong thay gi ca.
Sang nay toi thuc day toi lai bi tan cong vao trai tim voi dang tia chich vao, toi cam thay dau nhe va lien tuc cho den bao lau toi con nam trong giuong, toi ra khoi giuong va sua soan di ra ngoai, toi cam thay cai dau nhe o tim toi khong con nua.
Toi di den tram xe buyt, toi don buyt di den Buu dien roi di cho, toi don buyt di ve, toi hoan toan khoe manh, khong co thay gi phien ha.
Sau com trua xong toi ngoi noi ban an doc tin tuc toi bi tan cong vao dau, toi thay dau o nguc, toi di tranh ra noi khac va tiep tuc doc, toi khong thay dau noi tim nua, sau do toi lai bi tan cong vao ngay trai tim, toi thay met.
Bay gio la 10:00P.M. toi ngoi noi ban an de viet nhat ky toi bi tan cong vao trai tim, toi thay dau noi trai tim, toi roi ban di den ghe salon toi chi moi vua ngoi xuong va tiep tuc viet, toi thay tieu tan ngay cai dau noi tim toi, toi ngoi do roi toi bi tan cong, toi roi de tranh nua, toi thay tuc gian qua, toi phan doi voi hanh dong nay.

Ngay 29 thang 6 nam 2006

Dem qua khi toi nam trong giuong Tia laser hay tu truong dien tu xung kich vao nguc, vao trai tim, toi thay dau, toi bay gio tuc gian qua.
Toi thuc day vi co nghe tieng nhieu nguoi ngoai quoc (boi vi toi khong hieu) noi chuyen o duoi san apt. roi toi ngu tiep.
Sang nay toi thuc day toi thay bot dau noi tim, toi lai bi tan cong vao trai tim nua, lan nay thi toi thay het dau noi tim toi. Toi lai bi tai tan cong vao tim, lan nay toi thay met, toi

thay duong nhu la mot su bom, no bom vai lan, toi nghi rang do co the la lam mo ra cai nghen noi dong mach hay tieu mach.

Trai tim toi co lich su rat la khoe manh trong qua khu nhung ma tu khi toi bi mal practice vao nam 1988, tim toi tro ngai, toi chet luc do nhung toi da vuot qua va tim toi tro lai binh thuong va khoe manh nhu truoc, thoi gian hien tai nay voi nhung gi da xay ra toi viet noi nhat ky nay, do la su viec nhu vay,

Luc toi di tam toi lai bi tan cong vao phia sau cua khuyu chan trai, toi cam thay nhu bi cang gan va bap thit, toi lai bi tan cong vao phia sau dau goi nua, toi cam thay moi chan suot vai gio sau do roi het.

Khi toi dung noi ban rua chen toi tranh di suc tan cong vao than the toi.

Luc toi ngoi noi ban an toi bi tan cong vao dau, tim, va vai.

Ngay 30 thang 6 nam 2006

Dem roi toi di ngu voi trai tim tro ngai, toi thuc day khi nghe co tieng cuoi ngoai san apt. Sang nay toi thuc day trai tim toi cam thay binh thuong nhu toi da co, toi khong cam thay bat cu gi anh huong trai tim toi luc do.

Sau khi com trua toi rua chen Tia laser hay tu truong dien tu xung kich vao dau phia ben trai va vao ot phia trai, toi co cam tuong nhu la nam len mot bo bap thit ngay noi do, toi thay nhuc dau noi tran va dau xuong den gan noi chan trai nua.

Buoi toi, toi ngoi noi ban an, toi bi tan cong vao phoi phia trai, toi thay dau noi trai tim, toi roi ban an di vao giuong va tiep tuc doc, toi khong thay dau, toi tro lai ban ngoi doc mot luc, toi cam thay lan song cua tu truong ke tiep tia ban vao hay tan cong vao dau phia ben phai, toi van tiep tuc ngoi do va doc, toi cam thay dau noi nguc. Toi roi ban di den ghe salon ngoi do, toi khong thay dau nua. Sau khi toi di tieu, toi tro lai ngoi vao ghe salon mot luc thi toi thay dau nhe noi trai tim khoang 1 phut roi no het sau do co 2 cai dau nhe noi tai tim nua khoang vai giay roi no lai het.

Ngay 1 thang 7 nam 2006

Dem qua trong luc toi dang ngu toi bi danh thuc day khoang phut hay vai giay de biet va nho boi Tia laser hay tu truong dien tu tan cong vao khuyu chan trai toi, gan bi anh huong den toi long ban chan toi.

Toi cung bi tan cong vao dui mat va canh tay trong ben mat toi nua.

Hom nay toi bi pha bung, toi bi Tia laser hay tu truong dien tu ban vao da con, toi het bi dau pha bung.

Ngay 2 thang 7 nam 2006

Dem roi toi thuc day vi tieng noi chuyen ngoai san apt. ho noi tieng ngoai quoc nen toi khong hieu duoc.

Sang nay toi thay moi duoi cua toi bi kho da, te bao moi no lon len va moi toi dua ra ngoai, toi khong co cam tuong hai long nhu the. Toi phai luom nhung da kho cua moi toi truoc khi toi danh rang.

Sau khi toi tam toi nguoi thay mui toi nhu toi thinh thoang co nguoi truoc day, toi thay kho chiu noi xuong nguc mot luc roi het.

Vao gio com chieu toi ngoi noi ban an toi bi tan cong bang song tu truong xuyen qua dau toi.

Khi toi ngoi noi ghe salon viet bai, no co lam cho toi thay chong mat nhung it thoi.

Ngay 3 thang 7 nam 2006

Dem qua khi toi ngoi trong giuong Tia laser hay tu truong dien tu xung kich vao dau, toi thay chong mat nhung it thoi, toi cung bi tan cong vao tay trai va tay mat, toi thay dau ngay noi do, toi co nho bai hoc, toi thay nhuc dau, toi nghi khong hoc nua.

Toi khong ngu cho den 3:00 gio sang toi nguoi thay mui hoi roi toi co the buon ngu va ngu sau do, toi nam mo va thuc day noi giac mo nhan tao do voi nhung lon xon khong that va nhung y ngi cung khong that, toi mo giac mo cua mot ai do, xa la doi voi toi tu nhan vat va noi chon, roi toi ngu lai sang nay toi thuc day vao luc co mot ai do ca bai ca nhung khong phai toi nam mo va do cung khong phai ben ngoai nguoi ta ca.

Toi thuc day toi nho bai hoc ma toi da bo cuoc toi hom qua, do la tiem thuc cua toi da giai quyet van de con dang am uc trong tri thuc cua toi luc do.

Trong buoi chieu toi ngoi noi ban an doc tin tuc Tia laser hay tu truong dien tu tan cong vao co va dau, toi thay chong mat va moi co roi su tan cong do ngung lai, toi ra khoi tinh trang chong mat va moi co do, su tan cong lai tro lai, toi thay chong mat va moi co tro lai. Toi di xuong phong bep, toi di ra ngoai vung anh huong do, toi tro lai binh thuong, toi tro lai ban an thi toi thay chong mat va moi co nua. Khi toi rua chen toi lai bi tan cong nua, toi di danh rang, toi ra ngoai vung anh huong cua su tan cong do, toi tro lai binh thuong.

Ngay 4 thang 7 nam 2006

Hom nay toi thay moi tren cua toi doi hinh dang, vai ngay qua toi thay co su la nhu la co soi day cua te bao dang hoat dong tren mat toi noi moi tren.

Toi thay co cham den va xam o chinh giua moi duoi vao khoang tuan qua, moi duoi toi da doi hinh dang nhu y muon cua ho va no dua ra ngoai nen toi goi no ke xa la, no khong phai moi toi.

Ngay 5 thang 7 nam 2006

Sang nay toi con nam trong giuong Tia laser, tu truong, dien dien tu tan cong vao tran phia trai toi, toi van giu o vi the do de lanh nhan cu tan cong nay bao nhieu lau toi co nam trong giuong, toi cam thay te liet hay la su mat cam giac tu noi do xuong den tai roi den co phia trai. Khi toi roi giuong, toi thay mot lan thang khoang 3 inches noi mang tang toi. Sau com trua toi ngoi noi ban doc tin tuc, thinh linh toi thay dau noi buong trung, sau khi toi ngu trua toi thay dau, het dau, lai dau tro lai, toi nghi co the toi bi tan cong boi gi do nhung toi khong cam nhan ra duoc la gi.

Ngay 6 thang 7 nam 2006

Hom nay cho dau noi buong trung ben trai da do.

Ngay 7 thang 7 nam 2006

Dem qua toi tuong la toi se co duoc giac mo cua chinh toi nhung no khong hoan toan, giac mo cua toi da bi ngan chan tu khi Texas lottery quay ra so 2,12,22, 32,42, va co the so 19 nua boi vi ho so toi se giau di voi nhung giac mo voi xo so trong tuong lai.
Sau khi com trua toi ngoi noi ban an Tia laser hay tu truong dien tu tan cong vao dau phia trai, toi tuong chung noi do bi bam sung len, toi khong biet cat nghia ra sao, vai gio sau thi cam tuong bam sung len do het.
Sau khi toi tam toi thay dau noi dau phia ben phai cho tai, no lam kho chiu mo luc roi het.
Luc com chieu toi ngoi o ban an bi tan cong vao dau toi thay chong mat, toi cung bi tan cong nua luc rua chen, toi cung bi chong mat giong nhu vay.

Ngay 8 thang 7 nam 2006

Dem qua khi toi dang nam trong giuong truoc khi ngu Tia laser, tu truong, dien dien tu tan cong vao mang tang roi den chinh giua dau phia truoc, toi khong tranh tia tan cong do, toi giu vi the nam do bao lau toi nam ngu, toi cam thay nhu noi do bi bam sung len. Toi ngu di trong tinh trang do.
Toi thuc day khi toi nghe tieng khoc cua mot nguoi dan ba chay ra ngoai apt. toi nghe co nhieu nguoi giup nguoi dan ba trong tinh trang do. Do cung la luc toi dang mo giac mo nhan tao, toi tro lai giac ngu, lan nay toi thuc day luc troi sang ngay con ac mong.
Luc sang thuc day toi thay lung bi kho chiu nhu bi cang gan hay khoa tay, sau khi exercise mot luc no tro lai binh thuong.
Buoi sang nay dau toi thi OK, toi di bo de di cho mua thuc an.
Buoi chieu nay toi ngoi noi ban doc tin tuc, toi bi tan cong nhung toi khog cam nhan biet la gi, no da anh huong den chinh giua dau toi, toi cam thay kho chiu noi chinh giua dau, luc do toi kho co the nghi va hieu duoc, co nghia la su lam viec cua bo nao bi te liet.

Ngay 9 thang 7 nam 2006

Thoi gian nay toi so phai ngu nen toi co thuc suot dem nhung ma toi cung khong thuc duoc, hom nay toi di ngu luc 3:00A.M. toi thuc day luc 7:30A.M.

Ngay 10 thang 7 nam 2006

Bao tu toi hom nay OK boi vi toi bi pha bung hom qua vi thuc an.

Ngay 11 thang 7 nam 2006

Sang nay toi thay dau kim noi 2 go ma toi.
Xe trua nay toi bi song tu truong tan cong noi ban, thinh thoang toi cung cam thay duoc song tu truong noi phong khach nua,
Khi toi tam bi tan cong vao chan trai ca truoc lan sau.
Sau khi com chieu toi rua chen bi tan cong vao dinh dau phia ben mat.

Ngay 12 thang 7 nam 2006

Dem qua toi co thuc nhung toi lai roi vao giac ngu nua.

Khi toi dang nam trong gioung Tia laser hay tu truong dien tu tan cong vao moi tren va ham rang tren toi, toi cam thay dau than kinh cua rang.

Sang nay toi thay moi tren toi da doi hinh dang, no khong phai moi toi. Toi khong the xem duoc sau lung minh nen toi khong biet ho da lam gi den than the toi sau do.

Sang nay toi ngoi noi ban doc tin tuc toi nguoi thay mui thuc an toi khong biet do la mui thom thuc an hay la chat hoa hoc, toi nguoi xong toi cam thay dau noi phoi phia ben mat noi bi tia ban toi qua luc toi ngoi noi ban.

Khi toi ngoi noi ban toi bi tan cong noi phoi mat, phoi trai, 2 vai, dau, dau toi bi anh huong den nao bo, no ngan chan su lam viec cua nao bo.

Toi tuc gian qua, toi phan doi hanh vi nay.

Ngay 13, thang 7 nam 2006

Sang nay toi thay vet cat nho noi mui trai duoi mat toi, no co the la bi cay te bao vao noi do.

Xe chieu nay toi ngoi noi ban de viet bai, toi cam thay duoc song cua tu truong dang hoat dong trong phong an va phong khach apt. toi, toi thay su dao nguoc lai nhung gi da co tao ra roi lan song do bi ngat di.

Nhieu gio sau do toi bi tan cong, no anh huong den dau, bo nao, tim, toi thay chong mat toi di ra khoi vung bi tan cong, toi OK

Ngay 14 thabg 7 nam 2006

Dem vua qua toi thuc day luc 2:15A.M. toi cam thay bi tan cong noi lo tai, toi di tieu, toi thay 2 go ma toi bi chay xe xuong, toi thay mat toi chay dai xuong, toi thay tai bi do len noi chinh giua vanh tai toi.

Toi ngu tro lai.

Sang nay toi thuc day toi thay nhu mat cam giac noi tai phia trai, go ma trai va dau phia trai nua. Toi thay go ma toi thay doi khac hon luc toi thay go ma toi luc 2:15A.M. vi the toi tu hoi, ho da lam gi trong luc toi dang ngu.

Toi di ra ngoai va di bo khoang hon 2 km, toi di mua sam ao quan, sau do toi cam thay tai, go ma va dau toi tro lai binh thuong.

Khi toi tam toi lai bi tan cong noi phoi mat toi.

Buoi chieu khi toi ngoi noi ban toi cam thay bi tan cong noi tai trai, toi thay moi bap thit ba vai phia trai, toi che tai trai khoang 15 phut, toi thoat duoc su anh huong do vao ba vai toi, toi tro lai binh thuong. Toi lai bi tan cong noi dau phia trai gan tran, no anh huong den dau toi, toi roi ban an va den ngoi noi ghe salon toi bi tan cong vao trong mui phia ben mat, no kich thich than kinh sinh duc.

Ngay 15 thang 7 nam 2006

Sang nay toi thuc day noi giac mo gia tao voi cam xuc tinh trang M ton giao (tin nguong cho phep co nhieu hon mot vo, mot chong trong hon nhan).

Khi toi danh rang Tia laser, tu truong, dien dien tu tan cong vao dui ben mat, phoi mat, toi cam thay nhu moi met trong mot luc

102

Khi toi ngoi noi ghe salon toi bi tan cong vao tai trai, toi thay kho chiu noi tai trai toi.
Khi toi ngoi noi ban doc tin tuc toi bi tan cong vao dau roi toi khong tap trung tu tuong duoc nua ma lo ra ve nhung y ngi tuc tieu, thuoc ve sinh ly, toi chong tra lai, toi vuot qua, toi tiep tuc doc, toi lai bi tan cong vao dau, toi cam thay nhuc dau, toi khong the tiep tuc doc nua duoc, bo nao lam viec bi te liet, toi bo khong doc nua.

Ngay 16 thang 7 nam 2006

Dem vua roi trong luc toi dang nam trong giuong Tia laser hay tu truong dien tu tan congvao dau, toi thay dau va nhuc dau, toi ngoi day de tranh mot luc sau toi tro lai binh thuong. Toi co the ngu sau 3:00A.M. toi thuc day luc 6:30 A.M. ngay giac mo cua mot nguoi nao, trong giac mo co ta mo ta nguoi co se chon la y trung nhan cua co va co se thich hop voi nguoi do the nao. Dieu nay lam cho toi cam thay that vong boi vi tiem thuc toi gio day la mot dong rac khong lo chua dung tat ca nhung gi ho muon do vao do.
Toi van con nam trong giuong voi su tuc gian do roi toi bi tan cong vao dau phia ben trai gan tran, noi ho da tan cong vao noi do, truoc khi toi ngu, tiep theo toi bi tan cong luon ca dau, toi cam thay muon mua nhu bo nao bi ton thuong trong nhieu giay, no het. Sau do toi ngu tro lai, toi thuc day toi thay bo nao toi duoc tuoi sach va su gian du do da tieu tan.

Ngay 17 thang 7 nam 2006

Luc toi rua chen sau com chieu Tia laser hay tu truong dien tu tan cong vao chan phai toi roi den phoi mat va xuong den lung.
Toi thay co hot nho giong nhu la microchip cay vao noi mui toi va nhieu hot nua cung duoc cay vao mat, vao tran, sau tai va tay trai cua toi.

Ngay 18 thang 7 nam 2006

Sang nay toi thuc day ngay giac mo pha lan tiem thuc toi va tiem thuc cua mot nguoi nao do.
Luc trua toi rua chen toi bi tan cong vao bung, vao gan noi co, vao ba vai va canh tay, toi thay moi mot luc.
Xe chieu toi ngoi noi ban doc tin tuc toi bi song tu truong tan cong vao dau, than the, phia ben phai than the toi cam nhan duoc, toi dung len, toi cam thay bi chong mat, toi di tam, no het.
Vao buoi chieu toi ngoi noi ban an toi bi tan cong vao co phia trai, toi khong thay anh huong gi ca.

Ngay 19 thang 7 nam 2006

Toi thuc day luc 6:30 sang ngay con ac mong.

Ngay 20 thang 7 nam 2006

Sang nay toi thuc day ngay vao tinh trang giong nhu la giac mong toi khong biet la gi roi toi quen di, toi khong biet cat nghia ra sao.

Xe chieu nay toi ngoi ban an toi bi tan cong vao dinh dau phia ben phai, khi toi tam toi bi tan cong vao dau phia ben mat lan nua.

Buoi chieu toi ngoi noi ban doc sach toi bi tan cong vao dau duoi dang song tu truong, toi cam thay chong mat.

Ngay 21 thang 7 nam 2006

Dem roi toi co thuc suot dem nhung toi lai roi vao giac ngu, toi thuc giac vao 3:15 sang, toi khong nam mo, toi tro lai ngu nua, toi thuc day luc 4:40 sang ngay noi con ac mong nhan tao, trong giac mo do la chinh ban tinh cua toi, toi ngu lai nua toi thuc day luc 7:00 sang ngay giac mo nua, do la giac mo dai pha tron tu khong gian va thoi gian khi toi con o Viet Nam va hien tai, do cung la chinh ban tinh cua toi doi voi gia dinh va xa hoi.

Sang nay toi nghi khong biet roi day ho se lam gi nua de hanh ha toi nua day voi ngan vua qua trong mui nao tiem thuc toi. No co the la su nem bun mot cach am tham ma nan nhan con trong trang dau ngo biet duoc la tai sao!

Hom nay dinh dau ben phai cua toi da bi anh huong nen toi thay kho khan voi toan, so va suy nghi truc giac nhu suy yeu di, no da lam cho toi ngac nhien.

Toi da co gang tranh di y kien cua toi trong nhat ky trinh lang ghi nhan du kien nay boi vi toi nghi doc gia se hieu khi doc sach toi, bay gio toi phai noi rang day la mot su nguy hiem den toi, ho da pha huy nhan sac cu nguoi dan ba toi, than the nguoi dan ba toi va bay gio den bo nao toi.

Toi khong cho phep ho xam pham den than the toi cung nhu ca doi nguoi toi

Ngay 22 thang 7 nam 2006

Toi co nam mo dem qua nhung toi quen roi.

Sang nay toi van con nam trong giuong toi bi tan cong vao tai trai, dau va mat phia trai, toi cung nguoi thay mui hoi la nua.

Luc toi vao bep hom nay toi bi tan cong vao bung phia ben mat duoi dang mot chum tia khuay vao bung toi, khi toi ngoi noi ban an toi lai bi tan cong vao dau phia ben mat gan tai mat mot luc roi ke den co lan song tu truong tan cong vao dau toi, toi cam thay chong mat mot luc, khi toi rua chen toi bi tan cong vao ba vai ben mat toi, toi thay dau khi toi di chuyen tay, toi bi tan cong vao tai phai, toi thay ngua kho chiu.

Khi toi danh rang toi bi tan cong vao dau phia ben trai noi tai trai, toi thay cang thang khu vuc do.

Ngay 23 thang 7 nam 2006

Voi tinh trang toi da mo ta no da lam cho toi thay so hai di vao giuong ngu moi dem boi vi toi khong biet ho da lam gi toi trong luc toi ngu tu the xac den tam than.

Toi co mot minh nen khong co ai thay phien canh giac ngu dum toi, toi van con thuc, gio nay da 3:30 sang nhung ma toi khong the nao thuc duoc vi qua met, toi vua nam xuong giuong la ngu ngay. Toi nam mo va thuc day ngay con ac mong sex voi chong li di cua toi, toi ngu tro lai, toi thuc day cung ngay giac mong than nhan gia dinh toi.

Sang nay toi vao phong tam toi nguoi mui hoi la.

Hom nay toi thay co mot vet bang ngon tay cai toi noi go ma trai.

Xe chieu nay toi ngoi noi ban an doc tin tuc, toi bi tan cong noi dau gan tran roi den tai trai, toi bi mat cam giac noi do nhieu gio sau.

Ngay 24 thang 7 nam 2006

Sang nay toi thuc giac luc 1:15 sang ngay noi giac mong toi dang di tieu va co ran nhu luc tinh thuc, day la lan thu nhi, lan dau nam 1994 hay 1995 khi toi song o Austin sau khi toi bi ho xam nhap vao tiem thuc cua toi va toi mat di giac mo binh thuong cua toi tu do. Toi tro lai giac ngu, toi co giac mo nhung toi quen.
Khi toi con nam trong giuong Tia laser hay tu truong dien tu tan cong vao dau phia trai noi gan tran roi den tai trai, toi thay met.
Xe chieu toi ngoi noi ban an doc tin tuc, toi che tai trai lai de tranh su phien nhieu tan cong vao tai trai toi (toi nghi co chip da duoc cay vao do va nguoi ta dieu khien no de toi thay toi co van de voi su nghe cua toi), toi doc thoai mai va khong lo ra mac du co rat nhieu cuoc noi chuyen ben ngoai co the lam ngat quang su tap trung tu tuong cua toi luc do, ngay sau do toi bi tan cong vao dau phia trai, ngay lap tuc toi mat di su chu tam, tri toi luc do bi dan dat vao nhung y nghi khac voi xuc dong hoi hop cua tinh duc, no giong nhu vay do. Toi bo khong tiep tuc doc nua.
Khi toi tam toi bi tan cong vao khuyu chan trai toi.
Buoi chieu toi rua chen toi bi tan cong vao tai trai, duoi tai va den dinh dau trai roi qua tai mat den duoi tai mat nua.

Ngay 25 thang 7 nam 2006

Dem qua toi vao giuong luc 12:30 nua dem toi thuc giac voi giong noi quen thuoc o ngoai apt. toi bit tai toi lai de khong nghe tieng noi.
Toi co the nam mo truoc khi toi thuc giac nhung toi quen, toi tro lai giac ngu, toi nghe giong noi quen thuoc noi tieng Viet Nam " cai chan", toi chi thuc giac de nghe va nho co bay nhieu thoi, toi tro lai ngu nua, toi nam mo nhung trong giac mo do trong tri toi biet toi dang nam mo va doi thoai voi nhung nguoi A Chau ngoai quoc noi duoc tieng Viet Nam, chung toi ban luan ve van de so thich uong ruou va tu canh kinh trong nu gioi.
Sang nay toi thay co cham do noi luong quyen trai va da bi tray, vet bang ngon tay cai toi noi do da tro nen kho hom qua, hom nay da het.
Vai ngay qua toi thay co diem nho giong soi chi cay vao noi moi tren phia ben trai toi.

Ngay 26 thang 7 nam 2006

Toi thuc day luc 7:15 sang ngay giac mo, toi nghi neu toi biet ai binh dau toi muon chuc nguoi do duoc may man, khoe manh. Toi khog lo gi ca.
Sang nay luc toi con trong giuong toi bi tan cong vao mui trai, no gay ngua kho chiu, bi tan cong vao tai phia trai, mat phia trai, toi cam thay nhu co su dan no ra.
Hom nay toi thay luong quyen toi cao len va lon hon.
Khi toi tam bi tan cong vao dinh dau phia trai, toi cam thay chan ben trai moi va no cung co the bi song tu truong hay gi khac nua.
Co mui hoi la.

Ngay 27 thang 7 nam 2006

Dem qua toi di ngu som toi thuc giac vao gan nua dem, toi ngu tro lai, toi thuc day sang nay, toi co giac mo dai va binh thuong.
Sang nay toi thuc day toi thay co lan thang dung o ngay chinh giua tran cong voi lan ngang da tao thanh dau thanh gia noi tran toi.
Vet bang ngon tay cai toi noi luong quyen trai gan tai hom nay no tro nen sam mau, thung vao va kho da.
Toi phan doi hanh dong cua ho.

Ngay 28 thang 7 nam 2006

Hom nay toi thuc day ngay giac mo nhan tao.
Hom nay toi thay noi diem do va da bi tray noi luong quyen 2 ngay qua da tro nen kho.
Toi thay luong quyen trai noi lon len giong nhu hom qua, xuong mang tai cung noi lon len va cao len.
Noi phong bep toi nguoi thay mui hoi la, toi nghi neu do co phai la digital chemical smell (no khong phai mui that, no duoc cau tao thanh bang ky thuat so) khong?

Ngay 29 thang 7 nam 2006

Hom nay toi thuc day vi tieng dong da lam toi khong duoc tiep tuc giac mo binh thuong.
Sang nay toi thay diem do noi luong quyen trai, toi thay da noi xuong mang tai tro nen sam mau, no co the bi bam vi dong tac chuyen doi xuong va bap thit noi do.

Ngay 30 thang 7 nam 2006

Toi qua toi thuc giac vi tieng cuoi rat lon cua nguoi dan ba, toi ngu tro lai, toi nam mo voi giac mo ngu xuan ve do luong hinh the.
Sang nay khi toi con nam trong giuong toi bi tan cong vao phia ben trai mieng toi, no lam cho toi cam thay kho den co hong, toi cam thay thit o go ma trai toi sat vao den tan rang toi.
Luc chieu toi ngoi an com noi ban an toi bi tan cong duoi dang khuay vao dinh dau ben phai den dinh dau ben trai, no anh huong den gan co ben trai toi.
Vai ngay day thoi toi co goi tho cho FBI (co quan dieu tra lien bang My) de giai thich tinh trang nay boi vi toi khong biet chuyen gi da dang thuc hien noi day.

Ngay 31 thang 7 nam 2006

Dem qua toi vao giuong Tia laser hay tu truong dien tu tan cong vao dau ben trai toi, toi cam thay suc ep trong dau toi nang xuong, toi bi tan cong vao bap thit ba vai, toi thay moi ba vai.
Toi ngu di va toi thuc giac ngay con ac mong.
Sau khi com chieu xong toi rua chen, toi bi tan cong vao dau ben phia mat gan tran toi.

Ngay 1 thang 8 nam 2006

Toi qua toi dang trong giuong toi bi tan cong vao dau, vao than kinh nhay cam cua bo phan phai nu toi, no anh huong rat lau nhieu gio sau do, toi so ngu, toi khong biet ho se lam gi toi trong luc toi dang ngu tu the xac cho den tam than toi. Toi di ra khoi giuong va ngoi noi ban an cho den 5:30 sang, toi qua met, toi vao nam nghi va toi ngu. Toi khong biet ho da lam gi toi trong khi toi ngu. Toi thuc day luc 7:15 sang boi vi co tieng nguoi noi chuyen ngoai san apt. roi toi ngu lai cho den 9:30 sang. Than the toi binh thuong, toi van con nam trong giuong, toi bi tan cong ngay vao noi than kinh nhay cam cua phai nu toi lan nua, toi dung len de tranh anh huong den voi co the binh thuong toi.

Hom nay toi thay vet theo tren go ma phia ben mat toi thung vao va sam mau nen theo thay ro hon.

Hom nay toi viet bai tho Aries Birth Mark.

Ngay 2 thang 8 nam 2006

Dem qua toi o trong giuong toi bi tan cong vao dau, no duong nhu dieu khien noi mui nao ve tuc tieu, toi so bi o trong su dien tien cua ho nen toi roi giuong ngu, toi nguoi thay mui thom thuc an luc nua dem, toi buon ngu, toi thuc day luc 7:30 sang.

Sang nay toi thay 2 diem do noi luong quyen phia mat toi.

Hom nay tren duong den cho mua thuc an toi di bo, thinh linh toi nghe tieng cuoi lon, toi thay 1 ong va 2 nguoi dan ba trong bo ao quan cua y khoa dang di vao trong tiem an gan le duong toi dang di, toi khong biet dieu do noi len y nghia gi!

Ngay 3 thang 8 nam 2006

Dem qua toi vao giuong luc 2:00 sang nen toi cung biet duoc su sinh hoat ban dem xung quanh toi tuy nhien toi phai giu gin toi den muc toi da toi co the, toi thuc day luc 8:00 sang,

Chieu nay toi xem lai bai vo, toi bi tan cong vao dinh dau phia trai toi vao khoang 15 den 20 phut, toi mat di su tap trung tu tuong, toi co tro lai voi cong viec cua toi, khoang 30 phut sau do, toi bi tan cong vao dau, lan nay thi dieu khien lo ra ve sex, toi bi quay pha khong tap trung duoc, toi dung len roi ban, no lam cho toi tuc gian qua nen toi thach thuc va tiep tuc cong viec cua toi cho den khi toi xong.

Trong thoi gian toi ngoi noi ban toi bi tan cong vao luong quyen trai toi, toi thay luong quyen trai toi sung lon len va cao hon.

Ngay 4 thang 8 nam 2006

Toi hom qua toi di ngu tre toi thuc day nhieu lan, moi lan o chinh giua cua giac mo. Toi co nghe nhom nguoi noi chuyen ngoai san apt. toi nghe nguoi ta noi biet gia dinh toi ro lam va cung biet nguoi dan ong xau nua. Toi ngu tro lai, toi thuc day luc 10:00 sang. Sang nay toi thay diem do lon bang ngon tay toi noi luong quyen trai, vai gio sau do no tan di.

Xe chieu nay luc toi ngoi noi ban an toi bi tan cong vao luong quyen trai, dinh dau phia trai, dinh dau phia mat roi xuong den dau phia sau.

Chieu den toi ngoi noi ban an toi bi tan cong vao tai trai, no dau kinh khung vai giay.

107

Ngay 5 thang 8 nam 2006

Dem qua toi vao giuong luc 1:30 sang toi thuc day luc 6:00 sang nhung ma toi thay bi nhuc dau, toi di tieu, toi ngu tro lai cho den 10:15sang, toi thay bot nhuc dau, toi cung co su nghi ngo, khong biet day co phai la toi an nhieu muoi man hay la toi dang bi o trong tinh trang thay doi khong? Boi vi moi lan toi cam thay nhuc dau luc toi thuc day la moi lan toi co thay doi, thay doi thoi quen, thay doi y nghi, thay doi tanh tinh.
Hom nay toi thay dau kim noi toi thay dau do lon hom qua, toi cung thay 1 dau do lon giong nhu toi thay hom qua tren luong quyen trai toi.

Ngay 6 thang 8 nam 2006

Dem qua toi di ngu som toi thuc day luc 6:15 sang toi ngu tro lai cho den 9:15 sang toi co nam mo nhung toi quen.
Sang nay toi thay co 2 diem do ngay 2 ben mui noi hang nuoc mat.
Xe chieu toi doc tin tuc toi bi tan cong vao luong quyen trai toi.
Buoi chieu nay toi rua chen Tia laser hay tu truong dien tu tan cong vao phia sau ot, toi cam thay nhu bi ngan lai, khoa lai, suc ep nang xuong, met moi ra roi.
Ke tiep toi bi tan cong vao ot, lan nay toi khong cam thay gi ca, no giong nhu lan tan cong vao ot toi hon 1 nam qua.

Ngay 7 thang 8 nam 2006

Toi di ngu luc nua dem va thuc day luc 7:00 gia sang, toi ngu tro lai cho den 10:15 sang, toi co nam mo nhung toi quen, toi van con nam trong giuong toi bi tan cong vao dau phia ben phai.
Sau khi toi di tam toi cam thay 2 ben mong, lung bi dau roi tro lai binh thuong vai gio sau do.

Ngay 8 thang 8 nam 2006

Toi hom qua toi di ngu vao luc nua dem toi thuc day luc 1:15 sang, toi muon di tieu nhung ma toi thay khong dung boi vi toi moi vua di tieu truoc khi toi di ngu nen toi ngu lai roi toi thuc day cach 2gio moi lan va moi lan deu ngay giac mo nhan tao cho den sang. Khi toi con nam trong giuong toi bi tan cong vao trai tim, toi thay dau, toi tro minh qua de tranh roi toi thay dau noi phoi trai mot luc, toi dung len no het.
Hom nay toi thay xuong noi tran gan mang tang noi cao hon, ho tan cong vao noi do lien tuc 1 nam qua hay hon nua, bay gio ho tan cong vao phia mang tang ben mat khoang 2 thang nay.

Ngay 9 thang 8 nam 2006

Dem qua toi toi di ngu luc nua dem toi thuc day luc 7:00 sang, toi van con nam trong giuong toi bi tan cong vao trai tim toi tro minh de tranh.
Xe chieu nay toi ngu trua vi buon ngu qua.

Ngay 10 thang 8 nam 2006

Sang nay toi van con nam trong giuong toi bi tan cong vao bo phan nu gioi toi, toi tro minh de tranh, toi dung len, toi cam thay dau, kho chiu noi do.
Chieu nay toi di tam toi bi tan cong vao bo phan nu gioi toi, lan nay ban nhieu noi tren bo phan nu gioi toi. Toi cung bi tan cong bang suc ep vao bung phia trai, no rong khoang 4 inches ep xuong khoang 10 inches.
Noi ban rua chen toi bi tan cong tren dinh dau phia mat vao khoang 5 den 10 phut, thi luc cua mat phia ben mat da bi anh huong luc do.
Dem den toi nam trong giuong toi bi tan cong vao dau phia trai boi vi toi tro minh qua ben mat de che bo phan nu gioi toi bi tan cong.

Ngay 11 thang 8 nam 2006

Sang nay toi thay 3 diem da den lon noi gan mat va mang tang toi, 1 diem den lon ngay mang tang trai, tren mat trai toi, no duoc tao thanh chi qua dem thoi.
Sang nay toi thay soi trang nho bang soi chi cay vao moi tren phia ben phai toi.
Moi duoi phia trai da doi hinh dang duoi dang the ma ho muon.
Toi het suc tuc gian, toi con thay sung khi nhin moi toi, mat toi.
Toi khong biet ho da lam gi den phoi toi, toi cam thay nang noi phoi toi.

Ngay 12 thang 8 nam 2006

Khi toi di tam toi bi tan cong vao mang tang trai, no dau dieng va keo dai nhieu gio.

Ngay 13 thang 8 nam 2006

Dem qua khi toi dang nam trong giuong toi bi tan cong vao dau phia ben mat gan mang tang roi den dau phia trai gan mang tang.
Sang nay khi toi con nam trong giuong toi bi tan cong vao trai tim, bung va da con.

Ngay 14 thang 8 nam 2006

Buoi chieu noi ban rua chen toi bi tan cong vao mui duoi dang nhu mui kim nhon dam vao trong mui no da lam cho chay mui. Toi bi tan cong vao ot phia mat roi toi nguoi thay mui thuc an ca, no co the anh huong den than kinh trong mui phia ben mat toi va dan den su su chay mui.

Ngay 15 thang 8 nam 2006

Sang nay toi thay co diem do noi luong quyen mat, toi thay co soi nho trang (te bao) cay vao moi tren phia trai toi, toi co keo no ra nhung no van con noi do hoai.

Ngay 16 thang 8 nam 2006

Sang nay toi con nam trong giuong toi bi tan cong vao mang tang trai, toi phai lay tay xoa de bot dau
Xe chieu nay toi nguoi thay mui hoi, toi xit nuoc hoa ban mui nhung no van con, toi thay nhuc dau nen mo cua ra.

Ngay 17 thang 8 nam 2006

Toi thuc day ngay giac mo nhan tao, toi biet rang nhung gi nguoi ta muon tuyen chon va nhung gi nguoi ta muon nhet vao.
Sang nay toi van con nam trong giuong toi bi tan cong vao ban chan phai ngay noi than kinh diem.

Ngay 18 thang 8 nam 2006

Hom nay toi ngoi noi ban an Tia laser hay tu truong dien tu tan cong vao dau phia ben trai gan ba vai.
Vai ngay qua khi toi tam toi bi tan cong duoi dang ep vao khoang 21/2 inches cham vao va ep xuong noi dot chot cua xuong song, toi thay dau vai ngay sau nhu vet cat.

Ngay 19 thang 8 nam 2006

Dem qua toi vao giuong toi bi tan cong duoi dang ep vao noi bung toi va keo dai nhieu gio, toi giu o vi the do chu khong tro minh de tranh, sang toi thuc day cung voi su ep vao noi bung toi nhu toi qua va toi cung khong tranh bao lau toi nam trong giuong, toi dung len va di nha tam, toi di tieu, toi bi dau ngay noi bung, toi cam thay mot lan dau dai.
Khi toi tam toi bi tan cong vao bung ngay noi toi thay dau, lan di tieu thu nhi toi tro lai binh thuong, khong con dau nua.
Sang nay toi thay diem do o luong quyen trai, toi thay co boc nho gan noi luong quyen nua.

Ngay 20 thang 8 nam 2006

Sang nay toi thay boc gan luong quye trai da tan.
Khi toi nau an toi bi tan cong vao bung phia trai toi va o dui trai nua.
Khi toi rua chen toi bi tan cong vao bung noi chinh giua roi den ben phai.

Ngay 21 thang 8 nam 2006

Toi khong ghi chu ro rang nhung gi toi goi la tuc tieu am anh nen khong con nho de viet ra noi day nhung ma tuu chung la dam dang, tuc tieu toi biet nhu vay do.

Ngay 22 thang 8 nam 2006

Dem qua khi toi dang trong giuong toi bi tan cong duoi dang ep vao noi da con toi, toi thay dau nen toi tro minh de tranh.
Toi ngu va thuc giac nhieu lan.

Sang nay toi thuc day toi quen di hay la toi cam thay de chiu ve nhung tuc tieu am anh ma toi khong the nao chiu duoc ngay hom qua.

Ngay 23 thang 8 nam 2006

Dem qua toi thuc giac nhieu lan ngay giac mo nhan tao hay la su pha tron giac mo cua nguoi khac.
Sang nay toi thay co 3 den 4 dau kim chit vao go ma phia ben mat gan mui va mieng toi, no giong nhu la mui kim toi thay noi chinh giua moi tren toi.
Hom nay lai co mot ngay tuc gian nua boi vi nhung tuc tieu am anh lai xam chiem toi nhu ngay hom kia nua.

Ngay 24 thang 8 nam 2006

Dem qua toi co giac mo nhan tao trong su pha tron tiem thuc.

Ngay 25 thang 8 nam 2006

Sang nay toi thay diem do gan noi vet theo tren go ma phia ben tay mat toi.
Khi toi ngoi o ban an Tia laser hay tu truong dien tu tan cong vao dau phia ben trai, no lam cho toi lo ra.
Tren duong di bo ve apt. tu cot xe buyt, toi di den noi nga tu toi bi tan cong vao dau nhung no khong anh huong gi ca, toi khong cam thay gi ca.

Ngay 26 thang 8 nam 2006

Toi khong nam mo gi dem qua

Ngay 11 thang 10 nam 2006

Toi co con ac mong dem qua, trong do toi thoat duoc nguy hiem cho tinh mang toi va su tan pha cua thien nhien nua.
Day la thoi gian toi lo sua soan doi nha den thanh pho khac.

Toi dang song trong thanh pho Houston

Ngay 17 thang 7 nam 2007

Tu khi toi don nha den thanh pho Houston cuoi thang 11 nam 2006, toi khong viet gi vao cuon nhat ky boi vi toi nghi no se giong nhu nhung gi da xay ra khi ho da thuc hien phia ben trai cua than the toi, toi cung chan voi hanh dong lap di lap lai hoai nhu the.

Tuy nhien vai tuan qua toi de y co nhung phuong cach moi la duoc ap dung tren than the toi, khi toi ngoi noi ban an, Tia laser, tu truong, dien dien tu xung kich vao phoi trai toi, no gay anh huong nhu the bi mat cam giac tu phoi len den dau phia trai lien tuc nhieu gio sau do, toi thay dau noi phoi, vai ngay sau toi lai bi tan cong noi phoi ben mat, toi cung cam thay nhu da cam thay noi phoi ben trai.

Vai ngay sau nua toi bi ho, toi dung thuoc ho de giam con ho, ho tiep tuc tan cong ca 2 buong phoi toi va xuong song toi bat cu luc nao toi ngoi noi ban an com.

Toi di chuyen di noi khac de an com, toi bi tan cong vao mat trai, do la cu ban rat manh, ban vao mat toi den 2 lan ngay hom do roi ngay hom sau toi thay noi duoi mat trai, mau da tro nen mau xam.

Toi doi cho ngoi, toi cung bi tan cong vao dau phia trai va canh tay trai, toi thay dau. Hau het moi ngay khi toi di tam va danh rang Tia laser hay tu truong dien tu xung kich vao tran, lung, phoi, dau, ma dit, dui, chan, ban chan va bung, toan than the toi.

Khi toi rua chen toi cam thay bi tan cong vao tran, lung, phoi, dau va chan (noi chan no giong nhu con trung bo tren da khuyu chan vay).

Luc toi dung computer trong phong lon duoi lau, toi bi tan cong vao co, dau phia sau, mui, phia trong mui va go ma toi.

Ngay 27 thang 7 nam 2007

Chieu hom qua toi rua chen noi ban rua chen toi nguoi thay mui khoi thuoc, toi cam thay dau noi vu ben trai toi mot luc roi het.

Hoi toi qua toi di chuyen qua phong khac ngu, toi thuc giac toi cam thay bi tan cong vao buong trung phia trai toi, toi cam thay dau khung khiep.

Vai ngay qua khi toi nam tren giuong toi cung bi tan cong vao tu cung, bo phan phai nu, buong trung. Toi nghi ho da gan dung cu trong nha toi va bay gio thi ho chi bat dau cong viec cua ho qua man anh thoi.

Toi thay kho chieu voi khoi thuoc, gas, gas soil trong nha toi, toi thay de chiu duoc hit tho khong khi ben ngoai.

Toi bi tan cong vao tay trai, sau khi com trua, toi nguoi mui tram huong cua An Do, toi cam thay khop xuong tay trai toi dau.

Ngay 28 thang 7 nam 2007

Khoi thuoc, gas soil da lam cho toi nhuc dau, chong mat va toi co the quy ngay trong nha tam.

Ngay 2 thang 8 nam 2007

Toi goi cho cong ty gas (khi dot) den kiem soat den 2 lan, hang tu lanh may giat xay cung den kiem soat, may dieu hoa khong khi cung den xem xet va lam sach may lanh cho toi chi dung moi vai thang, toi phai tra tien cho dich vu nay.

Toi khong biet nguoi ta da chit vao phia trong 2 moi, toi thay dau, chieu nay toi an mot ti ot ma no sung lon len va vi the ma toi thay ro dau kim chit o trong do, toi khong biet ly do nao, no cung co the do thuc an tom toi an ngay hom nay.

112

Ngay 29 thang 8 nam 2007

Vai ngay qua toi co doc bao va hoc duoc tu quang cao ve thuc hanh khoa tham my co the bien doi nguoi tu tuoi 25 tro nen gia lan den tuoi 70 hay 75. Bao khac dang bai viet ve quang cao giai phau tham my va chuyen doi giong tu dan ba tro thanh dan ong va nguoc lai, doi tinh khi, tu cach va doi su cau thanh hinh the nua.
Dieu do lam cho toi tu hoi, co phai ho da thuc hien nhung thu gi ho muon tren than the toi de trung phat toi?
Danh du toi, nhan pham toi, doi nguoi cua toi khong tra duoc bang tien.
Sac dep cua toi mot ty do la boi thuong.

Ngay 4 thang 9 nam 2007

Dem qua toi nam trong giuong toi bi tan cong vao long ban chan trai, bo phan phai nu toi, long ban chan mat toi nhung nhe hon ben trai.
Sang nay toi thuc day toi cam thay kho chieu phia ben mat duoi tai phai. Long ban chan trai va chan trai dau, long ban chan trai khong dau nhieu giong nhu ban chan trai toi.

Ngay 11 thang 10 nam 2007

Khoang tuan qua toi khong biet ho da lam gi den vu cua toi, nach, lung ngay noi phoi, toi thay dau, 2 ngay qua 2 chan toi he suc moi, toi cung khong biet ho da lam gi den chan toi. Toi cung khong biet ho lam gi, toi thay vu toi nho xuong ma toi cam thay duoc su dien tien cua te bao nho xuong trong choc lat thoi. Dieu nay lam cho toi tu hoi, neu do co phai la vu that cua toi hay khong? Ho chuyen doi nho va lam cho su cau tao hinh thu doi khac di. Toi het suc tuc gian, ho co tinh lam nhuc toi.

Ngay 15 thang 10 nam 2007

Dem qua va vai ngay truoc toi khong biet ho da lam gi trong bo phan nu gioi toi, trong duong tu cung. Sang hom nay ngay cai giay toi thuc day toi nghe tieng cuoi va su vui mung ho lon len cua nhom nguoi, con toi thi luc toi thuc day, toi cam thay su bi kich thich ben trong duong tu cung va no con nhu the ca ngay. Toi thay nhu toi mac tieu quynh, toi khong kiem soat duoc su tieu luc do lam nhu nuoc tieu muon chay ra ngoai.

Ngay 20 thang 10 nam 2007

Dem qua toi doc tin tuc tren internet on my computer toi nghe tieng dong nho thoi nhu la muon xe rach tuong ra hay co gi do muon mo tuong ra, toi xoay qua quan sat cung nha nhung khong thay tuong mo noi dau het.
Khi toi nhin mat toi trong guong toi co the noi la tu may vi tinh hoac toi co the sai.
Thinh thoang toi cung bi dau noi marrow bone, tran dau, nhuc dau, toi cung co cam thay tan cong nhe nhu la ban tia mui kim nho vao nhieu noi tren lung va nhieu lan roi den ngay toi thay giong nhu toi khong giu duoc lung toi nhu truoc do toi ngoi.

Ngay 21 thang 10 nam 2007

Sang nay toi thay co dau cat noi chan phai gan noi mac ca va 3 diem do lon tren ban chan toi.

Vai ngay truoc cho den hom nay khi toi ngoi noi may vi tinh tren lau Tia laser, tu truong, dien dien tu tan cong vao dinh dau phia trai, phia sau dau va dau noi tai trai, toi thay chong mat va kho tap trung tu tuong va khong hieu duoc, nghia la su lam viec cua bo nao bi te liet.

Ngay 10 thang 11 nam 2007

Toi bi tan cong vao dau, go ma trai, dau chit vao go ma mat, 2 ba vai va dau chit vao chan noi gan. Toi bi tan cong vao noi buong trung mot thoi gian dai, toi thay dau noi do, tan cong vao noi bo phan nu gioi, tu cung bat cu luc nao toi nam noi giuong.

Hom nay toi tam, toi cam thay song cua tu truong tan cong vao bo phan nu gioi toi roi toi xem coi chuyen gi xay ra noi do, toi moi thay bo phan nu gioi toi da thay doi hinh dang, no nho di, no thay la doi voi toi, bap thit thi khong con san cung nua, nhao di, toi cam thay rung rinh khi toi di.

Ngay 15 thang 10 nam 2007

Ca dem toi hom qua Tia laser hay tu truong dien tu tan cong vao bo phan nu gioi toi, sang nay toi thuc day toi khong the di duoc, no dau, toi khong biet ho lam gi tu cung toi va bo phan nu gioi toi, luc toi tam toi quan sat da con, toi het suc ngac nhien khi toi nhin thay 2 lan nut da noi phia trai. Toi co mang 3 dua con nhung ma khi toi mang thai toi thoa kem va sau khi sanh xong nua nen toi khong bi nut da.

Ngay 16 thang 11 nam 2007

Dem qua luc toi nam trong giuong Tia laser, tu truong, dien dien tu tan cong vao bo phan nu gioi toi, toi khong biet dien ta the nao nhung ma toi cam thay nhu tia lam thanh vong tron lay ra tu noi than kinh nhay cam cua nu gioi ke tiep toi cam thay su cat ngang bat dau tu dau noi bo phan nu gioi sau do toi cam thay su keo xuong. Toi dung len de tranh di viec lam do cua ho.

Ngay 17 thang 11 nam 2007

Dem qua toi bi tan cong vao bo phan nu gioi khi toi nam trong giuong, toi bi quay nhieu nhu the nen toi khong the ngu duoc, toi dung len chup hinh phong toi dang ngu, toi de phong voi nan chong cua, goi, quyen sach ban do va ao coat cua toi nua de che len bung toi, co tranh di tia ban cua ho vao bo phan nu gioi toi voi ac y cua ho la de thay doi hinh dang nu gioi hoac la am hai gi toi. Nhung ma no di xuyen qua tat ca nhung thu toi che tren nguoi toi. Toi biet duoc rang ho da dieu chinh cuong do de di xuyen qua vat can ma toi da de phong.

Sang nay toi thuc day toi di tieu va chui sau khi tieu, toi cam thay la lung voi bo phan nu gioi noi mep ma toi chui, no bi thay doi. Toi tuc gian qua nen toi lay may anh va chup hinh ca bo phan nu gioi do ngay, no het suc la kho khan khi toi chup hinh cho chinh toi. Do khong phai bo phan nu gioi toi, no la bo phan nu gioi cua ho hay la cua dan ong.

Ngay 19 thang 11 nam 2007

Hom nay toi tam va toi xem xet than the toi, toi thay ho doi hinh dang khac nua, hom nay thi thay giong dan ba hon nhung khong phai cua toi. Tu khi toi biet ho rap tam thay doi hinh dang toi phai coi moi sang thuc day hoac luc di tam.

Ngay 21 thang 11 nam 2007

Dem qua toi nam trong giuong toi bi tan cong vao da con, sang nay toi thay giong nhu la hinh thu cua dan ong chu khong phai cua dan ba.

Ngay 25 thang 11 nam 2007

Hom nay toi biet duoc tat ca hinh toi chup trong camera da bi xoa di tuy nhien toi cung con giu duoc trong computer.

Ngay 26 thang 11 nam 2007

Sang nay toi thuc day toi cam thay noi bo phan nu gioi bi dau hinh nhu bi cat, toi co xem nhung toi dau thay duoc, toi chi cam thay thoi.
Sang nay toi thay dau kim noi chinh giua moi tren toi, co diem noi mui va vet cat o mui khoang 1inch.
Toi cam thay song tu truong hoat dong duoi quan lot toi.

Ngay 28 thang 11 nam 2007

Sang nay toi xem da con toi, toi thay no chay xe xuong.
Toi thay moi tren cua toi thay doi nua nen toi ngap de sua lai.

Ngay 1 thang 12 nam 2007

Ngay hom kia toi thay boc nho noi phia trai cua moi tren va gan go ma trai, hom nay toi thay noi do ho cau tao thanh mep cua dan ong, toi xoa noi te bao do voi ngon tay toi.
Sang nay toi van con nam trong giuong Tia laser hay tu truong dien tu tan cong vao bo phan nu gioi va da con toi, toi khong biet ho da lam gi hom nay, toi rat chan xem xet than the toi moi ngay.
Sang nay toi thay ho doi thanh hinh dang khac nua, no cung khong phai cua toi, toi het suc cam phan.

Ngay 7 thang 12 nam 2007

Hom nay toi tam, toi rua cua minh toi cam thay noi mep ben trai co mot cuc cung tron noi do, toi khong biet ho muon lam gi, ho lam dan ong hinh the?

Ngay 14 thang 12 nam 2007

Dem qua toi dang trong giac ngu, toi bi danh thuc day boi vi dau ngay lung noi phoi, toi lay quyen sach ban do ke xuong nem, toi ngu tiep den sang.
Toi nho lai co dem truoc do toi cung nam trong giuong Tia laser hay tu truong dien tu tan cong bo phan nu gioi toi nen toi che voi goi, carton paper, cuon sach ban do va ao coat nua nhung tia tan cong di xuyen qua tat ca, toi lay cell phone che len, ngay lap tuc toi cam thay luong song tu truong chuyen dong va phan tan ra, roi tan cong than the toi noi khac. Toi biet ho nhan biet su viec xay ra luc do.

Ngay 27 thang 12 nam 2007

Toi di tam toi cam thay song tu truong tan cong bo phan nu gioi toi, ho da thay doi tu hinh dang nay qua hinh dang khac.
Toi cam thay tan cong vao phoi toi bang tia chit vao, bang song tu truong, den toi khi di ngu toi thay dau luc nam xuong giuong lau.

Ngay 29 thang 12 nam 2007

Hom nay toi di tam toi bi tan cong vao mong dit roi ho lam cai kieu de cho toi biet rang ho dang trong thay toi luc nay de to ra su lam nhuc cua ho doi voi toi, toi tuc gian thau troi dat nen toi goi Chua tuc thi toi thay anh sang cham den chan toi lien, toi khong biet nang luc gi ho dung luc do co phai radiation bi thoat ra hay khong boi vi toi moi vua lam ho giat minh.

Ngay 8 thang gieng nam 2008

Sang hom qua toi di tam, toi rua cua minh, toi thay dau o mep phia ben mat noi 2 mep cua cua minh, toi khong the thay duoc nhung toi cam thay duoc noi do nham hot hot, no co the bi cay vao microchip hoac te bao hay mam.
Toi cam thay 2 mep cua minh da thay doi, toi khong biet the nao de dien ta cho dung, no khong phai la 2 mep day du thit cua cua minh cua toi.

Ngay 10 thang gieng nam 2008

Dem vua roi toi dang ngoi noi may vi tinh doc tin tuc tren Internet toi bi tan cong vao dinh dau roi den chinh giua dau, di xuong khoang 1toi 2 inches toi ro vao noi do toi cam thay giong nhu hot bap co nghia la co su cay vao do chip.
Buoi chieu noi ban rua chen toi bi tan cong duoi dang song tu truong vao ca 2 ben phoi cua toi, tia chit tan cong vao tai trai, duoi tai va phia trai cua bo phan nu gioi toi.

Ngay 14 thang gieng nam 2008

Hom nay tat ca nhung su kien xay ra da lam cho toi suy nghi va toi da viet ve hanh trinh cua Troi Dat va Toi.

Ngay 22 thang gieng nam 2008

Vao khoang tuan qua khi toi tam xong toi bi tan cong duoi dang tia chit va song tu truong vao co phia sau ot, khoang vai phut sau do toi thay co va phia lung tren noi phoi nhu bi cang gan hay cang bap thit.

Ngay 23 thang gieng nam 2008

Hom nay toi ngoi noi phong an toi bi tan cong vao co phia ben trai.
Khi toi rua chen noi ban rua chen Tia laser hay tu truong dien tu tan cong duoi dang mot chum tia vao dinh dau phia ben mat toi den 2 lan toi bi chong mat khi toi di danh rang nhung toi khong biet co phai anh huong tu do hay la gi khac nua toi khong biet.

Ngay 25 thang gieng nam 2008

Dem qua toi nam trong giuong toi bi tan cong duoi dang ep vao nguc toi tu co xuong den xuong marrow (mo ac nguc) toi cam thay toan phan nguc bi dau va thau qua luon phoi ngoai sau nua.
No da lam cho toi mat ngu nhieu gio sau, trong luc toi con thuc toi bi tan cong vao ngon chan, ban chan, chan toi cam thay bi te di tu ban chan chay thang len den mong va ngung lai noi do.
Buoi sang nay toi thay co diem do ngay moi tren phia ben trai.
Vai ngay qua toi thay va cam thay da nham noi go ma trai giong nhu co cay chip vao.

Ngay 26 thang gieng nam 2008

Vai ngay qua toi ngoi noi may vi tinh toi co nghe tieng rit va song cua dien tu luot qua trong nha toi co 2 lan song tiep theo nhau.
Trong mua he 2007 toi ra ngoai vuon cat rau va chup hinh, toi tro vao nha, toi rua rau vua moi hai, sua soan bua com. Sau khi xong toi tro lai cua sau noi toi de may anh, luc do toi moi nhan ra tieng keu tu nay gio trong nha toi la day, tu may chup hinh. Toi khong the nao tat duoc nen toi dem may anh len phong ngu toi tren lau, toi dung ngay cua phong, toi cam thay su bung phat cua suc ep cua song tu truong cham den tuong nha va cua so, toi co nghe tieng rung dong do, toi hoang hon, toi nghi nha se no tung lien, ngay luc do no ngung lien, may anh cua toi cung tat duoc.
Hom qua va hom nay trong nha toi lai nguoi mui khoi thuoc va gas soil nhu toi da noi cach day 5 thang.

Ngay 27 thang gieng nam 2008

Hom qua toi bat dau danh may nhat ky toi vao may vi tinh de sua soan cho quyen sach Troi Dat va Toi.
Khi toi ngoi noi phong an Tia laser hay tu truong dien tu tan cong vao dau va ot phia trai toi.
Luc toi ngoi noi may vi tinh de danh may sach, toi bi tan cong vao dau.

Ngay 28 thang gieng nam 2008

Gas oil van con trong nha toi hom nay.
Khi toi ngoi noi phong an toi bi tan cong vao tai trai, chinh giua dau phia sau.
Khi toi ngoi noi may vi tinh toi bi tan cong duoi dang ep vao dau phia trai, tia chit vao dau phia trai, dau phia sau ben phai nua.

Ngay 29 thang gieng nam 2008

Sang nay toi thuc day ngay giac mo nhan tao, no la loai sex kinh khung da ap dat vao giac mo de long vao tri thuc khi toi tinh thuc va tu tri thuc do no se ghi vao trong tiem thuc. Toi het suc tuc gian, toi co the noi rang day cung se giong nhu Davince Code trong tuong lai.

Ngay 2 thang 2 nam 2008

Hom nay toi ngoi noi phong an Tia laser hay tu truong dien tu tan cong noi dinh dau toi, co trai, phoi trai toi cam thay nhu bi mat cam giac noi do.
Vai ngay qua toi danh rang toi bi tan cong vao ngay duoi mat phia ben mat toi, ngay luc do toi thay diem den nhu mui kim ngay do, ngay hom sau toi thay diem den lon hon chu khong con la mui kim nua, ngay ke tiep tan cong mot lan nua ngay noi do, ngay ke tiep toi thay mot vet den lon va thung vao.

Ngay 3 thang 2 nam 2008

Luc com chieu toi bi tan cong vao phoi trai toi, co trai, duoi tai trai va phia dau ben trai.

Ngay 4 thang 2 nam 2008

Luc toi ngoi noi may vi tinh toi bi tan cong vao dau phia trai.
Chieu den khi toi danh rang toi cam thay bi tan cong duoi dang quet hay luot qua bo phan nu gioi phia ben mat toi, tan cong vao day chang toi nua

Ngay 5 thang 2 nam 2008

Khi toi an com chieu noi phong an toi bi tan cong vao ot trai toi bi chong mat it thoi.
Luc toi rua chen toi bi tan cong duoi dang tu truong xoay duoi quan lot cua toi ke tiep dam that manh vao mep cua minh phia ben trai roi dam thang vao trong xuong phia ben trai cua bo phan phu nu toi.

Ngay 7 thang 2 nam 2008

Dem qua toi thuc day vi dau noi khop xuong chan mat toi, chi trong vai giay toi ngu lai, toi nam mo giac mo cua nguoi nao do trong Trung Hoa hoac la cua mot ai coi tin tuc ve thoi tiet lanh oTrung Hoa hien tai.

Xe chieu nay khi toi di tam toi rua cua minh, toi thay dau ca 2 ben mep cua minh, no giong nhu la bi kim dam.

Su tuc gian cua toi tran day gio day, do la dieu ghe tom, toi khong the im lang duoc. Than the toi chuyen doi vao hinh the cua ho, ho si nhuc toi.

Truoc khi ho co tinh chuyen doi bo phan phai nu toi, ho co bien toi thanh lai cai, lai duc, ho biet toi noi nhung gi.

Ngay 8 thang 2 nam 2008

Trong nha toi het nguoi thay mui khoi va gas tu khi toi di cho may ngay nay.

Luc toi trong giuong toi cung bi tan cong duoi kieu nhu la kim gap, gap mieng thit len roi bung mieng thit xuong, ho lam nhu vay noi go ma toi.

Vai ngay qua toi bi tan cong duoi dang keo len de lam gian no noi da con toi, toi qua ho da tan cong vao da con toi nhu the do, toi thay dau nhieu nen toi lay hop thiec de che da con toi lai.

Phiem Nguyen
February 8, 2008

119

Dieu l'Univers et Je

Le Journal de Phiem # 1

Freface

Cher lecteur,

Je devrais attendre les choses seront absorbées que je sera totalement détruit sous la mission d'équipe d'exécution secrète. J'ai transféré à ma maison si j'étais occupé, spécialement j'ai pensé qu'ils ont été complétés mon corps de côté gauche, mon droit corps de côté s'ils continuent ce seront le procédé pareil qu'ils ont fait à mon corps de côté gauche. Mais récemment dans les fin de mois de l'année 2007 ils ont essayé de me transformer en l'homme et avant ca qu'ils ont essayé de changer ma voix dans la voix gai, alors lesbienne, j'étais résent, cela était la raison a fait le piston pour moi préparer ce journal pour publier à l'avertissement au monde que je n'accepte pas cette notion. Ils m'ont montré les chose terribles qu'ils sont anxieuses pour fair ce qu'ils sont projetés de gagner.

Dans ce journal il y a les mots et les actions sont répété de tous les jours comme l'hôpital ce perdra intéressé pendant lecture, ce livre n'a pas été écrit une fantaisie sujet, le journal est le document, ce sera utile faire recherche, histoire, examine, lecteur peut gagner l'idée comment le monde sera en forme à l'avenir, paisible ou dangereux monde.

Je me suis demandé, qui ils sont?
Je ne sais pas.
La seule chose que j'ai pensée:
Ils sont des réseaux.
Ils sont puissants.
Ils sont riches.
Ils pourraient acheter n'importe quoi, n'importe que celui.
Ils se déplacent le long ou et quand je me déplace.

Ils sont toujours derrière mon dos.
Ils pourraient être des témoins.
Ils pourraient être des protecteurs.
Ils pourraient être saboteurs.
Ils pourraient être mes ennemis.
Les expertises sauront qu'ils sont.
Qu'est-ce qu'ils veulent de moi?
Qu'est-ce que j'ai les fait?
Qui je suis?
Pourquoi je suis devenu leur cible?

M 'écriture? Mes livres ont été écrits comme le document. C'était l'entier vrai. Lire mes livres les auditoires et lecteurs comprendra le sujet j'ai noté comme mon journal.

Phiem
Le 26 Janvier, 2008

Je suis revenu USA 2004.

Ils étaient d'USA qui me suivaient à Viet Nam alors ils me suivaient à render USA.

J'ai perdu mon journal 2003 à 2005 de l'ouragan dc Katrina, je ne pourrais pas me tenir de la date, je viens de noter en bas les choses ils m'ont fait.

Dans Viet Nam je mangais la sauce de poisson, je pourrais sentir le popup dans mon corps. Une fois le jour je réexamine ma leçon, je pourrais sentir le coup de force à ma tête et derrière ma tête au cou, j'avais gardé le fonctionnement, un jour plus tard le procédé avait répété.

En USA

J'avais habité dans la Nouvelle-orléans.

Quand je me suis tenu à ma cuisine, je pourrais me sentir que le retire à ma pommette, à ma bouche, à mes joues plus basses, je pourrais sentir le coup à ma tête, ca me faisat paralysé dans les secondes. Quand j'ai assis à ma table dans ma salle pour faire sur mon ordinateur, je pourrais sentir le coup sur ma tête. J'avais entendu le bruit sur ma maison toit et hors de ma salle. J'etais venu hors de ma maison pour regarder ce qui se passe. Je n'avais rien vu sur le toit et hors de ma maison. Une jour j'avais vu le petit grossi sac à mon sourcil, j'avais vu que mes paupières changeaient aux paupières de saggy, j'avais vu que mes pommettes ont grandi plus haut, j'avais vu mes deux joues (sous la pommette) ont été changé dans les joues de sagging, j'avais vu que les pommettes ont grandi plus haut, j'avais vu mes deux joues plus de saggy.

À ce moment-là mes deux joues étaient de resserrer des muscles. Mes deux cuisses resserraient des muscles, les muscles athlétiques, mon corps entier, ma face, mes mains étaient jeunes aussi.

J'avais habité en El Paso

C'était la première fois j'avais mon rêve normal puisque 1993 ou 1994 j'avait habité en Austin. J'avais remarqué mon rêve a été privé, le contrôle rêve ou je rêve du rêve artificiel.

J'avais senti des fumées et je devais couvrir mon nez avec le tissu. J'avais vu que le pot qui fumant etait fait ressortir d'apt à côté mon apt. La force avait commencé le coup à mon corps alors je me déplaçais.

La fonction de cerveau peut guérir et il peut régler aussi le corps entier. L'implante de cellules ou tissu dans corps, ceci pourrait être vivant et croissant procédé dans corps. Il lui pourrait transformer le physique corps et vieillir le même. L'injection ou chimique formule est pareil affecté.

Odeur

Cette odeur a fait effecte à corps comme le médicament. Ce pourrait être organique ou chimique et ainsi de suite.

J'avais habité en Irving

Une fois de jour j'avais été senti cuisinant nourriture alors j'avais vu ma peau tourner brun gris, ca faisait m'avait paru fatigue, alors c'avait une autre odeur qui tournait ma peau désastreux à ma peau normale.

L'arme d'énergie dirigée

J'ai pensé que j'était attaque par un coup de force parce que je n'avais senti rien toucher a mon corps ou sentir n'importe quel ordeur à ce moment-là, j'immédiatement avais été perdu tout mon énergie, j'étais si affamé, j'étais si fatigue et je ne pourrais rien à faire.

Entrer dans mon apt.

Ils pourraient entrer dans mon apt. quand je dormais parce que je d'habitude avais vu les points de injection sur ma face, à ma jambe et mes dents. Ma face a été tournée vieillir et ma peau ride, mes jambes ont grandi plus grand, mes dents étaient pein, ma mâchoire était inconfortable.

Le journal avec la date

Le 25 juillet, 2005

Ce soir je pourrais sentir le coup à mon poumon gauche dernierre, je le pourrais sentir le coup de force avoir la taille de mon doigt et tirrait et c'etait duré a ce place de 1 à 2 minutes, je le sentais pein mais après le coup, rien, j'etais nomal.

Le 27 juillet, 2005

Il y a des jours plus q'aujourd'hui j'ai vu le point rouge à mes pommettes. Alors il y avait plusieurs point rouges à mes pommettes à mon nez à cote à mes yeux et mon front aussi.

Le 10 août, 2005

Je pourrais sentir le coup à ma place de ovaires alors le droite c'etait le premièrement, je les sentais pein, je les frotte avec le chauffage de crème.
Hier soir je rêvais cela n'était pas mon rêve normal. C'était l'ordinateur, je me suis réveillé puis je pourrais détecter l'étrange en forme de choses a été change de mon habitude, j'agis différemment que j'avais l'habitude, j'avais perdu ma façon de gaieté, je sentais avec raz le bowl dans mon esprit.
Ils ont fait le coup de force tirent à mes jambes.
Je pourrais sentir le coup à mon cou derrière ma tête.

Le 12 août, 2005

Je pourrais sentir le coup à ma tête à mon cou, il y a la taille de tasse en form de caresse appuyée quand je priais pour mon fils.

Le 22 septembre, 2005

J'avais vu 4 points rouges sur ma jambe droite et un point rouge sur ma jambe gauche.

Le 28 septembre, 2005

A traverse par le mur je pourrais sentir le coup de force tirait à ma joue.

Le 30 septembre, 2005

Aujourd'hui j'avais vu que ma joue a été grossie. Ils faisaient quelque chose sur ma tête, je pourrais la sentir effecte à mes pieds, j'avais mal de tête pour toute la nuit.

Le 03 octobre, 2005

Le coup de force tirait à mon gauche oreille où peu de jours il y a le coup faisait drôle comme quelque chose ennuyant moi. Le coup de force à mon gauche joue et à mon gauche oreille. Je ne pourrais pas sentir ce place où c'était le coup attaquait.

Le 04 octobre, 2005

Hier j'avais vu le mince ficelle (blanc et petit comme mes cheveux) stickait à ma paupière, j'avais essayé le prendre hors mais je ne le pourrais pas.

Le 06 octobre, 2005

Aujourd'hui j'avais vu que la petite ficelle au milieu de ma paupière c'était exactement l'autre.
Le coup de force tirait à ma femelle, je la sentais pein et mes veins aussi.

Le 07 octobre, 2005

Quand je prends douche, je pourrais sentir l'attaqué de Laser ou un genre de force à ma tête.

Le 12 octobre, 2005

Je pourrait sentir le coup de force à ma tete ce place regle human inconscien.

Le 19 octobre, 2005

Quand je me suis tenu à l'évier de cuisine pour faire lave-vaisselles, je pourrais sentir la chose à mon os près de milieu de ma côté plante.
J'avais vu le point rouge d'épingle à mon gauche pied, il y a peu de jours.
Je pourrais sentir le coup à ma droite cuisse alors il a affecté mon os en bas à mon genou.

Le 20 octobre, 2005

Je pourrais sentir le coup de force à ma tête dernierre au cou gauche alors je la sentais blunt et atténue, mon os de genou etait pein.

Le 21 octobre, 2005

Après déjeuner j'ai d'habitude fair des plats à la cuisine, je pourrait sentir le paquet de rayon (Laser ou magnétique électronique vague) agitait à mon estomac.

Le 22 octobre, 2005

Je pourrait sentir le coup de force frapper mes jambes et le supérieur derrière ma taille. C'était affecté au nerve à mon plante au centre sous mes pieds.

Le 23 octobre, 2005

Je rêvais avec l'apprentissage que je l'avais fait et compris précisément, je me suis réveillé puis j'avais dormi encore alors j'ai rêvé le cauchemar avec le problème stupide qui résolvant je l'avais, j'étais reveille a ce point avec le mal de tête pour presque le jour entier.

Le 25 octobre, 2005

Je pourrais sentir quelque chose étranger à mon oreille jusqu'à mon front, j'avais mal de tête plus tard.

Le 27 octobre, 2005

Je pourrais sentir le coup de force à mes jambes.
Je pourrais sentir le coup à ma bouche au côté de droit.

Le 28 octobre. 2005

J'avais vu que ma cuisse gauche avait été grossie.

Le 30 octobre, 2005

Le coup de force etait frappe à ma jambe, je sentais que ma jambe gauche pein à l'intérieur à mon genou.

Le 31 octobre, 2005

Je pourrais sentir le coup de force assaut sur ma tête, derrière ma tête à mon droit et gauch cou. Je sentais fatigue, je ne pourais pas contenu mon physique.

Le 1 novembre, 2005

Aujourd'hui j'avais vu deux sombre points épingle sur ma centre sur lèvre. Ce matin je me suis reveille, j'avais un mal de tête. J'avais su difficile problem, c'étais dur pour moi concentrer pour se tenir mon fils d'image dans mon esprit afin de prier pour lui.

Le 2 novembre, 2005

J'ai senti organique l'ail puis odeur des plats de cuisine de ragoût qui a fait quelque chose je pourrais sentir que ma expansion de cerveau.
Le coup de force derrière ma tête, la force tirait à mes jambes, le coup de force à mon intestin gauche, je le sentais pein.

Le 03 novembre, 2005

C'était l'odeur de porc de rôti organique.

Le 05 novembre, 2005

Quelqu'un celui pourrait être entre dans mon apt. quand je dormais mais ils sont venus dans mon apt. du toit ou souterrain, ce n'était pas de la porte.

Le 09 novembre, 2005

Ce matin je me suis réveillé, je sentais pein à mon point acne en forme sur ma joue, j'ai utilisé l'alcool pour le laver. Mes cuisses athlétiques aujourd'hui j'avais vu qu'elles étaient plus grandi et elles avait gras gouges.

Le 10 novembre, 2005

J'avais vu le cercle grand comme mon doigt à mon oeil, c'était violet couleur, j'avais vu mon entier oeil et ma sous paupiere etaient dans sombre brun violet.
Le coup de force à ma tête, mon cou, mes jambes, et mon corps.

Le 16 novembre, 2005

J'avais entendu le bruit à ma cuisine, j'etais si peur je veux me réveiller pour la nuit entière mais j'avais dormi et je me suis réveillé à 6:00 heures du matin.

Le 21 novembre, 2005

J'avais vu le point rouge à ma côté droite de bouche 2 jours il y a. J'avais vu le tailler à côté gauche de ma bouche.

Le 27 novembre, 2005

J'avais vu le point rouge à côté ma droite ligne de déchirure d'oeil, peu de jours il y a. Jav'ais vu le point rouge à côté gauche de ma joue.

Le 30 novembre, 2005

Organique oriental cuisine, c'etait différent de type séché. C'avait affecté d'organe coeur et nasale, poumons.

Le 01 décembre, 2005

C'est je pourrais dire que l'est venu hors le rêve de quelqu'un parce que je n'ai jamais vu dans ma vie les corps de femme avec le tatouage.
Ce soir le coup de force tirait à ma tête de côté gauche, il y a peu de jours le coup de force tirait à mon droit os d'oeil.

Le 05 décembre, 2005

Le gaz, je suis réveillé j'avais mal de tête, j'avais pris deux tables de Tylenol.
Peu de jours il y a j'avais vu la trace d'aiguille injectée sous ma peau de joue gauche.

Le 07 décembre, 2005

J'avais vu que le point rouge à mon front proche à mon oeil gauche.
J'avais rêvé le jour de ruine.

Le 9 décembre, 2005

Le coup de force tirait a ma joue, ma tete, mes bras, mes jambes, et mon estomac.

Le 11 décembre, 2005

Je pourrait sentir Magnetic vague circulaire à ma tête au devant et le dos aussi, c'avait affecté à ma concentration et mené à l'émotion quand je lisais et écoutais.

Le 12 décembre, 2005

J'ai vu la trace de coupure à ma bonne cheville de côté.

Le 13 décembre, 2005

Le coup fe force à ma cuisse.

Le 14 décembre, 2005

Le coup de force à ma tête, c'était affecté ma veine, mon part sous le bras, c'etait physique affecté. Mental.

Le 16 décembre, 2005

C'est venu hors le rêve, j'étais dans le comportement de malicious dans ce rêve. Je veux expliquer comment ce traitait. Premièrement j'avais rêvé avec mon subconscien alors je me suis réveillé, cela est mon caractère. Alors j'etais retourné dormir encore, en ce moment je rêvais artificiel rêve avec la façon ils règle dans le fragment ou quelque chose de psychologie.

Le 22 décembre, 2005

Je pourrait sentir la force sur ma tête, jambes, subordinate abdomen, rein, dos, intestin, et estomac.

Le 25 décembre, 2005

La musique pourrait guérir et la musique pourrait changer ou affecter l'activité la mentalité.

Le 26 décembre, 2005

Hier soir je me suis réveillé mais j'étais dans dormir, j'avais entendu la voix mâle et females qui riraient, marchaient, et couraient hors de mon apt.

Le 29 décembre, 2005

J'avais su d'epingle point c'etait injecté sous ma peau de joue gauche

Le 31 décembre, 2005

C'etait venu hors le rêve de la vie qui prend plaisir aucun de limite (je ne sais pas le mot correctement cette notion).

Le 04 janvier, 2006

Je sentais etre inconfortable sous mon d'oeil a côté droit. J'avais vu la ligne et point rouge à cet endroit.

Le 05 janvier, 2006

J'avais vu le point rouge à mon doigt comme le point en forme analyse de sang.

Le 08 janvier, 2006

J'allais à Monterey, le Mexique

Le 11 janvier, 2006

J'etais revenu Irving, USA que j'etais déplacé hors mon apt. je tenais loue l'autre apt. en Irving aussi, j'avais changé l'adresse.

Le 22 janvier, 2006

L'équipe de secret se déplaçait le long d'où et quand je me déplaçais.

Le 24 janvier, 2006

C'etait venu hors le rêve, c'etait le rêve de sexe, c'etait mon fiancé quand j'etait jeunne fille, il ne tenait jamais mes mains pour le deuxième fois, ne pas penser de notre sexe, demander lui pour savoir la vérité.

Le 26 janvier, 2006

Je rêvais que j'ai mangé avec la façon que j'étais si affamé, j'ai gardé la nourriture et met dans ma bouche, j'ai mangé beaucoup. Mon esprit inconscien a dirigé ma habitude qui mange ce soir. Dans éveillé j'ai mangé comme j'ai mangé dans le rêve.

Le 06 février, 2006

L'action secrète a exécutée sur mon corps par une équipe alors une autre équipe a déchargé l'action affectée sur mon corps secrètement aussi.

Le 07 février, 2006

L'équipe secrète transférait à mon nouvel endroit, leur équipement commencaient activite. Je pourrais sentir le coup de force sur ma tête quand je lisais, premièrement je pourrais me sentir lourd de la pression à ma tête alors mon cerveau était dans plus bas de condition atténue, c'était dur pour moi étudier et comprendre.
Je pourrait sentir ma veine et mes nerve ont été irrité.

Le 10 février, 2006

J'avais vu la trace de coupure à ma pommette, j'avais vu que cette place était plus grandi et plus haut que la pommette à ma droit côté.

Le 12 février, 2006

Je pourrait sentir ma pommette côté de gauche étaient dans étrange sentiment et mes muscles à mon gauche côté face dans étrange sentiment aussi.
Il y a peu de jours ou semaine quand j'avais pris douche, je pourrais sentir le coup de force l'appuyer à mon estomac au gauche côté. C'était de 4 inches larger à travers et appuyé en bas à de 10 inches long, je pourais la sentir pein a ce moment la.

Ce temp jusqu'aujourd'hui j'avait expérience majeur de procédé comme muscle-vieillir, cerveau-vieillir et odeur vieillir aussi.

Nerve et cerveau pourrait être assaut qui mener à désordre et handicap et mort facilement.

Le 15 février, 2006

Apliquant Acupuncture paralyser nerve et muscles aussi et utilisation magnétique force qui sera paralyser ou domaine étude, lecture, et prier aussi.

Le 17 février, 2006

J'avais vu les injectés à ma droit côté et mes deux pommettes. La nuit j'étais réveille en haut dans les secondes pour savoir et se rappellais que ma jambe gauche était réagi par l'essai de nerf.

Le 18 février, 2006

J'ai vu que le petit cercle cabossé dans à mes deux joues mais ce n'étaient pas la place à l'épingle injectés.
La nuit j'était réveille en haut pour savoir et rappeler de force avait fait a ma soulève et augmenté mon estomac, je pourais sentir inconfortable estomac ou c'etait un de vexé, c'etait tenu en quelque munites, alors je suis retourné dormir encore.

Le 19 février, 2006

J'étais attaque à cerveau par le coup de force quand je lisais alors j'arrêtais la lecture parce que l'affection comme je l'avais décrit.

Le 20 février, 2006

J'etais réveillé il y a seulement peu de minutes et maintenant c'est 3:22 morning, c'était quelque chose ennuyant à dans mon gauche d'oreille, c'etait itchy que j'avais besoin d'utiliser de Q-Tip.
L'oreille intérieure c'est violente.
Quand j'habitais dans un autre apt. avant j'ai transféré à cet apt. Premièrement je le sentais que le coup de force avait irrité mon oreille gauche alors le grand coup de force tirait a mon oreille je pourrais mourir à ce moment-là. Ici dans ce nouvel apt. quand j'avais assis à la chaise de salon je pourrais me sentir que l'oreille gauche était attaqué comme itchy alors je le sentais drôle comme l'anesthésie de dentiste.

Le 21 février, 2006

J'ai vu que ma pommette avait grandi plus haut et l'os à l'oreille avait grandi plus haut aussi. J'avais vu le cercle vert comme de mon pouce à cet place. Je pourrait dire il y a quelque chose etait travaille, déplaçe ou fait action à ma joue.
Dans la salle de bain le coup d'épingle à mon droit dos derrière, le coup de force attaquait ma droit tête, derrière ma tête proche à mon cou.
Je n'avais pas senti le coup de force appuyiat ou tirait à mon estomac mais je sentais pein au mon droit estomac.

Le 22 février, 2006

Cet après-midi le coup de force à ma tête j'ai recu vertige à ce coup de moment.
Alors ce soir quand je me suis tenu à l'évier de cuisine pour faire des plats, je pourrais
remarquer le coup à ma tête et le coup à mon droite cuisse.

Le 23 février, 2006

Ce soir que j'etais tenu à l'évier de cuisine pour laver-veiselles le coup de force sur ma
tête, j'avais reçu vertige mais ce n'était pas beaucoup comme hier.
Aujourd'hui le coup de force frappait à ma cuisse gauche.
Hier nuit c'etait le rêve pour changer l'habitude le geste de manger.

Le 24 février, 2006

Hier soir quand je plaçais dans mon lit, le coup de force à mes deux cuisses alors je
élevais mes cuisses pour l'éviter. Plus tard je pourrais sentir la vibration à ma tête gauche,
à mon côté gauche de mon corps, à ma jambe gauche et à l'orteil. Je me suis endormi
quand je me suis réveillé 1:30 du matin. Je pourais sentir un petit vertige et mon pied etait
pein. Alors je suis levé et j'etais marché les muscles étaient l'exercice, cette douleur était
allée. Mon gauche oreille et ma gauche face etaient drôle.

Le 25 février, 2006

Après j'avais pris la douche je sentais pein à mon coeur, ma poitrine alors mon estomac.
Ce soir j'étudiais l'Allemand je le viens réexaminer parce que c' était depuis longtemps
que je n'avait pas d'hasard pour lire, je pourrais sentir le coup de force sur ma tête, mon
oreille gauche, j'avais recu étourdi et je ne pourrais pas concentrer pour comprendre que
je lisais, je ne pourrais pas étudier, je ne pourrais pas penser alors j'avais transféré à un
autre endroit, mon cerveau était repris dans le normal.

Le 27 février, 2006

Aujourd'hui quand je prends la douche je pourrais me sentir que le coup de force à ma
poitrine à mon coeur, c'etait pein de cette action. C'était mon corps inconfortable.
Le soir que j'avais assis à la table, je pourrais sentir la force frappait sur ma tête alors ce
menait mal de tête un peu. Alors cette force avait continuée à mes yeux puis in secondes
à gauche d'oeil et mon oreille gauche et part la gauch de côté alors j'étais dans la
concentration difficile, j'étais dans atténue, j'étais dans oublié situation.

Le 28 février, 2006

Je prends douche alors je pourrait sentir le coup à derrière mon droit tête au centre. C'est
le point de remède. Quand j'etais tenu à l'évier de cuisine, je pourrais sentir le coup de

force faire expansion pressure dans ma tête. J'avais recu mal de tête à ce moment, j'etais inconfortable.

Le 1 mars, 2006

Après lunchtime je faisais lave-vaisselles à la cuisine, je pourrais sentir la force de léger Magnetic vibration, après peu de minutes j'avais recu vertige et mal de tête, un peu de temp c'etait allé.
Ce soir quand je fais des plats je pourrais sentir que le paquet de Laser comme jet rayons était touche légère à ma tête à mon dos et sur mes épaules, ceci n'était pas fait la vertige.

Le 2 mars, 2006

Hier j'avais vu la trace de l'épingle injectée à ma droite pommette.
Ces jours que j'étais s'immense triste parce que ils m'ont fait empêcher sur ma lecture, je n'avais pas TeLevision, je n'avais pas l'ordinateur, je n'avais pas le journal, les seul livres que j'empruntais de la bibliothèque. J'asseois là-bas, j'ai beaucoup de chose j'ai besoin de faire mais je ne pourrais rien faire. Pour fair le temp ennuyeux je mangais, c'est la chose dangereuse à faire.

Le 3 mars, 2006

Ce matin que j'etais au lit je pourrais sentir lecoup de force à ma tête alors le coup à mon poumon, c'était pein.
Ce soir que j'avais assis au salon, je pourrais sentir la force attaquer à ma tête, ma tête gauche alors en bas à mon oreille à ma bouche gauche, c'était comme nerve et muscles; c'était drôle comme dentaire anesthésie.

Le 4 mars, 2006

Bascule ordre (Toggle command) j'avais cette expérience, le procédé plomb subconscien et conscien comme hypnotisme, dans le passé j'avais éte entendu ma propre voix alors suivais l'esprit mystérieux dirigé. J'ai entendu un jour les chansons chantaient de quelqu'un pendant mon rêve ou ce n'etait pas dans mon rêve, c'était alors en temp j'étais reveilli. C'était silencieux changer et abuser dans cet procédé exécutait au jumeaux léger consciens, celui qui nous a été affecté mais nous ne savons pas la raison.

Le 5 mars, 2006

J'avais remarqué le bascule l'ordre (Toggle Command), ils ont su leur ordre, ce n'était mon erreur, j'avais écrit poème Bascule l'Ordre pour cet hasard.

Le 6 mars, 2006

A la cuisine je pourrais sentir le coup de force à ma tête et mon front.

Le 8 mars, 2006

Il y a peu de jours j'avais vu le petit point à mon nez, je le sentais pein mais il pourrait réduire la nasale quand je marchais hors dans le temps froid. Hier j'avais vu le point blanc à ma bouche de côté gauche.

Le 9 mars, 2006

La nuit quand j'étais au lit, je pourrais sentir l'ennui de quelque chose à mon oreille gauche alors il y a l'appuyait pour trop long, je sentais drôle à mon oreille gauche, ma joue, j'etais venu au miroir pour regarder; j'avais vu que ma joue a été plus grossie que la droite.
Aujourd'hui j'avais vu que mes muscles de bras étaient saggy, j'avais découvert il y a quelques points blancs sur mes bras.

Le 10 mars, 2006

Aujourd'hui j'était D'ACCORD quand j'asseyais au salon, c'était rien n'avait attaqué a me lecture et écriture.

Le 11 mars, 2006

C'etait le rêve artificiel.
Je rappelais seulement du rêve que j'avais demandé la femme sur la coversation du téléphone.
Est-ce que votre mari vous a dit mon nom? Alors j'ai expliqué mon nom PHIEM.
Ell'était silencieux et coupe la conversation de téléphone.
C'était dirigé le rêve pour la chose qu'ils pourraient vouloir faire à m'a insulté de mon comportement. Parce que j'ai dit si je remarry, je prie à Dieu et choisir pour moi l'homme comme je prier à Dieu parce qu'ils me sont humilié, s'ils ne me faisaient pas humilier je ne priais pas à Dieu cela.

Le 16 mars, 2006

J'ai rêvé le jour de ruine.

Le 17 mars, 2006

Hier soir je pourrais sentir vibration de Magnétique à ma tete entiere mais c'etait pas fait le pein.
Ce matin quand j'etait réveillé au rêve, je rêvais j'allais à salle de bain et le physique avait fait en forme de traitement nous réveillaions, c'etait la deuxièm fois, le première fois quand j'avais habité en Austin 1993-1994 après ils ont envahi mon esprit inconscien.

Le 18 mars, 2006

Hier je pourrais sentir le coup à mon droit bras. C'était toujour à mon bras gauche, mes deux jambes, mon estomac, mon corps entier.
Je pourrait sentir le déménagement ou travaillant procédé dans ma bouche gauche comme blanch sang cell basculaient dans nos corps.
Le coup de force attaquait à mon gauche oreille et mon gauche face quand j'asseyait à salon, c'etaient grandi et haut.

Le 19 mars, 2006

J'avais assis au salon pour lire et faire mon travail alors la force attaquait à ma tête, j'avais cette expérience d'avant, c'etait atténue et Etourdi.

Le 20 mars. 2006

J'avais vu l'os de ma face et la pommette à ma côté gauche etaient grandi haut et grand. Je ne pourrais pas lire ou pourrais étudier parce qu'ils ont attaqué à fair me empêcher, pour fair me le cesser.

Le 24 mars, 2006

Peu de jours il y a jusqu'à maintenant j'avais assis à mon salon, ils ennuyait a mon oreille, ma gauche tête, je ne pourrait pas continuer lecture ou étude, je les cessais parce que ma tête etait atténue, vertige, dommages.

Le 26 mars, 2006

Aujourd'hui je peux déterminer qu'ils ont fait le procédé d'étude de cerveau alors procédé d'abus de cerveau, prive de cerveau, après ce sera le d'homicide de cerveau.

Le 28 mars, 2006

Aujourd'hui je pourrais sentir que mes dents pein après le coup de ma tête. Je pourrais sentir les nerve de ma tête, mon front, mon sourcil à côté de gauche. Peu de jours il y a je pourrais sentir le coup de force à mon temple (tempo) gauche, je le pourrais sentir pein.

Le 29 mars, 2006

Quand j'étais au lit de me reposer je pourrais sentir le coup de force attaquait à ma joue gauche et en bas à mon menton à mon oreille, je pourrais sentir ce qu'il m'ennuyant comme c'était grossi, je suis venu le regardais du miroir; j'ai vu qu'elle a été grossi et saggy.

Le 30 mars, 2006

J'avais vu le rouge point à mon sourcil, mon sourcil avais grandi haut et grand.

Le 1 avril, 2006

Hier soir le rêve d'invasion de sexe, ils volaient l'émotion alors plombait au sexe, de ce
subconscien à la fonction physique. Je le peux calculer hors qu'il avaient été dirigé et le
résultat sera. La victime était domaine sur le conscien, il emmagasinera dans son
conscien ou son subconscien. C'est le mentalite affecté à vie.
Aujourd'hui je pourrais sentir l'agitation de force sur ma droite tête.

Le 3 avril, 2006

J'avais vu le ficell blanc a ma bouche de cote gauche (ils les inseraient), j'avais vu
plusiers points blanc a mes bras et trois points blancs a mon estomac.
Quand je lisais, je pourrais sentir que la force m'ennuie à ma tête, j'avais mal de tête
j'avais atténuer, lourd, je ne pourrais pas continuer, je le cessais.

Le 9 avril, 2006

C'est le rêve dartificiel. Ils faisaient retourner mon d'habitude de manger à mon
d'habitude normal. Mon l'habitude de manger a été changée mais ce n'était pas me fait
l'attention évidemment. Quand je l'avais remarqué, j'avais projeté fait le pire autant que je
pourrais mon mauvais mangeant habitude parce que j'avais pensé mon mauvais mangeant
habitude n'endommage pas lui inclut moi, quand je dîner avec Roi ou Reine d'Europe je
dois faire attention mon mangeant geste.
Je dois concerne sur d'autre chose comme mon humain, mon dignity et ma vie.

Le 10 avril, 2006

Quelque chose faisait mal au milieu de mon dos a côté droit, c'était comme epuissement
muscles et veine, c'etait arrivé quand je prendais la douche.
Ce soir je pourrais sentir le coup de force à mon droit d'oreille.

Le 11 avril, 2006

Ce soir quand je lisais, je pourrais sentir le contrôle de force sur ma tête, je ne pourrais
pas continuer, j'avais recu vertige, mal de tête, lourd, je ne pourrais pas penser, je ne
pourrais pas la lecture.
Pendant ce temps je sentir pein à ma poitrine, à mon coeur alors en bas à ma jambe,
j'etais déplacé un autre endroit dans mon apt. Alors la pein a été allée apres peu de
minutes.

Le 12 avril, 2006

J'avais vu que la ligne etait élevée à mon nez de côté gauche, c'était comme quelque
chose avait injecté sous la peau, il a taille de toothpick et de 21/2inches long mais je ne
pourrais pas voir la trace d'épingle.
Quand je prends la douche je pourrais sentir le coup à ma femelle au droit côté.

Ce soir quand je lisais je pourrais sentir la force attaquait à ma tête, je ne pourrais pas continuer, l'affecter était pareil comme j'ai décrit avant, sabotage!

La nuit dans mon lit la force etait attaquée à mon front, à mes yeux, à mon Coeur, c'était si pein mais je ne l'évitais pas, je sentais fatigue, c'était pein.

Le 13 avril, 2006

Ce matin je pourrais sentir la traction de force faisait en haut à mon subordinate abdomen. Ce matin quand je me suis réveillé, ma poitrine était pein quand même dans la condition je priais murmure.

Le 15 avril, 2006

J'avais vu les deux côtés de mon nez que la peau etait découler.

Hier soir je pourrais sentir le coup à mon ovarai (l'endroit entre hanche et subordinate abdomen), c'était si pein comme le jour j'attendais autobus après j'avais acheté pots pour mes plantes.

Aujourd'hui je pourrais sentir le coup au centre de ma poitrine du cou à la moelle portée. Ils faisaient pour former mon os de mon front de côté gauche c'était plus haut et ma joue à l'oreille aussi.

La pein hier à ma tête c'était allée.

J'avais vu mes muscles d'estomac étaient élevés; mon estomac a été ressemblé à athletique corps l'estomac.

Le 17 avril, 2006

Quand je fais des plats ce soir, je pourrais sentir que le coup de force tirait à mon droit dos à centre puis je sentais muscles prend resserre.

Ce soir quand je lisais, la force etait attaquée à ma tête, je le sentais appuyer de pression en bas dans ma tête, je sentais fatigue, mal de tête, alors je ne pourrais pas lire, puis je pourrais sentir le coup de force agitait sur ma tête gauche, ca faisait m'avais oublié que je lisais, je le cessais.

Le 18 avril, 2006

Hier nuit le rêve d'artificiel sexe etaient dirigé par professionnel construire, c'etait affecté mon activité de corps physique dans mon reve, c'est à dire que Profesionnel ont singnifie chosi mon normal sexe avec mon ex-mari de mon inconscien esprit alors ils ont les melangais artificiel rêve.

Ce soir quand je fair des plats, je pourrait sentir le coup à ma fesse et mon hanche aussi alors je pourrait sentir la pression resserre mes muscles à ma ceinture au dos, je sentais pein a cette place puis traversait en bas à ma entiere gauch jambe.

Quand j'ai brossé mes dents mon dos était épuisé.

Le 19 avril, 2006

Hier nuit je m'essayais réveiller parce que j'ai peur de quelque chose qu'ils pourraient faire pour envahir ou régler mon esprit inconscien quand j'étais dans dormir. Je m'avai si essayé mais alors j'avais senti l'odeur de nourriture alors je tombais endormi, j'avais essayé de me réveiller plusieurs fois alors j'etais en dormir, j'avais

beaucoup de rêves et je me suis réveillé à chaque rêve pour se rattraper a mon conscien et assez à l'a entendu quand les voix enchantées s'écrient alors je suis retourné dormir puis j'avais un autre rêve jusqu' au lever du soleil.

Mon dos se sent mieux avec la crème de chaleur.

Je fair des plats la routine quotidienne à l'évier de cuisine alors je sentais pein sévère à ma gauche main, je sentais pein à ma poitrine, mon coeur.

Ce soir j'avais senti fumer.

Aujourd'hui j'avais vu le cabossé place à ma droite joue, ca tournait sombre peau plus que ma peau, peu de jours ou semaine il y a je sentais ma peau à ce place comme sableux sentais à mon doigt mais je n'a pas su ce que c'était.

Aujourd'hui j'avais vu la trace d'épingle et quelques sorts etaient utilise, j'avais vu c'était la taille de fil et était implanté dans ma face et mon corps peut être.

Le 20 avril, 2006

Je fais des plats après le déjeuner, je sentais pein à ma droite cuisse et c'était pareil comme ma cuisse de gauche hier quand je prendrais la douche.

Ma jambe gauche alors mon bras gauche étaient pein mais je ne pourrais pas sentir de coup de force ou vibration attaquait à mon corps ou odeur la même.

Mon dos et mon gauche bras etaient pein encore.

Cet après-midi quand j'avais assis à ma chaise de salon, je pourrais sentir le petit coup de force à mon droit bras, je pourrais sentir itchy dans ma droite oreille alors le coup de force attaquait sur ma tête, ce n'etait pas robuste tire puis le coup tirait en bas à mon droit cou.

Je pourrais sentir quelque chose à ma tête alors je pourrais sentir que quelque chose est allé dans mon nez comme un nettoyeur exécutait alors la vague de Macgnetic force, c'etait affecté les nerve de sensation, bien sûr je l'avais empêché, puis j'avais l'appel téléphonique de la personne inconnue.

J'avais assis au divan, je pourrais me sentir pein à mon poumon, je me suis levé et marché à un autre endroit, c'était allé.

Ce soir est venu j'avais assis à la chaise de salon je pourrais sentir le coup de foce à mon gauche bras, je pourrais sentir irrite à mon oreille alors je sentais quelque chose dans ma tête comme mal de tête, atténuer puis mes nerve de sensation ont été affectés. Alors j'ai marché éloigné de cette chaise de salon, mes nerve étaient sans attaquer, je l'avais essayé encore mais c'avait pas été revenu. Alors j'etais marché à la chaise de salon et j'etais assis là-bas et écrirais cette note, mes nerve de sensation étaient revenus apres l'assaut de ma tête.

Le 21 avril, 2006

Ce matin j'avais vu la trace cercle de ma taille doigt à mon front, il a eu l'air de l'appuyant sur peau pour essayer ou sous l'essai de peau.

J'ai vu aussi le point rouge à ma joue gauche.
Quand je fais des plats je pourrais sentir le coup de force à mon coeur peu de minutes, c'était pein un peu alors c'était normal, il semble l'émotion de corps etait neutralisée.

Le 22 avril, 2006

Le procédé de Telepathy a fait premièrement l'attention, c'était la musique, le bruit, la vue, et penser alors c'était l'hypnotisme, il a été utilisé pour envahir de l'esprit de gens pour mener la victime pour communiquer, faire ce que la victime a connu bien que c'était bon faire. Ils ont essayé pour mener victime alors jusqu'à ce qu'ils ordonnent la victime dans leur conversation de telepathy ou ont pensé. La victime n'était pas consciente de cause sentiment, l'émotion et ainsi de suite. J'avais d'habitude la défendais en disant et pensant l'attire à l'envers des sujets

Le 23 avril, 2006

J'avais vu le cercle comme la taille de mon doigt à ma joue gauche qu'il a ressemblée à peau essayer.
Mon subordonate abdomen était élevé, je le sentais endommagé, je pourrais me sentir qu'ils le tirent en haut ou hors tant de temps quand je plaçais au lit, la première fois ils le tirent en haut ou hors je devais aller à la salle de bain parce que c'était hors avec cette force.

Le 24 avril, 2006

De l'après-midi je pourrais sentir que le tournevis sur ma tête de côté gauche et c'était sous pression en bas sentiment, l'émotion de sensation, pas le concentré pour lire, quand ils terminaient leur tournevis hors de ma tete gauche j'étais revenu normal dans la lecture. Ce soir quand je fais des plats je ne sentais pas la force de Laser ou vague de Magnetic mais c'était comme quelque chose sur ma tête, c'était affecté à mon corps, spécialement ma gauche jambe, nerve, vein, et les jointures aussi. Je pourrais me sentir atténue, le sentiment perdu, les nerve épuisés et vein à ma jambe gauche, et j'avais reçu étourdi un peu.

Le 25 avril, 2006

Hier j'avais touché le petit point à ma gauche dernierre tête à mon cou. Mon oreille et mon gauche sont été affecté par quelque chose ou par ce point. Quand j'avais assis au diner de table ils attaquaient sur ma tête j'avais la sensation pendant manger de nourriture, comme à la chaise de salon, puis je levais, je marchais éloigner de l'endroit me attaquait. C'etait que m'avais écrit le poème de Parapluie Or.

Le 26 avril, 2006

Au dejeunne que j'etais tenu à l'évier de cuisine je pourrais sentir que le coup de force attaquait à mes deux jambes.

L'après-midi j'avais senti fumer, nourriture odeur et quelque sort de odeur je le n'a pas su ce que c'était.

Quand je fais des plats dans la cuisine je pourrais sentir que quelque chose etait fait à mon estomac, c'était comme appuyer mais ce n'était pas dur comme j'avais cette expérience quand je prendrais la douche que je l'avais décrit avant.

Ma fesse était endommagée mais je n'ai pas su ce que c'était parce que je ne pourrais pas voir derrière mon dos.

Maintenant c'etait le minuit, j'avais fini à lire les nouvelles sur ma cell téléphone alors j'étais rendu compte j'étais libre de la force de sensation qui me abusait, j'etais l'aise, j'etais confortable.

Le 27 avril, 2006

Ce matin que je me suis réveillé 5:30 du matin avec le rêve artificicl, Ca faisait que je me reprocher seule la chose à la dernière minute du rêve.

Je sentais mes muscles d'estomac avaient endommagé comme l'estomac a vexé que j'avais décrit auparavant cétait allé, je sentais aussi mon cadre d'oreille gauche etait pein.

Le coup de force pénètrait par les murs, le plafond et hors de mon apt. ou c'était contrôle par les appareils sont installés dans mon apt.

J'avais vu mon gauche pommette et l'os de mon gauche joue à oreille ont été grandi haut, ce n'est pas ma face, je suis la détesté.

Mon estomac était endommage à moi, ce n'est pas mon estomac, je suis le détesté.

Pourquoi est-ce qu'ils essaient de déformer ma beauté, mon corps pour ce que raison?

Le 28 avril, 2006

Hier je sentais resserre à ma place de femelle.

Ce matin je me suis réveillé je me sens pénible à ma uteri place comme le temps de période, j'étais au lit je sentais que ma jambe gauche, ma cuisse gauche étaient dans la muscles épuisée, j'etais levé et exercise alors c'était l'aise pour moi.

Ce matin j'avais vu la trace d'épingle à ma pommette gauche et j'avais vu que mes deux joues ont été cabossées.

Ce soir quand j'ai brossé mes dents je pourrais me sentir que la jambe gauche était ternee, après j'ai marché un peu dans mon apt.c'était normal.

Le 29 avril, 2006

Ce soir j'avais assis au salon je pourrais sentir mon droit oreille était itchy et quelque chose etait fait à mon gauche oreille aussi. Je n'avais pas senti le coup de Laser ou vibration du Magnetic mais ma droite abaisse jambe au centre etait resserre muscles.

J'étais déplacé de la chaise de salon à la table de dîner je pourrais sentir que quelque chose etait fait sur ma tête, je continuais mon travail quand j'avais fini mon travail la force était sur ma droite tête, je sentais pein à cette place alors le coup de force attaquait à mes deux temples (tempos).

Le 30 avril, 2006

Hier soir j'étais au lit je pourrais remarquer le coup à mon côté gauche femelle, ell'était endommagé puis ce pein etait fini après heur ou demie heure.

Pendant la nuit quand je dormais, j'avais su que je n'étais pas dans réveille la situation mais ils etaient fait quelque chose pourrait me reproche qu'ils etaient fait à ma levre avec l'épingle de Laser, je ne la rêvais pas.

Pendant le temps de 1995-1999 j'avais habité dans la Nouvelle-orléans, je me suis tenu à mon évier de cuisine j'etais face à la fenêtre je pourrais sentir que la chose avait couru sur ma face, c'était comme l'épingle dessinait sur ma face, ma bouche. Je pourrais remarquer la force avait fait reculer moi et la force avais fait reculer ma face aussi comme la pratique de Tai Chi, c'etait arrivé plus que deux fois.

Ici je dois expliquer parce que les lecteurs ne comprendront pas ce que c'était. Selon le domaine de clairvoyance et fortuneteller déclare l'Astrologie, apparence, paume, et psychique sont inclus.

Apparence a indiqué: qui a la ligne du nez à l'hors de bouche forme l'hyperbole cette personne est célèbre, bon. Qui a la ligne du nez à l'hors de la bouche forme la ligne de courbe de zigzag et s'il a couru à la bouche, cette personne est mauvaise et mourir de faim, c'est la bouche de voleur.

Ils dessinent la ligne de courbe à ma bouche, quel on remarque depuis 1999.

Quand j'étais dans Austin 1993- 1994 ils enlèvent le point rouge au milieu de ma main, Paume déclare quelqu'un a le red point dans la main au center signifie que lui avait un aider. Quand j'avais vu le red point était allé, seulement le petit point vide a ce place dans ma main J'INQUIETAIT SI J'AVAIS SUPPOSE QUELQU'UN QUI M'AIDE , MA BENEDICTEUR FERA FACE A L'ENNUI ALORS PUIS JE PARLAIS A MOI QUE ILS DOIENT COMPRENDRE, LA VILLE EXISTE PREMIEREMENT, LA CARTE DIRIGERA NOUS A LA VILLE, NOUS DECHIRONS LA CARTE MAIS LA VILLE TOUJOUR EXISTE LA-BAS.

Après le déjeuner je fais des plats pourrais sentir le coup de force à mon corps, ma tête à mon poumon, mon dos, mon hanche, mes jambes, mes bras, je pourrais sentir pein a jointures aussi, jointures étaient pein mais c'etait réduit, j'avais un petit étourdi puis c'était allé.

Mon droit poumon était endommagé quand j'avais assis à mon divan, je levais j'avais marché ce pein était allée pour un court de temps. Au dîner je fais des plats je pourrais me sentir que mon bras gauche était frappé par la force alors c'était épuisé, je massagais mon muscles de bras alors ce pein était allée.

Le 1 mai, 2006

Je fais des plats ce soir je ne pourrais pas détecté un genre de force c'était mais c'etait affecté à ma tête je sentais petit étourdi.

Quand j'avais brossé mes dents ma fesse gauche était dans la veine etaient epuisee et ma jambe gauche était terne alors puis ma jambe gauche avait été frappée par la force, je sentais pein au milieu de ma cuisse alors la douleur étais allée après peu de minutes puis ma jambe n'était pas fort, j'etais marché pour exercise mes jambes, toute la douleur a été

143

allée. Quand j'avais assis au salon je pourrait sentir la force avait fait à ma tête et mon gauche oreille.

Le 2 mai, 2006

Aujourd'hui ma tête à mon oreille de côté gauche etait reduit m'ennuyant, c'était pein comme mal de tête quand je lisais. Ce soir quand j'ai brossé mes dents je pourrais sentir le coup de force à mon épaule et à mon droit bras.
Hier et aujourd'hui j'avais remarqué que mes lèvres étaient différentes. Ce n'était pas mes lèvres, ce n'était ma forme de bouche.
Ma peau de nez avait grandi dans la condition de peau rude.
Mes joues étaient dans les muscles de saggy.
Jusqu'à ce qu'aujourd'hui je dois écrire à ces phrases pour décrire ma face.
Mon front avait la rides.
Mes paupières ont été usées.
Ma pommette a été plus grandie haut spécialement le côté gauche.
Mon menton n'était pas dans la forme
Mon estomac est l'estomac d'athelique corps.
Mes cuisses étaient gros cuisses.
Je ne pourrais pas voir derrière mon dos si je n'ai pas su ce qu'a été arrivé à mon corps postérieur.

Mon mental

Ils ont attaqué mon inconscient esprit quand j'était dans l'entre conscien et inconscien. L'action d'invasion émotion envahie pour mener à sensible humain ne pourrait pas conscient de cela, la mansong.
Ils concentraient sur la notion de sexe, maltraitaient a sujet du sexe, ils ont su exactement que je les parlais.
Ils pourraient choisir qu'ils veulent du subconscien, ils pourraient entrer le sujet qu'ils ont voulus du subconscien à conscien et lui inverse. Ils pourraient implanter la microchip pour fonctionner et régler le corps physique et mental aussi.

Le 3 mai, 2006

Hier et aujourd'hui je pourrais sentir l'ennui de quelque chose à mes deux poumons alors ce soir je sentais l'aise.
Cet après-midi quand j'ai assis au divan je pourrais sentir pein à mon genou gauche et épuisé à ma droit épaule.
Alors dans le soir que j'avais assis à la chaise de salon pour lire j'avais senti quelque chose alors le coup de force à ma première tête, j'avais perdu la concentration et j'avais vu dans le miroir j'ai paru plus vieux, ai paru fatigue.

Le 4 mai, 2006

Cet après-midi je pourrais sentir quelque chose comme un genre d'irrite à mon gauche d'oreille alors je pourrais sentir l'expansion de mon gauche d'oreille et ma tete quand je lisais.
Je sentais sans l'ennui de mal de tête quand je lisais.

Le 5 mai, 2006

Hier soir c'était l'orage lourd, il peut causer le sensible électronique avait été endommagé. J'ai demandé à Dieu pourquoi ils toujours ont créé la chose malade à humilier, nuire, et abuser des gens et moi aussi.
J'etais lib ce matin de la force qui attaquait quand j'étais au lit.
Quand je fais des plats je pourrais sentir le coup de force à ma pommette gauche, ma pommette gauche a grandi plus grand. Quand j'avais assis à la chaise de salon je sentais endommagé à mon pied gauche, je sentais pein à ma jambe gauche, c'était quelque chose autrement je ne pourrais pas détecter le coup de force.

Le 6 mai, 2006

Hier nuit je me suis réveillé j'ai entendu des voix de femmes riaient dans le cours hors de mon apt.
Aujourd'hui quand j'avais assis à la table à lunchtime, je pourrais sentir quelque chose, la force avais fait à ma tête alors je sentais pein un peu à ma poitrine, mon coeur etait pein alors c'était allée.
Quand je fais des plats je pourrais sentir quelque chose à mon gauche joue et le coup de force à ma droit hanche.
Quand j'ai brossé mes dents j'avais vu la bouffée à ma joue gauche.

Le 7 mai, 2006

A lunchtime que j'avais assis à la table je ne pourrais pas sentir de coup de force à ma tête mais je le sentais avoir mal de tête à l'état nous avons fatigue et ne pourrions rien faire plus, j'avais marché éloigné de la table alors le mal de tête était allé, je revenais à la table et j'etais assis là-bas le mal de tête que j'avais reçu comme je le décrirais.
Quand je fais des plats je pourrais sentir le coup de force à mon droit dos à la ligne de ceinture.
Ce soir quand j'avais assis à la table ils activaient le coup à ma droite de côté de tête, premièrement c'est au milieu alors en bas à mon cou, je pourrais sentir pein un peu puis c'était allé.
Quand je fais des plats je n'avais pas su qu'ils avaient fait mais je pourrais sentir pein à mes bras, mes jointures, mes doigts, mon épaule gauche puis c'était après allée peu de minutes.
J'avais vu que ma pommette gauche a grandi plus haut.
Hier nuit je m'avais essayé d'être réveille jusqu' à 5: 00 h du matin.

Le 9 mai, 2006

Ils avaient relâché mon nerve sexe de sensation qu'ils avaient réglés de ma tête avant hier. La force etait fait à mon droit postérieur cou comme l'un ils avaient fait à mon gauche postérieur cou le Mai 2005.

Quelque chose ennuie moi sur mon droit côté, droit oreille et cou, c'était même comme j'avais à mon gauche côté le Mai 2005. Récemment ils activaient quelque chose à ma tête je pourrais sentir avoir mal de tête comme un genre de fatigue ne pourrait rien faire plus. Chaqu'un avait pensé c'était la maladie! Il peut guérir mais il peut devenir le silencieusement meurtrier.

Hier ma face avait été moquée des gens qui m'a su et m'a vu d'avant parce que ma face gauche avait été grossie et avait été grandie plus haut que le droit côté.

Ils activaient quelque chose à ma tête qu'avaient affecté à mon cerveau le résultat etait le numéro et difficile pour lire. Récemment, je craignais qu'ils avaient voulu me nuire, tuer, humilier pendant le jour et nuit par le corps physique, l'esprit de subconscient et même par les germes et chimique aussi.

Le 10 mai, 2006

Après je prends douche j'avais vu le rouge point à mon gauche côté, c'était sur le point blanc place.

Ce soir quand j'avais assis à ma chaise de salon je pourrais sentir la pein a la place entre l'hanche et subordinate l'abdomen peu de minutes. Je sentais quelque chose avait fait à mon gauche tête au domaine pour discours alors à la droite au domain de numéro. Je pourrais sentir quelque chose avait fait à mon gauche postérieur cou, je sentais fatigue pour lire, et je le cessais mais j'avais pensé que j'avais fait beaucoup de travail aujourd'hui si j'étais fatigue.

Le 11 mai, 2006

Récemment je craignais coucher la nuit, je craignais lire aussi parce que je n'a pas su ce qu'ils ont essayé faire à mon cerveau, mon subconscien et mon conscien.

Hier nuit j'avais un rêve que j'étais soigneusement choisi le mot de parler hors je me suis réveillé à ce moment-là assez pour moi se le reprochais puis je suis retourné dormir encore alors je rêvais un autre rêve. Cette fois c'était la conversation entre le groupe de politique pour Viet Nam alors ce tournait disputer, un homme perdait le contrôle, il utilisait la langue d'insulte, j'étais si fâché, je lui avais dit le communism, je me suis réveillé alors j'étais retourné dormir encore.

Ce matin que j'avais assis à la chaise de salon la force avait fait à ma côté gauche tête je pourrais sentir quelque chose comme pression lourde en bas domaine ma tête, c'était inconfortable alors peu d'heures plus tard j'avais le déjeuner à la table, ma tête avais été tournée normal. Je n'avais pas su que ma tête avait tourné soutenir normal lui-même ou j'avais transféré à un autre endroit hors de cette force.

Dans le soir j'avais assis au salon pour lire, je premièrement avais senti parfum alors ils pourraient faire quelque chose à ma tête je pourrais sentir pein à ma tête et mon dos de gauche côté alors le coup de force avait fait à ma droite tête je sentais étourdi, j'etais éloigné de salon, ma vertige était allé. J'etais revenu la chaise pour continuer la lecture je pourrais sentir le coup de force à mon posterieuse cou de côté gauche j'avais recu le mal de tête puis les nerve à ma lèvre supérieure et l'oreille de gauche de côté etait tire en haut, mon coeur etait pein un peu, je le sentais fatigue.

Le 12 mai, 2006

Hier soir après j'avais fini ma lecture je me couchais, je déposais sur mon lit alors j'avais remarqué le coup de force à mon intestin gauche côté ils continuaient pour les heures parce que je veux savoir ce qu'il y a heurs long ils réussiraient alors ils se cesseraient faire cela. C'était si pein pour moi, pendant ce temps ils triggaient à mon gauche oeil pour secondes ou minute, la force a mon gauche genou ce faisait pein et la force à mon droit cuisse aussi. Après j'étais si fatigue à cette position j'avais commencé à tourner mon corps à la droite alors je tombais dans mon dormir. J'avais un rêve la guerre du temps de Viet Nam et il confondait à aujourd'hui guerre, le bruit hors composait à mon rêve, j'avais pensé j'achetais peut nourriture pour cas d'urgent alors le bruyant bruit et marchers des gens dans le cours hors c'étaient bombes dans mon rêve mais il aussi m'etait reveille, j'etait réveillé, j'etais su le pénible j'ai reçu avant de dormant maintenant c'était allé. Je l'avais observé mais ce n'avais pas de trace dessus.

Le 13 mai, 2006

D'au jour je n'ai pas su qu'ils ont fait à mon corps si j'avais voulu éviter leur coup autant que je pourrais. Je ne les permettes pas de faire n'importe quoi à ma droit tête cependant je pourrais sentir le coup à ma subordonate et la pein à mon droit genou.
Hier nuit je crainais me coucher jusqu' 6 h du matin, j'avais pris somme cet après-midi je pourrais sentir le coup à ma tête, mon oreille et mon postérieur cou de gauche cote.
J'étais l'aise pour mon unbalance, pas le sentiment, et la pein à ma tête gauche.
Maintenant c'etait le soir je sens mieux que dans le matin avec la pein, unbalance, pas sentiment à ma gauche tête et mon oreille gauche.

Le 14 mai, 2006

Hier nuit j'avais dormi bien et avais le rêve normal mais je l'avais oublié maintenant.
Ce matin comme j'avais dit que je dois couvrir mon estomac avec mon veston.
Je sentais pein à mon ongle d'orteil gauche, cette pein avait été allée après je faisais d'exercise.
L'odeur je n'avais pas su si c'était mystérieux ou pas, j'avais senti d'Ajax alors d'égout, d'urine et Lysol, ma peau était si séchée spécialement ma bouche gauche place.
Ce soir quand j'avais assis à la chaise de salon le coup de force à ma tête je sentais inconfortable, c'était pein mais ce n'était pas sévère comme peu de jours il y a.

Le 15 mai, 2006

Aujourd'hui j'avais vu le point à ma gauche côté sur lèvre et le point à mon gauche d'oreille.
Quand j'était dans salle de bain la force avait fait à ma fesse à la veine et os, c'était inconfortable pour ma promenade.

Le 16 mai, 2006

Aujourd'hui je pourrais marcher sans la douleur à mon droit genou, c'était une promenade longue, je le sentais heureux. Quand j'étais dans la salle de bain je pourrais sentir le coup de force à ma jambe gauche.

Le 17 mai, 2006

Dans la cuisine je pourrais sentir le coup de force avait fait à mon estomac, ma tête gauche et mon dos aussi.
Quand j'asseyais à la table à lunchtime je pourrais sentir la force avait fait à ma première tête.

Le 18 mai, 2006

Hier nuit j'appartenais à dormir jusqu'à c'etait 5:15 du matin, j'avais pensé j'avais essayé d'être réveille toute nuit.
J'avais vu le point rouge à ma pommette gauche.
Ce soir que j'asseyais à la chaise de salon je pourrais sentir odeur je ne sais pas ce que c'était, il pourrait être mené à dormir de condition. Je pourrais sentir quelque chose avait fait à ma tête gauche alors en bas à ma face gauche, la force avait été aussi exécutée à ma basse jambe, c'était pein et je pourrais voir marque cabossée sur la peau alors la pein était allée. La force avait fait à ma droite tête je sentais insensé, j'etais marché éloigner de cette chaise je sentais l'aise d'affecté le procédé.

Le 19 mai, 2006

Je ne pourrais pas résister dormir j'avais dormi si bien hier nuit.
Je pourrais sentir que la force faisait à ma tête quand j'avais assis à la table avoir la goute.
Ce soir quand j'avais assis à chaise de salon le coup de force à mes nerve, c'était affecté mes nerve sensibles à ma sein gauche, je pourrais sentir la chaleur à ce place, j'étais si fâché alors ils l'avaient arrêté.

Le 20 mai, 2006

Hier soir je sentais quelque chose à mon lit comme banane odeur alors tabac puis je sentais endormi alors je me suis réveillé 2 fois aller à la salle de bain. J'avais reçu quelque chose nerveux, sensation nerveux.
Ce soir j'étais revenu normal avec le bruit.
Ce soir que j'avais assis à la chaise de salon je pourrais sentir l'agitation de force sur ma droit tête.

Le 21 mai, 2006

Hier soir quand je plaçais au lit avant de dormant je pourrais sentir la force faisait attaque à ma tête alors j'avais le mal de tête une peu de temps alors c'était allé. Quand j'appartenais à dormir alors le hallucination que j'ai regardé le paysage du jardin, il roulait comme nous regardons le film, c'était la conjonction à quelque'un esprit inconscien. C'était l'esprit de quelque'un qui avait cette expérience de vue dans la vie, maintenant elle ou il était dans mon esprit inconscien. J'avais ouvert mes yeux que j'avais essayé réveiller et voulais sortir de cet écran.

Plus tard j'appartenais à dormir que je me réveillais aller la salle de bain alors je me retournais dormir encore. Je suis réveillé dans le matin et au lit je pourrait sentir la force avait fait à mon oreille au tempo alors à ma tête puis au mon front tout les deux, gauche, droite et le milieu du front.
Peu de jours il y a le coup de force à mon coeur, je le santais fatigue quand je me suis réveillé, et je sentais pein à mon coeur. Dans 10 jours d'aujourd'hui la force avait fait à mon corps gauche côté, ce n'était pas aise mon os et jointures, mon hanche, et ma jambe. Ces jours je pourrait sentir de quelque chose comme séché air, j'avais vu ma face regardé fatigue et un genre de séché tissus comme ils avaient manque d'oxygène.

Le 22 mai, 2006

Je crainais coucher parce que l'invasion de quelqu'un celui dominer ma subconscien et conscien quand je commençais dans mon dormir, je suis humain je ne pourrais pas résister nature alors j'etais couché à 3 A. M. ce matin, j'etais réveillé je sentais fatigue. Je me suis tenu à l'évier de cuisine à midi je pourrais sentir la chaleur à mon corps de côté gauche alors j'ai senti l'air séché. Je sentais l'agitation force executait à mon nez c'etait fait itchy.
Ma peau aux deux côtés de mon nez étaient un décolore peau et rides commencé sur mon nez.
Quand je prends la douche le coup de force à mon gauche main, c'était épuisé, ce soir que j'avais assis à la chaise de salon noterais ceci en ce journal, le pein était allée.
Ma tête ce n'était pas l'aise quand j'avais assis à la table le coup de force attaquait à ma tête c'etait affecte à mon coeur un peu de temps alors c'etait allé, la force avait fait à mon poumon aussi, je sentais pein un peu de temps alors c'etait allé.

Le 23 mai, 2006

Je pourrais sentir l'assaut de force à ma tête à mon front quand j'avais assis à ma chaise de salon pour lire, je sentais la sensation, ca m'ennuyait mon travail je ne pourrais pas concentrer dans ma lecture si je transfèrais à un autre endroit, j'avais été tourné de normal.
Mon coeur et mon souffle étaient revenu dans normal aujourd'hui, je n'avais pas su exactement mais j'avais cru que quelque chose faisait pour aider.
J'avais vu le point rouge à ma droit pommette et la trace d'épingle à mon nez, ces jours j'avais vu les points d'implante matériel ou tissu à ma gauche main et mon droit bras à mon coude.

Dans le soir que j'avais assis à la table je sentais pein à ma tête gauche alors je partais la chaise et je mettais au cote d'en face de ma chaise que je vienais de partir alors je sentais pein à ma droite sous la mâchoire, sous mon droit d' oreille.

Le 24 mai, 2006

Hier nuit je me réveillais à 2:00 du matin, j'allais à salle de bains alors j'avais vu mes pommettes étais grandi haut, c'était étrange forme, et c'était évidemment vu, j'avais remarqué quelqu'un marchait hors le côté mon apt. à ce moment-là, je me retournais dormir encore. Je suis réveillé dans le matin j'avais vu ma droite pommette a réduit haut à 50% mais c'était plus haut que ma original pommette, ce n'était pas ma face, ce n'était mes pommettes. Je n'avais pas su ce que c'était passe pendant mon dormir chaque nuit! Ce matin je sentais petite pein à mon coeur, je sentais pein a mes deux os de bras postérieurs.
J'avais vu à la fin de mon oeil gauche, c'avait été changée form, c'était plus pctit 30% que mon oeil, ce n'était pas mon oeil comme il résultait de coup de force qui frappait à la fin de mon oeil gauche trois fois, aujourd'hui j'avais vu mon oeil gauche en forme de changement comme cela.

Hier nuit je sentais que la force avait fait à mon estomac, premièrement c'était au centre de mon estomac alors traversait en bas à mon abdomen plus bas au blalder, c'etait pein d'estomac mais ce n'était sérieux et c'était comme un genre d'estomac vexé. Ces jours j'avais couvert mon estomac avec mon manteau, j'étais libre pour peu de jours attaquer avec ceux-ci force à mon estomac mais ils avaient été l'ajusté alors c'etait traversé mon manteau si j'avais placé mes mains à l'actif place je sentais rien arrivé à mes mains.

A lunchtime je fais des plats je sentais le coup de force à ma droite tête au cou, je me l'éloignais pour éviter.

Le 25 mai, 2006

Hier nuit j'avais essayé d'être la garde de nuit, je entendais quelqu'un avait parlé langue vietnamien l'oeil puis j'avais entendu les voix de gens parlaient hors de cours mon apt. j'appartienais à dormir normalement. Ce matin je me suis réveillé causé de la voix qui parlant hors de mon apt. Je sentais fatigue, j'etais levé, je sentais normal ce jour.
Ce matin quand j'étais au lit je sentais la force à mon estomac au vers principal muscles, je sentais petit pein en forme d'estomac vexe, je placais ma main protéger cet place, c'était si endommage à ma main je me levais. Après je fais d'exercise la pein était allée.
L'odeur, c'était de nourriture odeur mais ce pourrait être l'odeur chimique je devais boire le médicament d'estomac vexé.
Au dinnertime que j'avais assis à la table je sentais l'agitation force sur ma tête, l'affecte était allé 10 minutes plus ou moins.
Quand j'etait à la cuisine je pourrais sentir le coup de force à ma droit oreille.
A nuit quand j'avais assis à salon je pourrait sentir quelque chose avait fait à ma tête de gauche côté, mon gauche côté d'oreille en bas à mon cou, c'etait pression lourd et c'etait comme force tirer et petit pein je sentais aussi.

Le 26 mai, 2006

Aujourd'hui j'avais assis au divan lisais, je pourrais sentir quelque chose à ma tête, mon poumon et moderate coup à mon coeur. J'avais transféré à la table je pourrais sentir le coup sur ma tête, je sentais pein légère à mon coeur puis un peu plus tard c'etait allé. Dinnertime je fais des plats j'avais senti séché l'air encore alors je le sentais fatigue, j'avais bue l'eau.

Le 27 mai, 2006

J'avais dormi bien normal hier nuit que j'avais projeté d'être éveillé, j'etais réveillé au milieu de dormir aller salle de bain, j'avais vu ride à place entre mon nez et mes yeux, les lignes à ma bouche aussi puis je me retournais dormir encore.
Ce matin que je suis réveillé dans le condition que j'était dans l'hâte pour aller à la salle de bain, je le sentais étrange, je n'avais pas voulu aller, je plaçais au lit alors il réduisait cette condition. Quand j'étais au lit, je pourrais sentir le coup de force à mon coeur, mon estomac aussi. Je le sentais fatigue et une petite pein à mon estomac.
Quand j'étais dans la salle de bain, je pourrais sentir la cuisine orientale odeur, il avait été affecté mon estomac alors j'avais senti la fraîcheur d'odeur de Cerise, j'étais revenu normal.
Après dinnertime je suis allé à la salle de bain je pourrais sentir le paquet de rayon doucement coup à mon épaule postérieure à mes poumons, je le sentais rien.

Le 28 mai, 2006

Hier soir quand j'avais assis à la chaise de salon je pourrais sentir le coup sur ma tête, je pourrais sentir quelque chose dans ma tête droit côté au cou.
J'avais dormi normalement, je me suis réveillé au milieu de dormir, j'allais à la salle de bains, j'avais vu le point rouge sur mon front au centre de mes yeux, et j'avais vu le sang sur ma sous lèvre côté gauche.
Ce matin j'avais lavé hors le sang sur ma sur lèvre, j'avais vu c'était la trace de coupure à cette place sur ma lèvre.
 Quand j'avais assis à la table lisant nouvelles je pourrait sentir le doux force frappait à mes gauche doigts je sentais épuisé pour heures puis c'etait alle.
Cet après-midi que j'avais assis à la table je pourrais sentir la force à mon nez, c'était itchy mais c'était ne dérange pas mon attention, j'avais libre travailler avec ma leçon.
Le coup de force à mes yeux aussi.
Ce dinnertime j'avais commencé à manger alors je sentais un genre d'inquiet à centre de ma poitrine pour peu de minutes.

Le 29 mai, 2006

Je me suis réveillé au milieu de dormir j'allais la salle de bains j'avais vu que 2 points rouges sur ma droite et gauche joues. Aujourd'hui j'avais vu que le bulle de tissu grandir sur ce place avait été sanglant sur ma lèvre hier.

Le 30 mai, 2006

Hier soir j'avais assis à la chaise de salon je sentais mon genou et ma hanche pein, ma jambe gauche ne pourrais pas l'aise pour marcher.
A l'heure du coucher j'étais au lit je pourrais sentir l'épingle en forme au crayon dessinait la ligne à l'envers de parabola à mon genou.
Je suis réveillé le matin c'était pein à mon genou, je ne pourrais pas me lever sur ma jambe gauche confortable.
Au lunchtime je fais des plats je pourrais sentir que l'épingle de crayon comme dessinait hier soir à ma tête au côté gauche de la part derrière et le milieu de ma tête. Je pourrais sentir le coup de force ou laser frappait à mon corps aussi. Mon genou était soulagement mais ma hanche et cuisse n'étaient pas aise.
Aujourd'hui j'avais vu que ma lèvre était guérit, les tissus de bulle étaient aplati.

Le 31 mai, 2006

Aujourd'hui je sentais comfortable pour marcher, mon genou, ma hanche, et ma cuisse étaient revenus normal.
J'avais vu le point rouge à ma basse jambe.
Je me couchais tôt aujourd'hui quand j'étais au lit je pourrais sentir le coup de force à mon genou gauche je sentais pein puis j'étais dans dormir, je me suis réveillé dans le minuit, allais à la salle de bains. Je sentais pein a mon gauche pied, ma hanche, et mon genou. Je retournais a mon lit je pourrais sentir que la force avait fait à mon droit genou, je le sentais la chaleur vers mon genou, et pein aussi.

Le 1 juin 2006

Ce matin je sentais mon gauche pied, ma gauche hanche et mon droit genou commencaient pein aussi.
J'avais vu le grand point rouge à mon droit pommette.
J'avais des choses à faire aujourd'hui, j'etais marché, pris l'autobus c'était si dur pour moi.

Le 2 juin 2006

Hier nuit j'étais au lit je pourrais sentir que le coup à ma bass l'os de jambe, ce matin j'avais vu que le point gris à cette place, j'avais vu aussi le point rouge à ma bass de jambe.
Ce matin ma jambe gauche, ma hanche et mon genou c'etaient meilleur, mon droit genou etait petite pein. J'avais vu le point rouge à mon front gauche aux racines de cheveux c'était sur la place je sentais pein comme le mal de tête hier ou un autre jour mais aujourd'hui c'etait fini.
Je pourrais sentir que le coup d'agitation sur ma tête de droit côté en bas ma tête au cou.
J'avais vu la pièce de couleur sombre sur la peau de ma bouche de côté gauche.

Jun 3, 2006

Aujourd'hui quand je prends la douche je pourrais sentir le coup à ma droit fesse. Après le dîner je fais des plats j'avais senti de séché air puis l'agitation de force sur ma tête pour minutes alors j'étais étourdi, mes deux côtés de mon subordonate abdomen étaient pein, mon tempt (tempo) était pein, c'était quelque chose dans mon os, mes jointures, j'avais vu que ma face etait fatigue et vieillir.

Le 4 juin 2006

Ce matin j'avais assis à salon pendant le temps je priait puis au milieu de prier je pourrait sentir quelque chose était à ma gauche tête comme séparation communication c'était de l'autre côté, j'avais cru ce pourrait être tenté quelques chose silencieusement.
Le Midi je faisais des plats je sentais quelque chose à ma tête gauche en bas à mon cou, c'était la veine d'expansion. Ces jours j'avais senti l'air séché un jour à la cuisine et un jour au salon.

Le 5 juin 2006

Ce matin je me suis réveillé quand j'étais dans la condition nerve de sensation à mon femelle alors j'étais dans complété se réveille alors ce disparaissait, ca m'a signifié que c'était dans mon esprit inconscien qu'ils etaient choisi ou la force avait touché mes nerve par cette fonction physique ou n'importe quoi autrement ils ont fait.
Cet après-midi je ne pourrais pas concentrer à faire mes leçons alors j'avais assis à la table pour lire les nouvelles la force attaquait à ma tête, c'était inquiet pour lire, je le cessais.
Quand je prends la douche je pourrais sentir le coup à mes fesses, mes deux cuisses et je pourrais sentir les veines etaient ajustée aussi.

Jun 6, 2006

Aujourd'hui la bulle de l'implanter à ma droite joue etait devenue un grand acne.
Comme j'avais décrit peu de jours il y a ma surlèvre où avec la coupure maintenant c'etait grandir tissus de lèvre, ell'etait change la forme, ce n'était ma lèvre.

Ce matin quand j'étais au lit, je pourrais sentir le coup de force a ma basse gauche jambe et ma gauche cuisse aussi.
Le Midi je fais des plats je pourrais sentir le coup de force à ma gauche fesse puis à mes nerve de mon droit cou à ma droite main.
J'avais pris le somme cet après-midi, je me suis réveillé, et j'avais vu la ligne visible à travers mon nez entre mes yeux. Dinnertime je fais des plats le coup de force à mes fesses.

Le 7 juin 2006

Ce matin j'étais au lit le coup de force à ma tête j'avais recu la mal de tête, je sentais pein à mon front, le coup de force attaquait à mon coeur je sentais fatigue alors je me suis levé faire d'exercise

Aujourd'hui j'avais vu mon gauche sur lèvre au centre de commencement du gauche côté lèvre avait un point rouge grossi là-bas.

Aujourd'hui j'avais vu que mon nez de côté gauche à la place l'implante le tissu j'avais décrit des semaines il y a, maintenant l'entourer implante avait été grandi comme une ligne de vague sur mon nez de côté gauche.

Premier l'implante était un genre de blanc fil inséré dans mon gauche côté nez alors il produisait jaune liquide avait couru hors, mon gauche côté nez etait devenu décolore et tournait séché rude peau, maintenant j'avais vu le grandi ondulant ligne tissu sur mon gauche côté, mon nez droit de côté avait été implanté pour des semaines c'était décolore il y a ma peau, ce n'avait pas eu courir de liquide jaune hors, ce tournait la peau rude mais il réduit 50%.

Au dinnertime je fais des plats j'avais senti séché l'air je sentais pein à mes deux genoux, à la nuit que j'avais assis à ma chaise de salon je pourrais sentir le coup de force à mon genou, j'avais senti séché l'air aussi alors le coup de force à mon coeur, ma tête, ma tête postérieure au cou.

Le 8 juin 2006

Ce matin j'avais vu le point rouge à ma pommette gauche.

J'étais assis au table pour lire les nouvelles je pourrais me sentir que l'ennuyant à mon oreille gauche alors j'etais transféré à la chaise de salon, la force se déplaçait le long pour rende ennuyant à mon oreille gauche, je me suis levé et marché hors de mon apt. continuais réexamine ma leçon.

A lunchtime je fais des plats je pourrais sentir que la force tenait un grand paquet etait attaqué à ma tête postérieure à mon cou, ca faisait tiré dur, j'eloignais à côté pour le éviter.

Ce soir j'etais assis à dîner table je pourrais sentir le coup de force à ma tête je santais fatigue et mal de tête alors le coup de force comme l'épingle à ma tête, ma tête gauche à mon oreille gauche. J'etai levé fair marcher dans mon apt. J'etais aujourd'hui si fâché.

Ce soir j'avais vu un petit sombre épingle à ma gauche lèvre. J'avais vu que mes tissus de lèvre gauches étaient dans le signe qui tournait à normal.

Ce soir quand j'etais assis à la chaise de salon je pourrais sentir le coup à ma droit pommette, mon oreille. Je ne pourrais pas tenir la force comme faisait tordre à mon gauche bras.

Le 9 juin 2006

Ce matin le coup de force à ma droit joue je sentais comme l'épingle etait traversé ma joue, j'avais vu le point rouge à la circle marque sur ma droite joue.

J'avais pris le somme cet après-midi quand je me suis réveillé j'étais au lit je pourrais sentir le coup de force à mon subordinate abdomen, je le sentais pein, le coup de force avait fait à mon part sous et derrière gauche d'oreille.

C'était l'abstrait sujet ou l'affecté sensible nerve c'était d'un coup que j'etait dans la condition avec les voix, les bruits.

Le 10 juin 2006

Aujourd'hui j'avais vu mon gauche lèvre à la place implanté tissus elle tournait séché et rude peau.
Je sentais une petite pein à ma droit joue quand j'avais brosse mes dents, lavé ma face et maquise sur.
Ce matin quand j'étais au lit, je pourrais sentir le coup de force à mon coeur je sentais fatigue et étourdi.
Cet après-midi que j'etais assis à la chaise de salon pour lire les nouvells je pourrais sentir l'agitation force sur ma tête gauche pendant cette action je sentais pein à mon Coeur, je n'avais pas su c'était la cause à ma tête ou un autre force utilisait. J'avais cette expérience quand ils avaient quelque chose attaquait à ma tête je sentais pein à mon coeur comme je l'avais décrit avant.
Quand je prends douche le coup den force à mon droit jambe (bas) c'etait pareil de coup faisait a mon droit joue, je sentais comme l'agraffe puis ma jambe etait devenu resserre muscles, heurs plus tard c'etait fini.
Aujourd'hui mon genou etait petite pein.

Le 11 juin 2006

Hier nuit à 3:40A.M. la voix qui rirait c'était si bruyante que m'etait réveillé, j'allait à la salle de bain alors je suis retourné dormir encore.
Ce matin quand j'étais au lit le coup de force à mon tempt (tempo), la force à mon subordone abdomen c'était pein.
Ce matin j'avais vu que ma lèvre (sous levre) gauche n'était pas retourne à normal comme j'avais pensé, le border de ligne de lèvre etait effaçait, ce n'était pas ma lèvre, ce n'était mon nez, mes yeux, mes joues, mon front, mon menton, ce n'était pas ma face.
J'avais vu petit sombre épingle a ma droit lèvre (sous lèvre).
Ce matin j'avais vu un autre point rouge à ma marque de droit joue.
L'après-midi j'étais assis à la table je pourrais sentir le coup à mon gauche tempt (tempo), c'était un genre de tirer c'était martelé à mon part temp (tempo), ca semblait quelque chose l'avait traverse, c'était l'aise de ce temps.
A nuit j'etait assis au salon je pourrait sentir le coup etait fait à ma gauche pomette puis à mon oeil, je sentais moderate mal de tete, le coup de force à ma bouche, ma lèvre (sur lèvre) et mes dents (sur dents) aussi.

Le 12 juin 2006

Aujourd'hui j'avais vu que ma ligne de lèvre (sous levre) à droite côté avait été effacée la ligne, j'avais vu ma sur lèvre avait été changé forme il avait été grandi et penché hors, j'étais fâché, c'etait amusement à quelques-uns. Ce n'était pas ma lèvre, ce n'était pas ma bouche.
Aujourd'hui j'avais vu que la veine s'élève évidemment à ma tête au temp (tempo) et mon front à la racine de cheveux.
Hier nuit j'étais au lit je sentais le coup de force à ma jambe gauche près de mon genou.

Cet après-midi quand j'étais dans l'évier de cuisine je sentais le coup à ma droite jambe près de mon pied, c'etait ajusté ma jambe gauche vaines.

Cet après-midi je lisais le journal le coup de force atatquait à ma tête, je sentais étourdi j'etais sorti cette place j'étais revenu normal.

Maintenant la nuit que j'etais assis à la chaise de salon je sentais quelque chose travaillait, déplaçait dans ma pommette, mon oreille gauche.

Le 13 juin 2006

Ce matin je me suis réveillé je sentais pein à mon dos au droit poumon, j'avais marché peu de bloques pour acheter la nouriture, ce pein etait allé.

Ma jambe gauche la place près de genou était inconfortable.

Le 14,2006 juin

Quand j'étais dans la salle de bain je sentais le coup à ma tête j'étais étourdi.

Quand j'etais assis à la table avoir déjeuner je sentais le coup de force tirait à côté d'estomac sous mon bras.

Quand je faisais des plats je sentais pein à mon estomac de côté gauche un peu alors c'etait allé.

Le 15 juin 2006

Hier nuit je me suis réveillé au milieu de dormir j'avais entendu des gens qui parlaient hors au cours d'apt, puis je suis retourné dormir encore.

Ce matin quand j'ai brossé mes dents je pourrais sentir que le coup de force à ma jambe (basse).

J'etais marché pour attraper l'autobus, pendant le temps que j'étais dans l'autobus mon sentiment etait murmure dans ma bouche c'avait été détecté par quelqu'un, je déteste ca parce que je n'ai pas voulu entrer la conversation, j'avais recu mal de tête, c'était un genre qui change comportement, pensé ou l'habitude.

J'avais descendu d'autobus je sentais étrange à ma fess, ma l'hanche à en bas mes jambes mais j'etais gardé promenade alors c'était normal.

Jun 16, 2006

Ce matin quand j'étais au lit je le sentais le coup de force à mon côté gauche femelle c'était pein je tournais mon corps pour l'éviter.

Aujourd'hui j'avais vu rouge et croissant tissu sur mon droite côté lèvre (sous levre) mais ce n'était pas comme le gauche côté. J'avais vu un point épingle là-bas mais je ne pourrais pas définir c'était nouvel ou c'etait vieux, le vieil c'était sombre épingle point il y a jours ou semaine je l'avais vu.

Ce soir quand je faisais des plats je pourrait sentir plusieurs épingles attacquaient à mon nez au trou, ca faisait me sentir etourdi et liquide nez, avant de ca je sentais herbe, je ne savais pasla cause.

Je pourrais sentir quelque chose travaillait, se déplaçait dans ma pommette.

Le 17 juin 2006

Hier nuit j'etais assis à la chaise de salon je ne pourrais pas recevoir l'indice pour apprendre que le matériel avait été utilisé m'attaquer alors je l'avais entendu crier pour acclaimer alors je sentais fatigue à mon coeur, minutes plus tard j'etais marché éloigné de la chaise, je me suis couche au minuit.

Quand j'étais au lit je sentais le coup de force à mon front à la droite je sentairs pein alors je tournais pour l'éviter, plus tard j'avais senti la mauvaise odeur dans ma chambre à coucher premièrement c'était de 2 heures du matin. J'avais les vaporisé pour l'air frais, j'avais ouvert la fenêtre pour respirer, le vent etait fort à ce moment-là, j'avais entendu des voix de plusieurs hommes parlaient langue Asiatiques, je ne pourrais pas la comprendre, et j'avais senti le café d'hors de mon apt. un peu de temp je fermais la fenêtre.

Ce matin je me suis réveillé je sentais pein à deux côtés mon subordonate abdomen parce que j'avais couvert mon estomac avec le manteau. Je pourrais sentir que le coup de force à mes deux hanches, mes cuisses, je tournais au droit côté, la force continue attaquait à mon corps de côté d'exposition. J'avais reçu unbalancing ce matin.

Cet après-midi que j'etais assis à la chaise de salon ecritais ce journal je pourrais sentir le coup de force doux à ma droite tête au cou je sentais l'aise pour ma balance. Je sentais le soulagement 50% pour le droit dos à la place de poumon que je n'ai pas remarqué la raison.

Le 18 juin 2006

Ce dinnertime que j'etai assis à la table je sentais le coup de force attaquait à mon os à mon droit poumon dans le dos.

Dans le soir que j'etais assis à la chaise de salon lisant je sentais le coup de force à ma tête, ca faisait pression en bas à mes yeux, je le sentais inquiet, atténuer et lourd, je ne pourrais pas lire et comprendre, puis je cessais lire, j'etais sorti de salon place puis je soutenais normal. C'était si plusieurs reprises ils l'ont fait à ma tête.

Ma lèvre tissus ont été grandi et séché rude peau entourant ma gauche sous lèvre, ma border ligne de sous lèvre etait disparu, ma lèvre avait été changée la forme.

Le 19 juin 2006

Ce soir que j'etais assis à la table je sentais pein au côté d'estomac gauche à ce place était attaquait peu de jours il y a.

J'avais entendus quelqu'un frappait à ma porte j'etais venu à la porte qu'il partait aller à côté, il pourrait être le vendeur.

Quand j'ai brossé mes dents je pourrais sentir le coup de force à ma jambe gauche. Ces jours mon dos n'était pas facile c'était quelque chose m'ennuyait.

Le 20 juin 2006

Ce matin je sentais endommagé à mon buttercup un peu et je sentais aussi le coup de force à droite main c'était pein et resserre, c'etait verrouillé la main.

Abuser de mental comme la droite à humain est développée.

Je prends d'habitude l'autobus pour aller à ma boîte de lettres et je fais mon épicerie alors j'avais pris le taxi pour retourner mon apt.

Mon dos était normal c'était facile mais je n'avais pas su ce qu'aide mon dos.

Le 21 juin 2006

Dans le matin je sentais que mon droit bras à cote droit dos derrière etait resserre veines, je sentais au milieu mon dos de gauche côté c'était la même condition j'avais des jours avant, alors l'hier soir mon dos était soulagement.

Dans cet après-midi je prends le repos dans mon lit je placais ma main à ma poitrine alors je sentais que mon pouce pein comme mon genou pein

Ce soir et hier j'avais vu que ma sur lèvre, ell'était changée, elle n'était pas ma lèvre, c'était si horrible.

C'était mon physique affecté voici le mental.

Cet après-midi que j'étais au lit prendre le repos alors j'étais endormi alors mon jumeaux léger conscien avais été envahi par quelque obsession de source de sexe.

Je me suis rendu compte hier nuit et peu de jours avant que j'étais dans le commencement de dormir j'avais vu les gens les endroits que je ne sais jamais dans ma vie, j'avais parlé à la bêtise que je n'avais pas sue, ce n'était pas bon quand j'avais essayé d'être éveillé. Le procédé était la chose importante dès le début de dormir pour l'a inséré qu'ils ont voulu dans l'esprit inconscien et puis ils lui sont woken en haut alors le point que le rêve artificiel a voulu être porte bien dans l'esprit conscien.

Le 22 juin 2006

Hier nuit j'étais au lit je sentais le coup de force à mon épaule, ce matin mon pouce était rouge. Je me suis réveillé à de 3:00 du matin, j'allais la salle de bain alors je me suis retourné dormir encore alors je me suis réveillé à 5:50 DU MATIN. J'avais voulu aller à la salle de bain encore mais c'était étrange à moi si je veut l'égarer puis en dormant je rêvais que j'etais allé à salle de bain et appuyer sur mon urine, j'etais réveillé j'avais gardé pose au lit, je ne veut pas aller à salle de bain chaque fois je suis réveillé.

Ce soir je faisais des plats je pourrais sentir de coup l'agitation à ma tête.

Le 23 juin 2006

Hier soir que j'etais assis à la chaise de salon je réexaminais mon travail je sentais de coup de l'agitation sur ma tête, je ne pourrais pas continuer ma leçon, je la cessais, je l'avais protesté.

A l'heure du coucher je sentais le coup à ma droit cuisse alors la force sur ma tête et mon front.

A porter de voix, la microchip avait été implanté à mon oreille encadre alors ils règlent comme la sensation avec les voix.

Le 24 juin 2006

J'avais vu le grand rouge point comme de acne à ma joue gauche et ce semblait sur ma droite joue, j'avais vu acne à mon menton aussi.

Peu de jours il y a et jusqu'à ce matin je sentais le coup de force à la veine à mon droit front aux racin de cheveux de temp (tempo) je sentais petit mal de tête alors aujourd'hui j'avais vu que la veine à ce place mais ce n'etait pas si grand.

Ma hanche gauche était mieux aujourd'hui.

Quand j'asseyais à la table la force de vibration m'avait fait étourdi quand j'étais hors de cet endroit c'était allé.

Maintenant c'était la nuit que j'etais assis à la chaise de salon lisant je sentais le coup de force à ma tête j'avais recu mal de tête, alors ca faisait affecté pression en bas à mes yeux, ce n'était pas facile pour moi puis j'etais marché éloigné de la chaise j'étais revenu normal alors j'étais revenu à la chaise lisant le coup de force à ma tête, mon oreille j'avais recu mal de tête, je sentais ce n'était pas facile pour lire cependant j'avais gardé la séance là-bas lecture alors je sentais fatigue, assoiffé alors mon coeur était pein, je pourrais dire ca tuera des gens facilement.

Le 25 juin 2006

Hier nuit la force avais fait à ma tête alors à mes yeux, je sentais mal de tête et pein à mes yeux place.

Aujourd'hui j'avais vu que mes os de demi de côté des sourcils ont été grandis plus haut c'était comme le grand os là-bas, le procédé de transformer à ma face c'était continu.

Ce matin la force à mon front et mon temp (tempo) je sentais pein et mal de tête.

Quand je prends la douche le coup faisait à mon poumon gauche alors à ma cuisse gauche.

A dinnertime que j'etais assis à la table le coup de force à mon bras.

Maintenant c'était 10:50 DE L'APRES-MIDI, J'etais assis à la chaise de salon le coup de force à ma tête, ce ressemblait que j'avais décrit hier.

Le 26 juin 2006

Je faisais ma lessive ce matin j'etais venu là-bas avec mon coeur problem, mon coeur etait attaqué hier soir comme j'avais le décrit. J'etais assis là-bas avec mon coeur n'était pas normal. un peu de tempt alors mon coeur était revenu normal. Après j'etais fini mes vêtements j'etais revenu mon apt. un peu de tempt je sentais fatigue alors après déjeuner c'était normal.

Après dinnertime je faisais des plats que j'etais marché pour faire d'excercise alors j'etais venu asseoir à la table pour lire messagerie d'électronique, je sentais fatigue et pein à mon coeur, je me suis levé marcher loin à un autre endroits pour éviter l'agresseur me suivait.

Aujourd'hui j'avais vu que mes yeux changeaient dans la forme différente un grands os de sourcil, ce n'était mes yeux!

Le 27 juin 2006

Aujourd'hui je sentais le coup à cette place entre mon coeur et sous bras un paquet de muscles, nerve et veine aussi, j'avais vu mon gauche pouce avais été affecté. Plus tard le coup de force tirait a mon gauche tete alors j'avais vu que mon pouce était revenu normal.

Le 28 juin 2006

Hier nuit je plaçais au lit je pourrais sentir que la force d'cercle épingles avec plusieurs de tête pointues etait activées dur à ma poitrine à mon coeur un peu de tempt, je sentais rien. Ce matin je me suis réveillé je pourrais sentir que le coup de force était à mon coeur je sentais petite pein à mon coeur constamment longtemps que j'étais au lit puis je me suis levé, je préparais à sortir alors la petite pein était allée.
J'etais marché pour transporter, j'avais pris l'autobus pour aller à Post alors fait l'épicerie alors j'avais pris l'autobus pour rentrer mon apt, j'étais totalement libre de n'importe quoi m'ennuyant.

Après le déjeuner j'etais assis à la table pour lire les nouvelles, le coup de force à ma tête je sentais pein à mon coeur alors j'etais transféré à un autre place continuais alors la pein était allée puis la force faisait à mon coeur je sentais fatigue.
Maintenant c'etait 10:00 DE L'APRES-MIDI. J'etais assis à la table ecrirais, le coup de force à mon coeur je sentais pein à mon coeur alors je partais de table pour aller à la chaise de salon je venais d'asseoir la bas alors la pein était immédiatement allée, j'étais assis là-bas alors la force me suivait à la chaise de salon je déplaçais m'éviter cet assaut, j'étais déçu cette situation je protestais cette action.

Le 29 juin 2006

Hier nuit quand j'étais au lit je pourrais sentir que la force était attaque à ma poitrine, mon coeur je sentais pein, endommagé, j'étais si fâché.
Je dormais je me suis réveillé quand j'avais entendu des gens parlaient la langue étrangère hors de cour côté apt, je ne pourrais pas la comprendre, je me suis retourné dormir encore.
Je me suis réveillé ce matin la pein réduisait alors je sentais que la force faisait à mon coeur encore à ce moment-là la pein était allée. La force faisait à mon coeur encore alors je sentais fatigue cette fois je pourrais sentir la pompe qui etait pompée pour peu de fois, je l'avais pensé ce pourrais être ouvert l'obstrue d'artère.
Mon coeur était l'histoire si fort alors le malpractice en 1988 de tempt mon coeur avait des problems mais c'était gain fort comme je l'avais avant, récemment ces choses ont été arrivées comme j'ai écrit dans ce journal.
Quand je prends douche je pourrais sentir le coup à mon dos, abaisse jambe alors je sentais resserre muscles ou veine là. Le coup à mon droit postérieur genou aussi je sentais épuisé jambe, heures plus tard c'était allé.
Quand j'étais à l'évier de cuisine j'avais évité le coup de force à mon corps. J'etais assis à la table je sentais la force à mon coeur, ma tête et m'epaule.

Le 30 juin 2006

Hier soir je me suis couché avec mon coeur n'était pas dans la condition normale je me suis réveillé quand j'avais entendu les voix qui riant hors de cour mon apt.
Ce matin je me suis réveillé mon coeur etait normal comme je suis, aucune force, rien.
Après déjeuner je faisais des plats je sentais le coup à ma tête au cou de gauche côté, c'était comme prendre entier des muscles, je sentais avoir mal de tête à mon front et pein les veines en bas à mon gauche jambe aussi.
A la nuit que j'etais assis à la table je sentais le coup de force à mon poumon gauche je sentais pein à mon coeur, j'etais assis dans mon lit lisant je sentais rien. J'etais revenu à la table assis là-bas un peu de temps je sentais la vibration alors le coup de force à ma droite tête j'etais gardé là-bas lisant je sentais pein à mon Coeur, j'etais allé à la chaise de salon assis là-bas je sentais rien. Après j'etais allé à salle de bain j'etais revenu la chaise de salon un peu de temps je sentais une petite pein à mon coeur d'une minute alors c'était allé puis deux plus petite pein dans les secondes alors c'était allé.

Le 1 juillet, 2006

Hier nuit pendant ma dormant je me suis reveille secondes pour savoir et reproche quelque chose faisait à ma gauche jambe basse, les veines c'était affecté à ma plante.
Je pourrait sentir force à ma droite cuisse mon gauche bras aussi.
Aujourd'hui j'avais dérangé l'estomac je pourrais sentir le coup de force à ma subordonate abdomen, ce pein était allée.

Le 2 juillet, 2006

Hier nuit je me suis réveillé quand les voix de conversation d'equip de gens prennaient hors cour apt, ils ont parlé la langue étrangère que je ne pourrais pas comprendre.
Ce matin j'avais vu ma sous lèvre était grandi et c'etait un genre de séché peau et maigre à hors, je sentais horrible avec ma bouche en form cela. J'avais pris beaucoup de tissus sur ma lèvre avant j'ai commencé à brosser mes dents.
Aujourd'hui après je prends la douche j'avais senti l'ail comme j'avais cette expérience le jour avant que je sentais inconfortable sous ma breastbone gauche peu de temps alors c'était allé.
Au dîner quand j'etais assis à la table le coup de force à ma tête.
Maintenant à la cuisine je pourrais sentir la force ou vibration faisait à ma tête.
J'etait assis au salon ecrivais ca me faisait avoir recu un petit etourdi.

Le 3 juillet, 2006

Hier soir j'etait assis sur mon lit je sentais la force à ma tête j'avais recu un modarete vertige, je sentais la force à ma gauche et droite mains, je sentais pein à cette place puis j'avais recu mal de tête alors je le cessais.
J'étais éveillé jusqu' à 3:00 DU MATIN j'avais senti mauvais odeur je pourrais tomber dans dormir après ca, j'etais réveillé à l'artificiel reve, ca mélangeait faux et penser, je rêvais un étrange place et étrange gens.

Ce matin que je me suis réveillé à la chanson de quelqu'un celui avait chanté mais ce n'était pas le rêve et ce n'était pas hors de chanter.

Alors je me reprochais la leçon que je cessais hier soir, c'etait la solution de mon subconscien qui travaillait résoudre le problème que je portais dans l'esprit conscien. Dans le soir j'etais assis à la table lisant nouvelles et mengais je sentais la force à mon cou et ma tete je sentais moderate vertige et epuise à mon cou alors la force etait arret, j'etais normal puis la force me attaquait alors j'avais recu la condition je la descritais. Quand j'etais marché à cuisine, j'était revenu normal alors j'etais revenu à table je sentais étourdi et épuisé muscles encore. Quand je faisais des plats la force me suivait à la cuisine alors j'etais allé à salle de bain brosser mes dents, j'étais hors de cette force, j'étais revenu normal.

Le 4 juillet, 2006

A jour j'avais vu ma sur lèvre avait été changé, je pourrait sentir l'étrange chosc comme ficelle tissu travaillaient sur ma face au ma sur lèvre pour peu de jours il y a.

J'avais vu un noir ou gris point au centre sous lèvre de semaine il y a, ma sous lèvre etait change forme et il etait penché hors si je l'appelais, elle etait étranger, ce n'était pas ma lèvre.

Le 5 juillet, 2006

Ce matin que j'étais au lit je sentais le coup de force à mon front gauche je gardais cette position pour recevoir ce coup longtemps que j'étais au lit je le sentais d'atténue ou l'anesthésie drôle à cette place et en bas à mon oreille alors en bas à mon cou gauche. Quand je me suis levé j'aivais vu que la ligne 5cm à mon temp (tempo).

Après le déjeuner que j'etais assis à la table lisant nouvelles, soudain je sentais pein à ma d'ovary place, après j'avais pris la somme je sentais pein alors je sentais l'aisait un peu de temps alors je sentais pein, j'aivais pensé ce que la force me pourrait attaquer mais je ne pourrais pas la sentir.

Le 6 juillet, 2006

Aujourd'hui la pein au côté gauche ma place d'ovary c'était l'aise.

Le 7 juillet, 2006

Hier nuit j'étais dans le ligne suppose que j'avais un rêve normal mais ce n'était pas complétément mon rêve normal. Mon rêve avait été privé puisque le lottery de Texas avec le gagner le numéro 2, 12, 22, 32, 42 et peut être 19 parce qu'ils crainaient si je m'enrichirais avec mon rêve.

Aujourd'hui après le déjeuner j'etais assis à la table je sentais le coup de force à ma tête gauche je sentais une contusion à ce place je n'avais pas su expliquer cela, les heures plus tard la contusion que je la sentais à cet place était allée.

Après je prends la douche je sentais pein à ma droite tête à la droit oreille c'était inconfortable un peu de temps alors c'était allé.

Au dinnertime que j'etais assis à la table la force etait activée à ma tête je sentais étourdi et la force était activée à ma tête aussi quand je fais de plats à l'évier de cuisine.

Le 8 juillet, 2006

Hier soir quand j'étais au lit avant de mon dormir je sentais le coup à mon deux tempos alors à ma devant tête au centre, je n'évitais pas cela force j'etais gardé cette position longtemps que j'étais dans dormir, je pourrais sentir c'étais comme un genre de contusion, je dormais dans cette condition.
Je me suis réveillé quand la femme avait pleuré hors cour du bâtiment mon apt. j'avais entendu plusieurs gens qui aidant cette femme dans cette situation. C'était aussi le temps que j'étais dans le rêve artificiel alors je suis retourné dormir encore je me suis réveillé dans le matin au cauchemar. Ce matin j'etais levé que mon dos au poumon avec etrange comme matial art veine etait ferme, je faisais d'excercise alors c'était normal.
Ce matin ma tête était d'accord j'etais marché à l'épicerie comme j'ai d'habitude de faire cela.
Ce soir que j'etais assis à la table lisant nouvelles la force ils avaient utilisé je ne pourrait pas la remarquer ce que c'était, c'était affecté à ma tête au centre, je sentais pas l'aise à ma tête au centre, c'était dur pour moi penser et comprendre.

Le 9 juillet, 2006

Ces jours je craignais dormir si j'avais essayé d'être éveillé toute nuit mais je ne pourrais pas le faire, j'avais dormi d'après 3:00 DU MATIN je me suis réveillé à 7:30 DU MATIN.

Le 10 juillet, 2006

Mon estomac était d'accord aujourd'hui parce que la nourriture que j'avais mangé hier c'etait dérangé mon estomac.

Le 11 juillet, 2006

Ce matin j'avai vu la trace d'épingles aux deux mes pommettes.
Cet après-midi je pourrais sentir la force de vibration à la table, quelque temps je pourrais sentir la force de vibration dans ma salle de salon.
Quand je prends douche la force ataquait à ma gauche jambe.
Après le dinnertime à la cuisine la force attaquait à ma droite tête.

Le 12 juillet, 2006

Hier nuit j'avais essayé d'être éveillé mais j'appartenais à dormir. Quand j'étais au lit je sentais que la force etait fait quelque chose à ma sur lèvre et à mes sur dents, c'était endommagé aux nerve à mes dents.
Ce matin j'avais vu que ma sur lèvre etait change, ce n'était pas ma lèvre. Je ne pourrais pas voir mon corps postérieur si je n'ai pas su qu'ils ont fait à mon corps.

Ce matin que j'etais assis à la table lisant nouvelles je sentais la nourriture odeur mais je n'ai pas su c'etait la nourriture ou chimique, j'avais inhalé alors je le sentais pein à mon droit poumon ou ils le tiraient hier soir quand j'asseyais à la table.

Quand j'asseyais à la table pour faire mon travail, la force silencieuse et doucement assautait à mon droit poumon, à mon poumon gauche, à mes épaules, à ma tête, c'était affecté à mon cerveau, c'était dérangé mon cerveau, et lui m'avait été empêché faire mon travail. Je l'etais protesté.

Le 13 juillet, 2006

Ce matin j'avais vu la petite coupure à mon nez de côté gauche sous mon oeil, ce pourrait être implanter le tissu à cet place. Cet après-midi quand j'etais assis à la table pour écriver mon travail je pourrais sentir que la force vibration était activée à ma salle de salon et à la table de dîner aussi, c'était affecté à ma tête, renverser la fonction avait été monté, c'était tourné d'arreter, je pourrais sentir que la salle était claire de cette vibration.

Les heures plus tard la force était exécutée, c'était affecté à ma tête, mon cerveau, mon coeur je sentais étourdi alors j'etais marché hors de la vibration force alors je sentais d'accord.

Le 14 juillet, 2006

Hier nuit je me suis réveillé à 2:15 DU MATIN. Je pourrais sentir quelque chose faisait à mon oreille gauche j'allais la salle de bain alors j'avais vu que mes joues étaient saggy en bas, j'avais vu que ma face était tendue long en bas, j'avais vu que mon cadre d'oreille gauche au milieu tournait rouge.

Je me suis retourné dormir encore.

Ce matin je me suis réveillé je sentais étrange à mon oreille gauche et ma gauche joue et ma tête de côté gauche aussi, c'était les nerve, j'avais vu mes joues étaient différentes que je les avais vu à 2:15 DU MATIN si je me demandais qu'ils m'avaient fait pendant la nuit que je dormais.

J'etait allé marché hors pour 2 miles, après ce fait d'excercise je sentais mon oreille, ma joue, et ma tête etaient normal. Quand je prends la douche je sentais le coup de force à mon droit poumon.

Ce soir que j'etais assis à la table je sentais le coup de force à mon oreille gauche je sentais épuisé mes muscles d'épaule puis je couvrais mon trou d'oreille gauche pour de 15 minutes, ce relevait de la tension.

Je pourrais sentir le coup de force à ma devant tête gauche, à ma tête dernierre je sentais effecte à ma tête alors j'etais marché éloigné de la table, j'etais assis à la chaise de salon alors je sentais que la force faisait à mon droit nez, c'était affecté au nerve de sensation de sexe.

Le 15 juillet, 2006

Ce matin que je suis réveillé au rêve artificiel avec l'émotion du M religieux croit. Quand je brosses mes dents je sentais le coup à ma droit cuisse, je pourrais sentir que quelque chose a fait à mon droit poumon je sentais épuisé un peu de temps. J'ai d'habitude tenir la séance à la chaise de salon pour faire l'exercice mes jambes je sentais le coup de force à mon oreille gauche je pourrais sentir unease mon oreille gauche.

Quand j'etais assis à la table pour lire les nouvelles le coup de force à ma tête alors j'etais été interrompu par penser d'obsession de quelque chose, je l'avais battu alors je l'ecrasais, je faisais pour continuer mon travail alors je sentais le coup de force à ma tête, j'avais recu mal de tête, je ne pourrais pas continuer, je le cessais.

Le 16 juillet, 2006

Hier soir quand j'étais au lit la force tirait à ma tête gauche c'était le mal de tête que je dois faire asseoire dans mon lit pour éviter la force, le pein c'etait un peu de temps allé. Je dormais à de 3A.M. Je me suis réveillé de 6:30 DU MATIN au quelqu'un rêve, elle déterminait quelqu'un elle choisira et entendra pour marier. Je la sentais frustré parce que mon esprit inconscien maintenant comme la déchets place pour eux décharger ce qu'ils ont voulu. J'étais au lit avec ma colère alors le coup de force à ma devant tête gauche pour ainsi dire le coup avant de mon dormir alors la force faisait à ma tête tout ensemble je sentais vomit pour les secondes comme blessure de cerveau alors cétait arrêté. Plus tard je me suis retourné dormir encore.

Je me suis réveillé je pourrais me sentir que le cerveau rafraîchissait la tension était allée.

Le 17 juillet, 2006

Après le dîner je fais des plats le coup de force à ma droit jambe alors le coup à mon droit poumon et en bas à mon dos.

J'avais vu que le petit grain à mon nez de côté gauche, c'était comme la microchip implanté à mon nez, j'avais vu aussi que plusieurs grains avaient été implanté à ma face, mon front, mes postérieures oreilles, et main gauche.

Le 18 juillet, 2006

Ce matin que je me suis réveillé au mélanger quelqu'un rêve et c'etait une partie dans mon propre subconscien.

Je fais des plats après le déjeuner je sentais le coup de force à mon estomac alors le coup à mon cou à mes veines qui connect à mon épaule mon bras je sentais épuisé un peu de temps.

Cet après-midi que j'etais assis à la table pour lire les nouvelles le coup de force vibration faisait à ma tête, mon corps, c'était mon corps de côté gauche sentiment, j'etais levé je sentais étourdi puis je pris la douche alors c'était allé.

Ce dinnertime que j'etais assis à la table le coup de force à mon cou de côté gauche je sentais rien.

Le 19 juillet, 2006

Je me suis réveillé à 6:30 DU MATIN. J'avais un cauchemar.

Le 20 juillet, 2006

Ce matin je me suis réveillé à l'en forme de situation du rêve ou chose je n'ai pas su ce que c'était alors je l'avais oublié, je ne sais pas le décrire.

Cet après-midi que j'etais assis à la table je sentais le coup de force à ma droite tête, quand je prends la douche je sentais le coup à ma droite tête encore.

Ce soir quand j'etais assis à la table lisant, la vabration attaquait à ma tête je sentais étourdi.

Le 21 juillet, 2006

Hier nuit j'avais essayé d'être éveillé mais j'appartenais à dormir que je suis réveillé à 3:15 DU MATIN. Je n'avais pas de rêve alors je suis retourné dormir encore, je me suis réveillé 4:40 DU MATIN au cauchemar artificiel, dans le rêve qui était mon caractère. Alors je suis retourné dormir encore je me suis réveillé à 7:00 DU MATIN au rêve aussi, j'avais un rêve long de Viet Nam alors mélanger dans ce temps actuel, c'était mon caractère à ma famille et à ma société. Ce matin j'avais pensé qu'est ce qu'ils créeraient pour m'abuser d'avec leur nouveau sentier aujourd'hui.

Ceci pourrait être silencieusement lancer boue à gens qui le toujours demandera pourquoi.

Aujourd'hui ma droit tête de côté avait été affectée aux maths, calculer, la fonction logique était ternee ce qu'il m'avait été étonné.

J'essais d'éviter mon opinion dans ce journal de rapport parce que le lecteur comprendra en lisant mon livre, maintenant je dois dire, c'est dangereux à moi, et c'est endommage ma beauté, mon corps, et maintenant mon cerveau. Je ne tolère pas cette action à mon corps, à ma vie.

Le 22 juillet, 2006

J'avais un rêve hier nuit mais je l'ai oublié. Ce matin j'étais au lit je sentais la force frappait à mon oreille, ma tête gauche et ma face gauche, li y a l'odeur mystérieuse aussi. Quand j'étais dans la cuisine je sentais le paquet d'agitation de force sur mon droit estomac, quand j'étais assis à la table je sentais que la force à ma droit tête pres à droit oreille puis alors la force vabratione à ma tête je sentais étourdi un peu de temps, à la cuisine je fais des plats le coup de force à ma droit épaule je sentais endommagé quand je me déplaçais ma main alors le coup de force à ma droit oreille je sentais irrite.

Quand j'ai brossé mes dents le coup à mon gauche postérieur tête à la place gauche oreille je sentais resserre musscles à cette place.

Le 23 juillet, 2006

Comme je déjà a indiqué que la situation faisait craindre pour moi coucher chaque nuit je n'a pas su ce qu'ils essaient faire pendant le temps je suis dormi mental et physique actions. Je suis seul si personne ne fait attention à mon virage temps dormant, j'étais toujours éveillé à 3:30 DU MATIN mais je ne pourrais pas résister endormi quand je déposais sur le lit. Je rêvais dans le sentier de cauchemar alors reveillais à mon ex-mari et moi étaient dans le sexe, puis je me suis retourné dormir alors je me suis réveillé à ma famille dans le rêve.

Ce matin j'allais la salle de bain j'avais senti l'odeur mystérieuse.

Aujourd'hui j'avais vu une marque de côté gauche à ma pommette.

Cet après-midi que j'etais assis à la table nouvelles lisant je sentais le coup à ma tête au devant alors à mon oreille gauche je sentais drole unfeeling à cette place pour les heures.

Le 24 juillet, 2006

Je me suis réveillé à 1:15 DU MATIN à le reve que j'était essayé appuyer hors à toilette, c'était deuxième fois, la première fois dans 1994 ou 1995 j'avais habité en Austin après ils avaient envahi mon inconscien, j'etais retourné dormir encore j'avais rêve mais j'ai l'oublié. Quand j'etais au lit je pourrais sentir que le coup de force attaquait à ma tête au devant alors à mon oreille gauche ce me faisait fatigue.

Cet après-midi j'etais assis à la table lire nouvelles je couvrais mon oreille gauche je lisais dans concentré bien que la conversation hors pourrait interrompre mon attention alors le coup de force attaquait à ma tête gauche, j'immediatement etais perdu ma concentration, mon esprit suivait ce qu'ils avaient sa project pour dirige moi penser avec nerveux ou un genre de sex, je la cessais.

Quand je prends la douche le coup de force à ma droite baisse jambe.

Après dîner je faisais des plats je pourrais sentir le coup à mon oreille gauche base, sous oreille base alors à ma gauche tête alors à mon droit oreille base et sous oreille aussi.

Le 25 juillet, 2006

Hier soir je me couche à 12:30 DE L'APRES-MIDI, je me suis réveillé grâce à la voix familière que j'avais entendu hors cour mon apt. J'avais couvert mon oreille pour bloquer cette voix. Je pourrais rêver avant de je me suis réveillé mais je l'ai oublié. Je me suis retourné dormir encore j'avais entendu la voix familière dans la langue vietnamien (la jambe) je me suis réveillé assez entendre et reproche de cela, j'était revenu dans dormir encore je rêvais mais dans le rêve j'avais su cela était le rêve dans mon esprit communique avec étranger Asiatique gens mais ils parle Vietnamien, nous discutaions de boire habitude et charactere respect femme.

Ce matin j'avais vu le petit rouge point à mon gauche pommette et la peau était égratignure.

La taille de pouce marque ce tournait séché écorche hier c'était aujourd'hui allé. Peu de jours il y a j'avais vu le petit point le fil de coton à ma sur lèvre gauche.

Le 26 juillet, 2006

Je suis réveillé ce matin à 7:15A.M. au rêve avec le message me permets de savoir que j'ai évité penser avant de dormir hier soir. J'ai pensé si j'ai su quelqu'un est tombé malade ou tombera malade je souhaiterais elle ou il a chance de sain et heureux vie, je ne m'inquiète rien. Ce matin j'étais au lit je sentais le coup de force à mon nez de côté gauche, c'etait irrite alors le coup de force à mon oreille de côté gauche, à ma face de côté gauche, je sentais de l'expansion.

Aujourd'hui j'avais vu mon gauche pommette avais grandi et haut.

Quand je prends douche je sentais le coup de force sur ma tete gauche de côté je sentais ma gauche jambe epuise mais j'avais pense c'etait un autre foce.

Il y a l'odeur mystérieuse.

Le 27 juillet, 2006

Hier soir j'etait couché tôt j'avais dormi immédiatement j'etait réveillé avant de minuit, j'etait retourné dormir encore j'etait réveillé ce matin j'avait un long normal rêve.

Ce matin j'avais vu la ligne verticale au centre de mon front c'etait formée avec la ligne d'horizon montrer la croix sur ma tête de devant.

Le pouce taill sur ma gauche pommette était dans séché peau conditionne c'était sombre et cabossé sur ma gauche pommette pres à mon oreille. J'etais protesté ca!

Le 28 juillet, 2006

Ce matin que je me suis réveillé au rêve artificiel.

Aujourd'hui j'ai vu la peau séchée à ma pommette gauche à la place j'avais vu le point rouge avec la peau d'égratignure deux jours il y a. J'avais vu gauche pommette etait grandi comme c'était hier, l'os a connecté partir oreille et le gauche pommette était grandi et haut aussi.

Il y a la mystérieuse odeur dans la cuisine, je demandais si c'était de numérique odeur ou chimique odeur.

Le 29 juillet, 2006

Ce matin je me suis réveillé parce que le bruit, j'avais le rêve je regrettais pour mon rêve normal était interrompu.

Ce matin j'avais vu le point rouge à ma pommette gauche, j'avais vu la peau à la pommette gauche, l'os d'oreille la section entière a été affectée de l'action transformée, ce tournait assombrit que l'autre place.

Le 30 juillet, 2006

Hier nuit j'etais réveillé dans le milieu dormant grâce à femme rire alors j'etais retourné dormir encore j'avais un rêve avec le stupide à mesurer forme. Ce matin quand j'étais au lit je sentais la force assautait à ma bouche de côté gauche, ca me faisait sentir séché à ma gorge, je sentais mes muscles de ma joue gauche touchaient mes dents gauche.

Ce dinnertime j'etais assis à la table je sentais l'agitation force à ma droite tête alors ma gauche tête, c'était effecte a mes gauche veines de cou.

Peu de jours il y a j'avais envoyé la lettre à FBI à décrire la situation parce que je n'ai pas su c'était exécute d'ici.

Le 31 juillet, 2006

Hier soir j'étais au lit je pourrais sentir le coup de force à ma tête gauche je sentais lourd, le coup de force à mes muscles d'épaule je sentais muscles d'épaule épuisés.
Je tombais endormi je me suis réveillé au rêve de cauchemar.
Après dinnertime je faisais des plats je sentais le coup de force à ma droit tête au devant.

Le 1 août, 2006

Hier soir j'etais dans lit coucher le coup de force à ma tête, la force à mon femelle sensible nerve place et elle etait effecte pour long heurs, j'avais peur de dormir parce que je n'avais pas su ce qu'ils essayaient fait à mon corps et ma mentalite du crepuscule conscien si j'etais sorti de mon lit assis à la table jusqu'a 5:30 DU MATIN. J'etais si fatigue, j'allais au lit. Je n'ai pas su ce qu'avais été arrivé pendant le temps que je dormais. Je me suis réveillé à 7:15 DU MATIN dû la voix à la cour apt. alors je me suis retourné dormir encore jusqu' à 9:30 DU MATIN. J'étais dans normal physique corps, j'étais au lit la force à ma femelle section encore.
J'etais levé éviter l'affecte à mon physique normal corps.
Aujourd'hui j'avais vu mon droit marque cabossé et sombre c'était visible maintenant.
Aujourd'hui j'avais écrit la Marque de Naissance de Aries poème.

Le 2 août, 2006

Hier soir j'étais au lit la force assaultait à ma tête c'etait semble regle l'obsession, je la crainais dans leur traitement si je partais de mon lit alors je sentais nourriture odeur apres minuit, je tombais endormi alors je me suis reveille à 7:30 DU MATIN
Ce matin j'avais vu 2 points rouges epingles à ma droite pommette.
Ce matin je marchais sur le trottoit à l'epicerie brusquement j'avais entendu rirer voix, j'avais vu un home et deux femmes dans professionnel vetement marchaient à restaurance pres de la rue, je n'a pas su s'ils l'ont signifi pour!

Le 3 août, 2006

Hier soir je me couche à 2:00 DU MATIN si je me suis rendu compte le réveille l'environnement d'activité cependant je me défends au plus haut point je pourrais, je me suis réveillé à 8:00 DU MATIN.
Ce soir j'avais réexaminé ma leçon je sentais la force à ma tête gauche 15 a 20 minutes, je ne pourais pas concentrer à mon travail comme zoning hors, j'essayais l'ecraser en retournant mon travail alors 30 minutes plus tard la force attaquait à ma tête, c'etait effecte sex, ce faisait que je ne pourais pas concentrer sur mon travail, j'etais leve et parti de la table, j'étais si fâché à ce moment-là alors j'etais défiés en continuant mon travail jusqu'à ce que je l'avais fini.
Pendant le temps j'avais assis à la table la force à ma gauche pommette, j'avais vu ma gauche pommette etait grossi haut et grand.

Le 4 août, 2006

Hier soir j'allais au lit tardif je me suis réveillé à plusieurs reprises, chaque fois était au milieu du rêve, j'aivais entendu la conversation du groupe hors à la cour apt j'avais entendu les gens qui parlaient qu'ils ont su ma famille bien et ils ont su le mauvais homme aussi. Je suis retourné dormir encore je me suis réveillé à 10:00A.M.

Ce matin j'avais vu le point rouge taille de mon pointu doigt à mon gauche pommette c'était allé heures plus tard.

Cet après-midi j'avais assis à la table je sentais la force à ma gauche pommette, la force à ma gauche tête alors à ma posterieuse tête.

Ce soir que j'etais assis à la table je sentais le coup à mon oreille gauche c'est une pein aiguë pour les secondes.

Le 5 août, 2006

Hier soir je me couche à 1:30A.M. Je me suis réveillé à 6:00A.M. mais j'étais dans la mal de tête j'etais allé à la salle de bain alors j'etais retourné dormir encore je me suis réveillé à 10:15A.M. je sentais une petite l'aise mal de tête, je demandais si c'était le sodium ou c'était dans changer de procédé, pourquoi est-ce que j'ai dit cela? Parce que chaque fois j'ai la mal de tête quand je suis réveillé c'était chaque fois je changeais, changeais l'habitude, changais à pensé, et le comportement qui changeant aussi.

Aujourd'hui j'avais vu le petit d'epingle marque sur la place que j'avais vu le point rouge hier, j'avais vu un autre grand point rouge sur ma gauche pommette comme je l'avais vu hier.

Le 6 août, 2006

Hier soir je me suis couche tôt je me suis réveillé tôt à 6:15A.M. Je me suis retourné dormir encore jusqu' à 9:15A.M. j'avais le rêve mais je l'ai oublié. Ce matin j'avais vu épingle point rouge à mes deux côtés de mon nez à la déchirure place.

Cet après-midi que j'avais assis à la table lisant je sentais le coup de force à ma pommette gauche.

Après dîner je faisais de plats je sentais la force à ma tête dernierre au cou, je sentais le blocage, lourd, epuise.

Alors le coup à mon droit tête dernierre au cou c'était rien affecté, c'était comme le coup à ma gauche tête dernierre au cou plus qu'année il y a.

Le 7 août, 2006

Je me suis couché au minuit que je me suis réveillé à de 7:00A.M. Je me suis retourné dormir encore je me suis réveillé à 10:15A.M. J'avais le rêve mais je l'ai oublié, j'étais au lit le coup à ma droit tête de côté.

Aujourd'hui après je prends douche je sentais que ce n'était pas normal à mes deux hanches, mon dos etait pein mais c'etait normal heurs plus tard.

Le 8 août, 2006

Hier soir je me couche au minuit que je se suis réveillé à 1:15A.M. Je veux aller la salle de bain ce n'était pas normal je sentais puis je suis retourné dormir encore je suis réveillé 2 heures chaque fois au rêve artificiel jusqu' au matin.

Quand j'étais au lit le coup de force à mon coeur je sentais pein, je tournais mon corps pour éviter alors je sentais pein à mon poumon gauche un peu de temps. Je me suis levé c'était allé.

Aujourd'hui j'avais vu que l'os au tempo de ma tête côté gauche était élevé en haut, ils attaquait ce place une année il y a ou plus long maintenant ils ont commencé la force au tempo droit côté du mois ou il y a 2 mois.

Le 9 août, 2006

Hier soir je me couche au minuit que je me suis réveillé à 7:00A.M. J'étais au lit le coup de force à mon coeur que je tournais pour l'éviter.

Cet après-midi je ne pourrais pas résister dormir j'avais pris le somme long.

Le 10 août, 2006

Ce matin j'étais au lit le coup de force à mon femelle j'avais tourné au droit côté pour l'éviter alors je me suis levé je sentais unease à cette partie.

Ce soir je prends la douche le coup de force à mon femelle cette fois c'était plusieurs coups à plusieurs différents places sur ma femelle. Je sentais aussi la force d'appuyer à mon estomac de côté gauche c'était grand de 10cm qu'il appuyait de jusqu'à en bas 25cm mon estomac de côté gauche.

A la cuisine la force attaquais a ma droit tête de 5 à 10 minutes, mon droit vision etait effecte ce moment-la.

La nuit j'étais au lit le coup de force à ma tête gauche parce que j'avais tourné à la droite pour éviter le coup à mon femelle.

Le 11 août, 2006

Ce matin j'avais vu 3 grand l'âge points a place de mon droit oeil et tempo aussi, un noir l'age point à mon gauche tempo, c'etai par-dessus nuit.

Ce matin j'avais vu un blanc petit de ficelle tissu implanté sur ma droite supérieur lèvre. Ma souslèvre de côté gauche déformait sous leur procédé, j'ai détesté regarder ma face maintenant. Je ne sais pas qu'ils ont fait à mon poumon je sentais lourd à cette place.

Le 12 août, 2006

Quand je prends la douche je sentais coup aigu à mon tempo, c'etait dure l'heures longue là-bas.

Le 13 août, 2006

Hier soir quand j'étais au lit le coup de force à la droit tête au tempo alors à ma tête de côté gauche au tempo. Ce matin quand j'étais au lit je sentais le coup de force à mon coeur, mon estomac, et mon subordonate d'abdomen section.

Le 14 août, 2006

Dans le soir à la cuisine je sentais l'aigu épingle dans mon droit d'intérieur nez c'etait affecté immédiatement mon liquide nez.
La force à ma droit tête au cou aussi alors j'avais senti le poisson nouriture odeur c'était les nerve sensible à mon droit nez avaient été affecté, je devais utiliser le papier de tissu pour éliminer mon nez liquide.

Le 15 août, 2006

Ce matin j'avais vu point rouge d'épingle à mon droit pommette, j'avais vu le tissu implanté dans mon gauche sur lèvre je l'avais essayé retirer mais c'était toujours la.

Le 16 août, 2006

Ce matin quand j'étais au lit le coup de force à mon gauche tempo je le frottais avec mon doigt à l'aise ce place.
Cet après-midi la mauvaise odeur j'avais faire de fraîcheur l'air mais c'était toujours là-bas, j'avais recu mal de tête alors j'avais ouvert la fenetre.

Le 17 août, 2006

Je me suis réveillé au rêve artificiel j'avais su qu'ils ont les voulu extrait de quelqu'un et à quelqu'un ce qu'ils ont projeté d'insérer dans.
Ce matin quand j'étais au lit le coup de force à mon droit pied au point de nerve.

Le 18 août, 2006

Aujourd'hui quand j'avais assis à la table, je sentais le coup à ma tête gauche près d'épaule.
Peu de jours il y a quand je prends la douche je sentais la force avec la taille de 7cm touchait et appuyait gardé à mon tailbone je le sentais endommagé plusieurs jours plus tard comme la coupure.

Le 19 août, 2006

Hier soir j'étais au lit je sentais la force qui appuyait à mon abdomen pour les heures j'avais gardé cette position que je n'avais pas tourné pour l'éviter alors dans le matin je me suis réveillé, la force pareile appuyait à mon d'abdomen comme ca faisait hier soir aussi c'etait dur longtemps que j'étais au lit. Je me suis levé aller à la salle de bain, c'était endommagé à mon abdomen, c'etait pein en la ligne.

Alors je prends la douche je sentais que la force avait fait quelque chose à ma d'abdomen à ce place je sentais pein, ma deuxième urine était revenu normale la pein c'était allé.
Ce matin j'avais vu point rouge d'épingle à mon gauche pommette. J'avai vu que la bouffée pres à ma pommette gauche aussi

Le 20 août, 2006

Ce matin j'aivais vu que la bouffée pres à ma pommette gauche était allé.
J'etais tenu à l'évier de cuisine pour préparer la nourriture je pourrais sentir le coup à mon estomac gauche et à la cuisse gauche aussi.
Après le déjeuner je faisais des plats je sentais le coup de force à mon estomac au centre alors au droit côté d'estomac aussi.

Le 21 août, 2006

Le sujet était l'obsession mais je ne l'avais pas été noté ce que c'était si je ne la pourrais pas expliquer ici.

Le 22 août, 2006

Hier soir quand j'étais au lit je pourrais sentir que la force appuyait à mon subordonate abdomen je sentais pein alors je tournais au droit côté pour l'éviter.
Je me suis réveillé à plusieurs reprises pendant dormir.
Ce matin j'avais oublié ou l'aise de l'obsession que je ne la pourrais pas tenir hier.

Le 23 août, 2006

Hier nuit je me suis réveillé à plusieurs reprises pendant la nuit. J'avais le rêve artificiel, ce mélangeait avec quelqu'un rêve ou lui qui tenait son esprit, ou son inconscien.
 Ce matin j'avais vu 3 à 4 point épingle à ma basse droit joue pres mon nez et ma bouche, les points d'epingle avait l'air de l'un j'avais vu sur ma centre sur levre avant.
Aujourd'hui c'est le jour de colère le sujet d'obsession avait été occupé mon esprit comme avant-hier.

Le 24 août, 2006

Hier nuit j'avais combine le rêve artificiel.

Le 25 août, 2006

Ce matin j'avais vu que le point rouge pres à ma cicatrice à ma droit pommette.
Quand j'avais assis à la table dans mon apt. la force faisait à ma tête de côté gauche, c'était tenté de perdre mon attention.
Sur la rue à l'intersection quand je marchais d'arrêt d'autobus à retourner mon apt, je sentais le coup à ma tête de côté mais c'était rien affecté, je sentais rien.

Le 26 août, 2006

Je n'avais pas de rêve hier nuit.

Le 11 octobre, 2006

J'avais le cauchemar hier nuit j'étais evite de danger et l'évasion le désastre nature aussi. En ce moment j'ai préparé à transférer à ma maison à une autre ville.

J'ai habité en Houston

Le 17 juillet, 2007

Puisque la fin du Novembre 2006 j'ai transféré à Houston que je n'ai fait pas noter dans ce livre n'importe quoi plus parce que j'ai pensé c'était pareil qu'ils ont fait à mon corps gauche.
Cependant il y a peu de semaines j'ai remarqué quelque chose nouvelle méthode quand j'asseyais à ma table de cuisine avoir repas, ils tirent le coup de force derrière mon dos du poumon gauche, c'etait affecté comme l'anesthésie du poumon gauche à ma tête gauche alors plusieurs heures plus tard je sentais pein à ce poumon, peu de jours plus tard le coup de force à mon droit poumon je sentais comme l'affecte à la procédure de poumon gauche.
Peu de jours plus tard je toussais j'ai pris le médicament pour éliminer ce tousser. Ils continuaient le coup de force à mes deux poumons, mon colon quand j'asseyais là-bas pour avoir mes repas.
Je transférais à la salle de dinning pour mes repas je sentais le coup à mon oeil gauche c'était le coup fort, 2 fois ce jour alors le lendemain j'aivais vu la peau à ce place tournait la peau grise.
J'etais déplacé un autre endroit de la table je sentais le coup fort à ma tête gauche et à mon bras gauche je sentais pein.

C'était presque toujours quand je prends douche et brosse mes dents je sentais le coup à mon front tête, mon dos, mes poumons, ma tête, mes fesses, ma cuisse, mes jambes, mes pieds, et mon estomac. C'était mon corps entier. Quand je faisais des plats je sentais le coup à mon front, mon dos, mes poumons, ma tête, et mes jambes (c'est comme insecte sur notre peau).
Quand j'utilisais l'ordinateur dans ma chambre à coucher je sentais le coup à mon cou, ma tête postérieure, mon nez, mon nez d'intérieur, mes joues.

Le 27 juillet, 2007

Hier soir je faisais des plats à la cuisine j'avais senti la fumée je sentais pein à mon sein gauche un peu de temps alors c'était le relâchement.

Hier nuit j'etais déplacé une autre salle quand je me suis réveillé, le coup de foce si fort à mon gauche ovale c'était pein terrible.

Peu de jours il y a quand je couchais au lit je sentais le coup à mon uteri, mon femelle et ovaries.

J'ai pensé ils ont installés déjà les appareils dans ma maison et maintenant ils ont commencé leurs travaux.

Quand j'ai marché hors de chez moi je sentais mieux que j'étais dans ma maison avec fumer d'odeur.

Je sentais le coup de force à ma gauche main après le déjeuner j'avais senti le parfumé de l'Inde, ma main gauche joindre etait pein.

Le 28 juillet, 2007

La fumée m'a fait la mal de tête, étourdi et je m'effondrerais facilement dans ma salle de bain.

Le 2 août - 4, 2007

J'avais appelé gaz company etait venu vérifier gas oil et fumée, appareil commerce etait venu vérifier réfrigérateur, congélateur, laver et secher machine aussi puis climatiseur etaient venu nettoyer air canal et climatiseur. Je dépensais de l'argent pour cette hazard odeur.

Je n'ai pas su et quand le coup dans mes lèvres, c'était pein, ce soir j'avais mangé rouge poivre alors mes lèvres avaient été grossi dans grand épais lèvres puis j'avais vu les traces d'épingles là-bas, je demandais c'etait pourrait causer des crevettes j'avais mangé aujourd'hui et hier .

Le 29 août, 2007

Peu de jours il y a je lisais le journal que j'apprends de l'annonce de procédé qu'a fait tourner à veillir des gens de 25 l'ages à 75 l'ages et lui a fait renverser aussi, ils montrent la femme face à le procédé, elle a de l'air de 25 l'age à 75 vieillit.

Un autre journal a écrit de l'annonce chirurgie esthétique et ils ont fait changer femme à l'homme et renverser, ils ont fait charactere et structure du corps.

Je me demandais est ce que cétait le procédé qu'ils ont puni sur moi.

Ma dignité, mon honorable, ma vie l'argent ne peut pas payer.

Ma beauté sera un milliard de dollar.

Le 4 septembre, 2007

Hier nuit j'était au lit je sentais le coup à ma gauche plante, ma femelle alors à ma droit plante mais c'etait léger coup que la gauche plante.

Ce matin je me réveillé je sentais étrange et inconfortable à mon droit côté oreille et sous mon droit oreille aussi. Ma gauche jambe étaient pein je pourrait sentir ma gauche plante pein mais ce n'était pas comme mon gauche pied.

Le 11 octobre, 2007

De semaine il y a je n'avais pas su ce qu'ils avaient fait à mon sein, mon sous bras et mon dos à mes poumons c'étaient endommagé. Deux jours il y a mes deux jambes étaient terrible épuisé pein, je n'avais pas su ce qu'ils avaient fait.
Je n'ai pas su qu'ils ont fait à mon sein(mes breast) elle perdait la taille dans seulement par-dessus la nuit, elle sont petites, c'était m'insulter et à j'etais devenu la vieille dame qu'ils ont projetées à faire.

Le 15 octobre, 2007

Hier nuit et peu de jours il y a je n'ai pas su qu'ils ont fait dans mon femelle, dans ma route de uteri. Quand je me suis réveillé j'ai entendu les voix qui riant s'écrient du groupe je sentais les nerve de sensation dans ma route de uteri touchaient alors ell'avait gardé le sentiment pour le jour entier et aujourd'hui je sentais que je veux aller à la salle de bain dans urgent condition je ne pourrais pas régler d'eau versait hors.

Le 20 octobre, 2007

Hier soir quand je lisait nouvelles sur mon ordinateur j'avais entendu le bruit commme craquant mur ou quelque chose avait essayé ouvrir le mur je s'etait tourné regarder ce que c'était je n'avais rien vu mais quand j'avais vu ma face dans le miroir j'avais su c'était de l'ordinateur ou c'était mauvais, un jour je sentais ma moelle, mon front pein, je sentais le coup de force doux à mon dos pres de mon colon à plusieurs reprises et un jour je sentais que je n'était pas contrôle mon dos rendre droit en asseyant.

Le 21 octobre, 2007

Ce matin j'avais vu la trace de coupure à mon droit pied pres à la cheville et 3 grand rouge point sur mon pied. Peu de jours il y a à aujourd'hui quand j'asseyais à mon ordinateur à la table je sentais le coup de force à ma gauche tête alors à ma dernierre tête et le côté a mon oreille gauche, c'était etourdi et je ne pourrais pas concentrer et comprendre.

Le 10 novembre, 2007

Le coup à ma tête, ma joue gauche, le genre d'injection à ma droite joue et aux deux épaules je pourrais voir les traces d'épingles, ennuyer ma veine de pieds.
Le coup de force à mes ovaries pour long periode de temps, je sentais pein à ce place, la force à ma femelle et uteri quand je suis au lit.
Aujourd'hui je prends la douche je sentais que la vibration ennuie ma femelle alors j'avais observé pour voir ce qu'ils faisaient j'avais découvert que ma femelle avai été changé la forme, ell'était dans la petite taille, ell'était étrange à moi, elle perdait resserre des muscles je pourrais me sentir qu'elle déplaçait des muscles quand je marchais.

Le 15 novembre, 2007

Tout le hier nuit le coup de force à mon subordonnate abdomen et ma felle, ce matin je me suis reveille je ne pourrais pas marcher, c'etait terrible pein, je n'avais su ce qu'ils ont fait à ma uteri et ma femelle puis ce soir je prends douche j'avais observe mon bass abdomen, j'etait surpris quand j'avais vu 2 lingnes de tire peau à mon gauche bass abdomen la trace porte d'enfant. J'avais 3 enfants mais pendant et après accouchement j'etais appliqué crème à mon bass abdomen, mon estomac, mon dos, et mes jambes aussi.

Le 16 novembre, 2007

Hier soir quand j'était au lit la force était essayé faire quelque chose à mon femelle je ne l'ai pas su décrire, je sentais la force etait fait de chose le cercle hors de ma femelle sensible place alors je sentais la coupure à travers à la ligne qui commence ma femelle forme alors je sentais le tirer en bas comme un genre de ma uteri était force hors. Je suis levé m'éviter ce procédé.

Le 17 novembre, 2007

Hier soir la force ennuyait ma femelle quand j'étais au lit je ne pourrait pas dormir si j'étais levé prendre image ma salle j'ai défendu avec blocage baton à la porte, oreillers, carte et mon manteau couvraient mon corps du coup de force tentait à mon corps pour fair nuire et afin de changer mon corps. Mais la force était reçu par ces choses je l'avais noté avant, ils ont ajusté la force de pouvoir pour les recevoir.
Ce matin je me suis levé je vais à la salle de bain j'ai éliminé mon urine je sentais étrange à ma côté femelle a été changé. J'étais si fache, j'avais pris images de mes étrange femelle à ce moment-là, c'était si difficile pour moi prendre mon coprs image. Ce n'est pas ma femelle, c'est sa femelle ou d'homme form.

Le 19 novembre, 2007

Aujourd'hui je prends la douche j'avais observé que ma femelle pour voir comment ils l'ont fait changer hier nuit, j'avais vu quils ont la été changé dans la forme femelle mais ce n'était pas mon origine femelle. Puisque j'ai remarqué le changement de ma femelle je toujours observe ma femelle dans le matin ou dans le temps je prends la douche.

Le 21 novembre, 2007

Hier soir j'étais au lit le coup de force à mon bass abdomen alors ce matin j'avais vu que ma abdomen était la forme en forme d'homme.

Le 25 novembre, 2007

Aujourd'hui j'avais découvert toutes les images que je sauvais sur mon appareil-photo numérique ont été effacées cependant je sauvais déjà des images à mon ordinateur et verrouille le fichier sur mon ordinateur.

Le 26 novembre, 2007

Ce matin je me suis réveillé je sentais endommagé à mon femelle comme une coupure, je l'avais observé mais je la sens seulement je ne pourrais pas la voir.
Ce matin j'avais vu le point d'épingle en centre à ma sur lèvre boder ligne, le point à mon nez et la coupure 3cm à mon nez.
Je sentais la vibration sous ma panties (les sous-vêtements).

Le 28 novembre, 2007

Ce matin j'avais observé que mon subordonate abdomen c'était dans en forme de saggy.
J'avais vu quelque chose étrange à ma sur lèvre si je yarned pour le transformer.

Le 1 décembre, 2007

Avant d'hier j'avais vu que la petite bouffée à mon côté gauche sur lèvre pres à ma gauche joue, aujourd'hui j'avais vu qu'ils formaient sur cette place en compter l'homme, si je le frotte avec mes doigts.
Ce matin j'étais au lit le coup de force à ma femelle et mon abdomen je n'ai pas su ce qu'ils ont la fait au jourd'hui, je suis si fatigue verifier ma femelle chaque matin, je suis si fatigue.
Ce matin quand j'ai vérifié mon femelle j'ai vu qu'ils changent une autre forme de femelle mais ce n'était mon origine femelle. Je suis si résent.

Le 7 décembre, 2007

Aujourd'hui quand je prends la douche je laves ma femelle je sentais au côté gauche de ma femelle avait été formé le cercle dur là-bas. Est-ce que c'etait? je n'ai pas su qu'ils essaient de faire, la forme mâle?

Le 14 décembre, 2007

Hier nuit je dormais dans mon lit je me suis réveillé par la cause, c'etait la pein à mon dos à ce place mon poumon alors j'ai pris le livre de carte pour placer sur le matelas alors je me suis couche jusqu'au matin.
Je souviens la nuit j'étais au lit le coup de force attaquait à ma femelle alors je la voulais bloquer en plaçant les oreillers, mon manteau et le carton mais cette force etait dure attaque à ma femelle puis je prendrais ma cell phone placer à ma femelle alors je pourais sentir le micro-magnetique qui deplacait entourer alors ca jetait à un autre place sur mon corps. J'ai su qu'ils pourraient se rend compt ca sur cette nuit.

Le 27 décembre, 2007

Quand je prends la douche, je sentais que la vibration pour attaquer ma femelle qu'ils ont essayé de changer de la forme à la formes.

Je sentais le coup à mes poumons, la vibration à mes poumons, la nuit je sentais pein quand je plaçais sur lit.

Le 29 décembre, 2007

Aujourd'hui je prends la douche je sentais le coup de foce à ma fesse alors ils me permetaient d'entendent qu'ils m'ont vu à ce moment-là, ils m'insultent, j'étais si fâché que j'ai appelé Dieu alors j'avais vu la lumière frappée à ma jambe je n'ai pas su que c'était leur force de source rayonnement perdait hors parce que je lui étais effraye.

Le 8 janvier, 2008

Hier j'a pris douche quand je lavais ma femelle je sentais pein au droit côté à place de deux côtés femelle forme, je ne pourrait pas la voir mais je sentais sableux à cette place, elle pourrait être inséré microchip ou tissu, ou cell.
Je sentais mes deux côtés femelle ont été changé je ne pourrait pas les décrire, elle n'était pas ma plein à deux côtés femelle forme.

Le 10 janvier, 2008

Hier soir pendant le temps je lisais nouvelles sur le mon ordinateur je sentais le coup de force attaquait à ma tete gauche puis au centre et en bas c'etait en 5cm, d'ici j'avais touche ce place avec mes doigts, je sentais un petit bouton la.
Ce soir à la cuisine je sentais la vibration à mes deux poumons, le coup de force à mon oreille gauche, sous mon oreille, la force à mon côté gauche femelle.

Le 14 janvier, 2008

Aujourd'hui toutes les choses ont fait et m'avait pensé pour écrire de mission Dieu, l'Univers et Moi.

Le 22 janvier, 2008

De semaine il y a quand j'avais fini ma douche je sentais le coup et vibration à mon cou alors peu de minutes plus tard je sentais courbaturer des muscles mon cou et sur dos.

Le 23 janvier, 2008

Aujourd'hui quand j'asseyais à la salle de dinning je sentais le coup de force à mon cou gauche.
Quand je faisais des plats à la cuisine je sentais la force en form de boucle circle à mon droit head deux fois alors c'était effecte avec léger étourdi quand je brosses mes dents ou c'était un autre genre de force que je n'avais pas remarqué.

Le 25 janvier, 2008

Hier soir j'étais pose dans mon lit je sentais la force d'appuyer qu'il avait appuyée à ma poitrine du cou au marrowbone je sentais pein de poitrine entière aux poumons dans le dos aussi. Ils ont été dérangé ma dormir si peu d'heures plus tard j'étais toujours éveillé je sentais le coup de force à mes orteils, mon pied, mes jambes je sentais les muscles unfeeling de mes pieds jusqu'à mes hanches.

Ce matin j'avais vu le point rouge à côté gauche ma sur lèvre.

Peu de jours il y a j'avais vu et sentais le sableux comme le chip etaient inséré à ma joue de côté gauche.

Le 26 janvier, 2008

Peu de jours il y a j'avais assis à mon ordinateur j'avais entendu le bruit d'electronic et je pourrais sentir la vague d'électronique avait scruté par ensemble ma maison en emmagasine 2 lignes.

Dans l'été 2007 j'etais allé hors de garden pour couper légumes et prendre photos alors j'étais revenu dans ma maison, j'avais préparé mon déjeuner et lavage mes legumes, après j'avais fini j'allais à la dernierre porte où je mettais ma appareil-photo là-bas. J'avais remarqué le bruit était ici à l'appareil-photo que j'ai entendu pour les heures, je ne pourrais pas le tourner alors je l'avais apporté à ma salle en second etage, je me tenais à la porte alors je pourrais sentir que l'augmenter de vibration etait élargit rapidement aux murs de ma maison entière, j'avais entendu le bruit qui secouant des fenêtres, J'étais panique j'avais pensé ma maison pourrait lui-même est explosée dans les secondes alors il avait tourné automatiquement de lui-même, mon appareil-photo d'aussi.

Hier et aujourd'hui dans ma maison j'aivais senti le pétrole de gaz et fumée, c'etait 5 mois il y a depuis ils sont fait airduct netoyer.

Le 27 janvier, 2008

Hier j'ai commencé à taper mon journal à mon ordinateur pour arranger mon livre Dieu, Universe et Je le prochain mois.

Quand j'avais assis à la salle de dinning la force etait attaquée à ma tête gauche, ma tête postérieure au cou.

Quand j'avais assis à mon ordinateur pour taper mon travail je sentais le coup à ma tête.

Le 28 janvier, 2008

Le pétrole de gaz je l'ai senti toujours aujourd'hui.

Quand j'asseyais dans la salle de dinning je sentais le coup de force à mon oreille gauche, ma dernierre tête au centre.

Quand j'avais assis à mon ordinateur je sentais la force appuyé à ma tête, coup de force à ma gauche tête, et ma droit postérieur tête.

Le 29 janvier, 2008

Ce matin j'étais réveillé au rêve je croyais c'est terrible sexe diriger dans mon rêve qui mènera à mon conscien esprit dans le jumeaux léger consciens, j'étais si fâché que j'avais dit qu'ils diraient comme le Code de Davince à l'avenir.

Le 2 février, 2008

Aujourd'hui quand j'avais assis à la table dans la salle de diner je sentais le coup de force attaquait à ma droit tête, mon gauche cou, mon poumon je sentais unfeeling là-bas.
Il y a peu de jours quand je brosse mes dents je sentais le coup à sous mon droit oeil alors j'avais vu le petit noir point là-bas puis le jour plus tard un autre coup à ce place encore, le matin de lendemain j'avais vu le grand noir point et cabossé à cette place.

Le 3 février, 2008

Au dîner le coup de force à mon poumon gauche, mon cou gauche sous mon oreille gauche, et ma tête gauche.

Le 4 février, 2008

Quand j'avais assis à mon ordinateur la force appuyée à ma tête gauche.
Ce soir quand je brosse mes dents je sentais la force attaquait et balayagait à ma droit femelle, la force à la place entre l'hanche et subordinate l'abdomen aussi.

Le 5 février, 2008

Quand j'était à la salle de dîner la force etait attaqué à ma tête au cou de gauche côté je sentais petit étourdi.
Quand je faisais des plats à la cuisine je sentais la force de vague etait circulé vibration sous ma panties (sous vetement) puis la force tirait à ma gauche femelle côté puis à l'os de ce côté femelle aussi.

Le 7 février, 2008

Hier nuit je me suis réveillé grâce à la pein terrible à l'os de jointure de mon droit pied alors dans les secondes je suis retourné dormir encore, je rêvais quelqu'un rêve dans la Chine ou quelqu'un celui avec regardait d'expérience nouvelles de désastre froides récemment dans la Chine.
Cet après-midi quand j'avais pris la douche je lavais ma femelle je sentais pein les deux côtés ma femelle, c'étaient la form de blessure comme les épingles qui attaquaient ces côtés, ma colère était pleine maintenant, c'était si terrible je ne pourrais pas silencieux. Ma femelle était change dans leur form. D'avant ils avaient tenté changer ma femelle, ils avait essayé changer ma naturel femelle à gai alors à lesbienne, ils ont su ce que je parle de.

Le 8 février, 2008

Je n'avais pas senti le pétrole de gaz ou fume ces jours puisque j'etais sorti pour aller à l'épicerie peu de jours il y a.

Quand j'étais au lit je sentais que mes joues étaient comme dans d'épingle faisait soulever puis les lessait tomber.

Peu de jours il y a je sentais la force etait tire à mon subordonnate abdomen pour prendre elargisement puis heir soir la force était fait comme ca, c'etait si pein, j'avais pris boîte de conserve et mon cell phone pour cover sur cette place, j'ai marché pour exercer, c'étaient soulage en des heurs plus tard.

Phiem
Le 8 février, 2008

Gott Universum und ich

Phiem Diary # 1

Freface

Lieber Leser,

Ich sollte auf die Dinge absorbiert werden warten müssen, dass bedeutet hatte ich völlig unter der geheimen Ausführungsmannschaftmission zerstört werden wurde. Ich habe zu meinem Haus bewegt damit ich beschäftigt war besonders mein Gedanke dass sie meinen linken Seitenkörper vollendet fuhren wurde, meinen richtigen Seiten körper wenn sie es fortsetzen das gleiche Verfahren, das sie zu meiner linken Seite gemacht haben wurd. Aber kürzlich in den Monaten Ende vom Jahr 2007 haben sie versucht mich in Mann umzugestalten und bevor dass sie versucht meine Stimme in Stimme Schwul zu ändern, Schwul dann lesbisch, dass war der Grund hat gemacht den Kolben für mich, diesen Tagebuch vorzubereiten zu Warnung es zur Welt herauszugeben, die ich jene Ahnung nicht annehme. Sie haben es mir gezeigt dass sie schreckliche eifrige Machendinge sind, die sie vorgehabt werden zu gewinnen.
In diesem Tagebuch gibt es die gleichen Wörter und die gleichen Handlungen haben alltäglich wiederholt wie Krankenhausdiagramm, es interessiert während Vorlesung lesen wird, dieses Buch wurde keine Phantasiengeschichte, der Tagebuch ist die Tatsache, das Dokument geschrieben, es wird sein nützlich Forschung, Geschichte, zu machen oder untersucht und Leser darf die Idee gewinnen wie diese Welt in Zukunft, gefährliche oder friedliche Welt gestaltet werden wird.

Ich habe mich selbst gefragt, wer sind sie?
Ich weiß nicht. Das einzige Ding, das ich gedacht habe.
Sie sind Netwerk.
Sie sind mächtig.
Sie sind reich. Sie könnten irgendetwas kaufen, irgendein ein.
Sie bewegen dan entlang, wenn ich bewege.
Sie sind immer hinter meinem ruck.
Sie könnten der leuter Zeugen sein.
Sie könnten Beschützer sein.
Sie könnten Saboteure sein.
Sie könnten meine Feinde sein.
Die Fachkenntnisse werden wissen, wer sie sind.

Was wollen sie von mir?
Was habe ich zu ihnen gemacht?
Wer bin ich?
Warum bin ich ihr Ziel geworden?

Mein Schreiben?
Meine Bücher wurden als Dokument geschrieben. Dass war ganze wahr. Lesen Sie meinen Büchern die Publikum und Leser das Thema verstehen werden, dass ich als mein Tagebuch gemerkt habe.

Phiem Nguyen
26 Januar, 2008

Ich bin Vereinigten Staaten 2004 zurückgekommen.

Sie waren von Vereinigten Staaten folgen denen mir zu Viet Nam dann sie folgten mir hintere Vereinigten Staaten gemacht.

Ich habe meinen Tagebuch 2003 zu 2005 von Katrina Hurrikan verloren. Ich könnte mich an Datum nicht erinnern. Ich merke nur hinunter die Dinge, die sie zu mir gemacht haben.

In Viet Nam habe ich Fischsoße geessen, könnte ich den popup innerhalb meines Körpers fühlen. Nachdem Tag ich meine Lektion überprüfe könnte ich die Kraft (laser or magnetic force) hat geschossen zu meinem Kopf und hinter meinem Kopf am Hals fühlen. Ich habe Arbeiten fortgesetzt dann Irgendwann später das Verfahren hat wiederholt.

In Vereinigten Staaten

Ich hatte in New Orleans gelebt.

Als ich an der Spüle gestanden habe, könnte ich den Zug aus an meinem Backen knochen, an meinem Mund, an meinen unteren Backen fühlen abdrucken.
Ich könnte den Schuss zu meinem Kopf fühlen es hat mich in Sekunden gelähmt.
Als ich an meinem Tisch in meinem Zimmer gesessen habe auf meinem Computer zu machen, ich könnte den Schuss zu meinem Kopf fühlen.
Ich habe das Geräusch auf meinem Dach und außerhalb meines Zimmers gehört, ich war außerhalb meines Hauses gekommen, anzuschauen was weiterging, ch habe nichts auf meinem Dach und außerhalb meines Hauses gesehen.
Nachdem Tag ich den winzigen geschwollenen Sack an meinem Augenbraue gesehen habe, ich habe gesehen dass meine Augenlider Durchhängenaugenlidern änderten.
Ich habe gesehen, dass meine Backenknochen höher gewachsen waren, Ich habe meine zwei Backen (unter dem Backenknochen) wurden geändert in Durchhängenbacken gesehen.
Ich habe gesehen dass die Backenknochen höher gewachsen sind.
Ich habe gesehen, dass meine zwei Backen mehr Durchhängen erhalten haben.

Zu der Zeit sollten meine zwei Backen Muskeln festziehen. Meine zwei Schenkel zogen Muskeln athletische Muskeln fest. Mein ganzer Körper, mein Gesicht, meine Hände waren auch jung.

Ich hatte in El Paso gelebt

Dies war erste Mal dass ich normalen Traum da 1993 oder 1994 habe gehabt, die ich in Austin gelebt hatte. Ich habe bemerkt, daß mein Traum beraubt worden ist, kontrolliert und ich träume daß jemand oder künstlicher Traum träumt worden.
Ich habe Rauch gerochen und ich mußte meine Nase mit Gewebe bedecken, ich habe gesehen, daß der rauchende Topf von meine nächste Tür meinem zimmer apt.ausgebracht hat. Die Kraft (laser order vibration magnetic) bewegte nur Schuß zu meinem Körper dann ich hatte begonnen.

Die Gehirn Funktion kann heilen und es kann auch den ganzen Körper kontrollieren.
Die Implantation von Zellen oder Gewebe in Körper könnte werden, dies lebhaft wachsen Verfahren in Körper sein wird. Es könnte dass Gestalten das junge und Altern sogar die Gesundheit, physische Funktion umgestalten werden.
Die Einspritzung Flüssigkeit oder chemische Formel ist das gleiche betroffen.

Geruch

Dieser Geruch machte bewirkten Körper wie Droge, es könnte organischer Geruch oder Chemikalie Geruch und so weiter sein.

Ich hatte in Irving gelebt

Nachdem Tag ich kochen Speise gerochen war, den ich habe gesehen daß meine Haut braun grau dreht wurde, es hatte müde angeschauen. Dann hat es einen anderen Geruch meine verheerend Haut zurück zu meiner normalen Haut gehabt drehen.

Geleitete Energie Waffe

Ich war Schuß dass ich habe gedacht weil ich fühle nichts zu meines Körpers oder Riechen irgendeiner Art zu der Zeit berührut hatte dann ich alle meine Energie sofort wurde verloren. Ich war so hungrig, ich wurde so ermüdet und ich könnte nichts machen.

Tragen Sie in meinem zimmer.

Sie dürften in meinem zimmer apt. eintragen wenn ich schlief weil ich gewöhnlich den Schuß auf meinem Gesicht gesehen, meinem Bein und meinen Zähnen wurde.
Mein Gesicht wurde Altern und Runzel gedreht.
Mein Bein größer gewachsen wurde.
Meine empor Zähne schmerzen sich, mein Kiefer unbequem war.

Diary mit dem Datum

Juli 25, 2005

Heute abend könnte ich den Schuß zu meiner linken Lunge in der Rückseite fühlen, ich es könnte die Größe um meinen Finger fühlen und der Schuß ungefähr 1 bis 2 Minuten gedauert hat, ich fühle Schmerz auch aber nach dem Schuß, ich fühle normal.

Juli 27, 2005

Heute und vor wenigen Tagen habe ich roten Fleck an meinem Backen Knochen gesehen. Dann hat es mehreren roten Fleck an meinen Backenknochen, meine Nase zu meinen Augen und meiner Stirn gehabt.

August 10, 2005

Ich könnte den Schuß zu meinem ovary stele das zuerst am Recht dann Linken fühlen.
Ich fühlen Schmerz war dann ich es mit Heizung Kreme reibe hatte
Gestern Abend träumte ich daß nicht mein normaler Traum war, es war computer.
Wenn ich aufgewacht dann habe ich fremden Dinge entdecken wie meine Gewohnheit geändert wurde. Iche handle anders, ich habe meine Frohsinn Weise verloren, ich fühlen Bohren habe gehabt.
Sie der Kraft Laser oder Magnetic electronic schießen zu mainen Beinen gemacht.
Ich könnte den shuss hinter meinem Kopf an meinem Hals fühlen.

August 12, 2005

Ich könnte der Klaps wie Tasse fühlen zu meinem Kopf an meinem Hals gedrückt worden war wenn ich für meinen Sohn betete war.

September 22, 2005

Ich habe 4 rote Punkte auf meinem richtigen Bein und einem roten Punkt auf meinem linken Bein gesehen.

September 28, 2005

Durch die Wand könnte ich das Schuß zu meiner Backe fühlen.

September 30, 2005

Heute habe ich gesehen daß meine Backe war schwellen.
Sie machten etwas zumeinem Kopf, ich es könnte fühlen, der zu meinen Füßen bewirkt wurde.
Ich habe eine Kopfschmerzen für alle Nacht gehabt.

Oktober 03, 2005

Ich weiß daß Schuß zu meinem linken Ohr und meine linke Backe vor wenigen Tagen dann heute ich war lustig wie etwas Belästigen mich fühle, ich könnte den Ort nicht fühlen wo es Schuß war.

Oktober 04, 2005

Gestern habe ich die dünne Schnur (weiß und klein wie meine Haar Größe) an mein Augenlid gesehen steckte war, ich habe versucht es aus zu nehmen, aber ich könnte es aus nehmen nicht.

Oktober 06, 2005

Heute habe ich gesehen, daß die winzige Schnur an der Mitte meines Augenlid genau das andere war.
Laser oder eine Art von Kraft Schuß zu meiner Frau, ich fühle Ausbruch und das eitle von meinem Bein auch.

Oktober 07, 2005

Wenn ich Dusche nehme, könnte ich den angegriffenen Schuß von Laser oder einer Art von Kraft Schuß zu meinem Kopf fühlen.

Oktober 12, 2005

Ich könnte den Kraft Schuß zu mein Kopf dort steuer menschlich bewußtlos fühlen.

Oktober 19, 2005

Als ich am Küche Ausguß gestanden habe, Gerichte zu machen könnte ich das Kraft an meinem Knochen zu Mitte meiner sohle Seite fühlen. Ich habe gesehen daß die rote Punkt Nadel Spur an meines linken fuss, vor wenigen Tagen bezahlt.
Ich könnte den Schuß von rechts Schenkel es meinen Knochen hinunter zu meinem Absatz dann fühlen hat beeinflußt.

Oktober 20, 2005

Ich könnte den Kraft Schuß zu meinem hinteren Hals unter meines linken Koft dann meinen Knochen an meinem Knie Schmerz dann linken führt abstumpft fühlen.

Oktober 21, 2005

Nachdem Mittagessen das ich gewöhnlich an der Küche auftische gemacht haben, ich das Bündel des Strahls (Laser oder irgendeine Art magnetischer Welle oder elektronischer Welle) Aufregung zu meinem Magen fühlen könnte.

Oktober 22, 2005

Ich könnte die Erschießung meine Beine und den oberen Teil hinter meiner Taille fühlen hat geschlagen, es wurde zum Nerv durch meine Sohle an der Mitte von unter meinen Füßen beeinflußt.

Oktober 23, 2005

Ich träumte mit Lernen genau verstanden ich aufgewacht habe dann ich Albtraumt drücken mit dummem auflösendem Problem dann ich aufgewacht an dass geträumt, ich war woken auf in Kopfschmerzen für fast ganzen Tag.

Oktober 25, 2005

Ich könnte etwas fremd (gefuhllos) an meinem richtigen Ohr bis zu meine Stirn fühlen. Ich habe Kopfschmerzen später gehabt.

Oktober 27, 2005

Ich könnte den Schuß an meinen Beinen fühlen. Ich könnte den Schuß an meinem Mund an der richtigen Seite fühlen.

Oktober 28. 2005

Ich habe gesehen daß mein linker Schenkel war schwellen.

Oktober 30, 2005

Ich fühle etwas von der Kraft, ich mein linkes Bein mich von hinein zu meinem Knie fühle emporschwingt.

Oktober 31, 2005

Ich könnte den Kraft Angriff auf dem Oberteil meines Kopfs, hinter meinem Kopf an meinem Hals von rechts Seite zu linken Seite fühlen, ich fühle müde, unkontrolliert meines physisches.

November 1, 2005

Heute habe ich zwei dunkle Punkt Nadel Spuren auf meiner Mitte oberer Lippe gesehen. Heute morgen habe ich aughgewacht ich habe gehabt Kopfschmerzen, ich habe gewußt daß es hart für mich war zu konzentrieren mich an meinen Sohn in Reihenfolge Beten für ihn zu erinnern.

November 2, 2005

Ich habe organisch wie Knoblauch gerochen, stew Kochen von Gerichten war, daß etwas gemacht hat, das ich kann meine Gehirn Ausbreitung gefuhlen war.
Sie Schuß zu hinter meinem Kopf, Kraft schießt meine Beine, Kraft Schießt zu meinem linken Darm, ich fühle mich emporschwingt.

November 03, 2005

Es war organischer Braten Schweinefleisch Geruch.

November 05, 2005

Einige Ein dürfte in meinem zimmer apt. sein wenn ich schlief aber sie sind in mein zimmer vom Dach oder dem Untergrund, es nicht von der Tür gekommen war.

November 09, 2005

Heute morgen habe ich mich an meiner Backe wie acne aufgewacht fühlen emporschwingt. Ich habe Alkohol benutzt es zu waschen. Meine athletischen Schenkel habe ich heute gesehen, daß es größer gewachsen wurde und es hat fettigen gouges gehabt.

November 10, 2005

Ich habe die Kreis Größe die groß ist wie mein Finger an meinem richtigen Auge Sack, es purpurne Farbe war, ich gesehen habe daß mein ganzer Auge Sack und meines unter Deckel Auge in dunkelbraun zu purpurn waren.

Der Kraft Schuß zu meinem Kopf, meinem Hals, meinen Beinen, und meinem Körper.

November 16, 2005

Ich habe das Geräusch an meiner Küche gehört. Ich war bange so ich für ganze Nacht will erwecken aber ich habe geschlafen und ich habe an 6 A.M. aufgewacht.

November 21, 2005

Ich habe den roten Punkt an meinem richtigen Seite Mund vor 2 Tagen gesehen. Ich habe das Schnitzwerk an meinem linken Seite Mund gesehen.

November 27, 2005

Ich habe den roten Punkt an meiner richtigen Seite Riß Auge Tropfen Linie, ich roten Punkt an meiner linken Seite Backe vor wenigen Tagen gesehen habe.

November 30, 2005

Organisch Oriental Kochen Geruch ist, dies verschieden von Burschen und getrockneter Haut, dies wurde Organ wie Herz und nasal, Lungen beeinflußt.

Dezember 01, 2005

Dies könnte ich sagen ist daß aus Traum von einigen Ein gekommen war weil ich habe nie sieht daß in meinem Leben, die Frau Körper mit tattoo war.
Heute abend Kraft Schuß an meinem linken Seite Ohr Kopf, vor wenigen Tagen Kraft Schuß zu meinem richtigen Auge Knochen.

Dezember 05, 2005

Gas, das ich habe aufgewacht mit meinem Kopf anhalten Schmerz fühle, habe ich zwei tablette Tylenol genommen.
Vor wenigen Tagen habe ich die Spur der Nadel gesehen, die unter meiner linken Backe Haut eingespritzt worden war.

Dezember 07, 2005

Ich habe gesehen daß der rote Punkt an meiner Vorfront naher meinem linken Auge. Ich habe der Verderben Tag geträumt.

Dezember 9, 2005

Der Kraft Schuß zu meiner Backe, meinem Kopf, Arm, Beinen und Magen.

Dezember 11, 2005

Ich könnte die Welle (nicht der Schuß) zu meinem Kopf an der Front und die Rückseite auch fühlen. Es wurde zu meiner Konzentration beeinflußt zum geführt hat wenn ich gelesen und gehört wurde.

Dezember 12, 2005

Ich habe die Spur des Schnitts an meinem richtigen Seite Knöchel gesehen.

Dezember 13, 2005

Sie Schuß zu meinem Schenkel.

Dezember 14, 2005

Kraft Schuß zu meinem Kopf dann meine Vene, meines unter linken Arm beeinflußt wurde. Dies ist physisch betroffen. Geistig.

Dezember 16, 2005

Aus Traum ist, ich in malicious Verhalten in jenem Traum gekommen war.
Ich will erklären wie es bearbeitete. Zuerst habe ich mit meinem unterbewußten Gemüt das mein Charakter den ich aufgewacht war, ich Schlafen wieder war, zur Zeit bin ich gegangen daß künstlicher Traum mit der Weise Microchip oder etwas von Psychologie kontrollieren.

Dezember 22, 2005

Ich könnte der Kraft Angriff zu meinem Kopf, Beinen, (läßt) hinunterlassen Unterleib, Niere, rücken, Darm, und Magen fühlen.

Dezember 25, 2005

Musik könnte heilen und Musik könnte ändern oder könnte geistige Tätigkeit beeinflussen.

Dezember 26, 2005

Gestern Abend habe ich aufgewacht aber ich war still beim Schlafen, ich habe den Stimme Mann und Frauen lachen, laufen von außerhalb meines zimmer apt. gehört geworden.

Dezember 29, 2005

Eingespritzt unter meiner linken Backe Haut

Dezember 31, 2005

Aus Traum ist gekommen (doi truy), genießend Leben ohne Grenze (ich nicht weiß das Wort richtig zu nennen diese Ahnung).

Januar 04, 2006

Ich fühle unbequem unter meiner richtigen Auge Seite, ich habe die Linie und rot an jenem Ort gesehen.

Januar 05, 2006

Ich habe den roten Punkt an meinem Finger wie Blut Prüfung gesehen.

Januar 08, 2006

Ich bin zu Monterey, Mexiko gegangen war.

Januar 11, 2006

Ich bin Irving Vereinigten Staaten zurückgekommen, ich aus meinem zimmer bewegt habe, ich miete ein anderes zimmer beim Irving auch dann ich meinem anrede habe geändert.

Januar 22, 2006

Die Mannschaft bewegte entlang auch immer wohin und wenn ich bewegte war.

Januar 24,2006

Aus Traum ist, die Geschlecht Traum, die mein fiancé war, er meine Hände zum zweitem Mal nie gekommen hält war, denkt nicht an unser Geschlecht. Bitten Sie daß er die Wahrheit weiß werden.

Januar 26, 2006

Ich träumte daß ich mit hungrig Weise gegessen habe, ich so hungrig war, habe ich Speise in meinen Mund, ich oft behalten stellend habe gegessen. Mein unterbewußtes Gemüt hat meine Gewohnheit geleitet, die heute abend war, in aufwach habe ich gegessen wie ich in meinem Traum gegessen habe.

Februar 06, 2006

Die geheime Handlung durch zu meinem Körper wurde eine Mannschaft dann eine andere geheime Handlung die betroffen Mannschaft auf meinem Körper hat, es geheim auch durchgeführt entladen hat.

Februar 07, 2006

Die geheime Mannschaft bewegte zu meinem neuen Ort ihre Geräte aufstellen, Ich könnte der Schuß zu meinem Kopf fühlen wenn ich gelesen. Zuerst könnte ich schwer vom Druck zu meinem Kopf mein Gehirn unter Bedingung wie es hart für mich zu studieren dann fühlen abstumpft war zu verstehen wurde.
Ich meine Vene und meine Nerven gereizt könnte fühlen.

Februar 10, 2006

Ich habe die Spur des Schnitts an meinem Backenknochen gesehen. Ich habe gesehen daß jener Ort größer und höher gewachsen wurde als der Backenknochen an meiner richtigen Seite.

Februar 12, 2006

Ich könnte mein linkes Seite Ohr fühlen das mein Backenknochen und meinen Muskeln an meinem linken Seite Gesicht Fremd Gefühls auch war.
Ungefähr wenige Tage oder vor Woche als ich Dusche genommen habe, könnte ich das Drücken zu meinem Magen an der linken Seite fühlen, dies war ungefähr 4 inches breit und gedrückt hinunter zu um 10 inches lang, es war Schmerz zu der Zeit.

Bis heute ich Erfahrung von Altern wie Muskel Altern Verfahren gehabt habe dann Gehirn-Altern, und Geruch zu altern verfahren auch.

Nerven und Gehirn könnte Angriff zu Unordnung und Handikap zu führen und dass sind leicht auch gestorben.

Februar 15, 2006

Akupunktur benutzend Muster um Nerv Punkte und Muskeln auch zu lähmen. Gebrauch von magnetischer Welle zu lähmen oder Domäne Denken, Studium, Lesen, und Beten auch.

Februar 17, 2006

Ich habe die Spur der Nadel gesehen, die an meiner richtigen Seite Nase und zwei andere an meinen zwei Backenknochen eingespritzt worden waren.
In der Nacht war ich auf in Sekunden erweckt zu wissen und sich mich erinnern an mein linkes Bein dass von Nerv Prüfung wurde reagiert.

Februar 18, 2006

Ich habe den kleinen Kreis, der in an meinen zwei Backen waren aber es nicht am Nadel eingespritzten Orten gesehen war.
In der Nacht war ich auf in Sekunden erweckt zu wissen und sich mich erinnern die Kraft zu meine Magen Erhöhung ausgebreitet fühle hat auf gemacht und ich unbequem war oder es war eine Art aufgeregten Magens, dann ich Schlafen wieder gegangen wurde.

Februar 19, 2006

Ich war in Gehirn Angreifen, wenn ich gelesen wurde, ich höre auf zu lesen weil die Neigung als ich beschrieben habe.

Februar 20, 2006

Ich aufgewacht habe vor nur wenigen minuten und jetzt 3:22 A.M. ist.
Es war etwas an innerhalb meines linken Ohrs wie itchy belästigt, ich musste benutzen Q-tip.
Das innere Ohr ist gewaltig.
Wenn ich in einem anderen apt. lebte bevor ich in dieses apt bewegt habe.
Zuerst fühle ich die Kraft zu mein linkes Ohr den große Schuß zu der Zeit ich gereizt könnte sterben.
Hier in dieses neue apt. wenn ich am Salon Stuhl gesessen habe, ich könnte mein linkes Ohr in angegriffen wie itchy ich lustig wie Zahnarzt Anästhesie fühlen war.

Februar 21, 2006

Ich habe gesehen daß mein Backenknochen höher gewachsen war und der Knochen zum Ohr auch gewachsen hoh war. Ich habe den grünen Kreis um meinen Daumen an jenem Ort gesehen.
Ich könnte sagen, daß ich fühlen könnte etwas arbeitete, bewegte oder Handlung an meinem Backe Knochen einige Zeit und vor wenigen Tagen auch.
In Badezimmer könnte ich wie der Nadel Schuß an meiner richtigen Rückseite, mein richtiger Kopf angreift den zu hinter meinem Kopf naher meinem Hals fühlen.
Ich habe nicht gefühlt irgendein Drücken oder irgendeinen Schuß zu meinem Magen aber ich fühle Schmerz war an meinem Magen an der richtigen Seite.

Februar 22, 2006

Heute nachmittag habe der Kraft Schuß zu meinem Kopf ich schwindligen an jenem Moment Schuß geworden.
Dann heute abend als ich am Küche Ausguß gestanden habe Gerichte zu machen. Ich könnte den Schuß zu meinem Kopf oben und der Schuß zu meinem richtigen Schenkel bemerken.

Februar 23, 2006

Heute abend habe ich am Küche Ausguß gestanden Gerichten den Kraft Schuß zu oben auf meinem Kopf wie gestern zu machen. Ich habe schwindlig geworden aber es war nicht viel wie gestern. Die Kraft auch Schuß zu meinem linken Schenkel.
Gestern Abend war aus Traum gekommen, Gewohnheit, Gebärde, Essgebärde zu ändern.

Februar 24, 2006

Gestern Abend, wenn ich ins mein Bett legte, fühlte ich den Schuß zu meinen zwei Schenkel dann habe ich es erhoben dass zu vermeiden.
Später könnte ich die Vibration zu links Kopf zu meiner linken Seite meines Körpers zu meinem linken Bein zu Zeh fühlen. Ich fühlte schläfrig den ungefähr 1:30 A.M.aufgewacht habe ich, ich könnte ein kleines schwindliges und Fuß Schmerz fühlen dann bin ich aufgestanden und die Muskeln Übung, jener Schmerz gegangen gelaufen wurde.
Mein linkes Ohr und mein Gesicht fühle lustig waren

Februar 25, 2006

Nachdem ich habe genommen Dusche ich Schmerz an meinem Herzen fühlte, meine Brust den mein Magen.
Heute abend studierte ich Deutsch, ich nur es überprüfe weil das lang zeit ich keine Chance habe gehabt zu lesen. Ich könnte die Kraft zu meinem Kopf, meinem linken Ohr fühlen. Ich fühle schwindlig und ich könnte nicht konzentrieren zu verstehen was ich lese, ich könnte nicht studieren, nicht denken dann habe ich zu einem anderen Ort bewegt, mein Gehirn war in normal erhalten.

Februar 27, 2006

Heute wenn ich Dusche nehme ich könnte fühlen daß der Kraft Schuß zu meiner Brust an meinem Herzen, Ich fühlte Schmerz von jener Handlung , es war mein unbequem Körper.
Den Abend habe ich am Tisch, ich die Kraft zu meinem Kopf gestreikt worden, es zu Kopfschmerzen eine Weile dann jene Kraft zu meinen Augen, zu meiner linken Auge Sekunden dann mein linkes Ohr und linken seite fortgesetzt wurde, ich abstumpft in schwieriger Konzentration, vergessen war.

Februar 28, 2006

Ich nehme Dusche den Schuß zu meinem richtig hinteren Kopf an der Mitte ich könnte fühlen. Dies ist der Heil Punkt.
Als ich am Küche Ausguß gestanden habe, ich könnte das Kraft gemachten Ausbreiten innerhalb meines Kopfs fühlen. Ich fühlte Kopfschmerzen an jenem Moment, unbequem wurden.

Marsch 1, 2006

Nachdem lunchtime ich am Küche Ausguß gestanden habe, Gerichte zu machen, könnte ich die leichte Vibration fühlen, nachdem wenige Minuten ich wie schwindlig fühlte und Kopf anhalten Schmerz wurde eine Weile dann es gegangen wurde.

Heute abend wenn ich auftische gemacht haben ich könnte das Bündel von Düse Strahlen fühlen es leicht Berührte zu meinem Kopf in der Rückseite und zu meinen Schultern war, dies mich schwindlig macht fühle nicht.

Marsch 2, 2006

Gestern habe ich die Spur der Nadel gesehen, die an meinem richtigen Backenknochen eingespritzt worden war.

Heutzutage war ich so ungeheuer traurig, weil sie ich meinem Lesen verhindert wurde, ich habe nicht TV, Computer, Zeitung, das einzige Bücher ich von Bibliothek leihe.

Ich muß sich hintersetzen nur dort, ich viel Ding das ich machen habe aber ich es könnte nichts machen. Für mein langweilige Zeit ich nur gegessen war, das ist gefährliche Ding zu machen.

Marsch 3, 2006

Das frühen Morgen ich in meinem Bett könnte der Kraft zu meinem oben Kopt dann der Schuß zu meiner Lunge fühlen. Es war Schmerz.

Heute abend habe ich am Salon, ich der Kraft könnte dass zu meinem Kopf, mein linker Kopf dann hinunter zu meinem Ohr zu meinem linken Mund angegriffen wurde. Es war wie Nerven und Muskel effecte, es war lustig wie dentale Anästhesie.

Marsch 4, 2006

Schalten Sie befiehlt (Toggle Command)

Ich habe gehabt diese Erfahrung, das Verfahren Bleie um und habe unterbewußtes Gemüt und bewußtes Gemüt als Hypnotik geändert. In der Vergangenheit war ich eine Zeit meine eigene Stimme habe gehört dann des mysteriösen geleiteten Geists folget geworden. Ich habe irgendwann gehört daß die Lied sangen von jemandem während meines Traums oder es war nicht in meinem Traum, irgendwann es war zu der Zeit ich wachen auf war. Das war schweigsame Änderung und mißbrauchenden Verfahren zu das zwillings leicht bewußt, es wurde beeinflußt uns durchzuführen aber wir wissen den Grund nicht.

Marsch 5, 2006

Ich habe den Umschaltbefehl bemerkt, sie haben ihren Befehl gewußt. Es war nicht mein Fehler. Ich habe den Gedicht Schalter Befehl (Toggle Command) für diese Chance geschrieben.

Marsch 6, 2006

An der Küche sinken ich könnte fühlen den Schuß zu meinem Kopf und der Vorfront.

Marsch 8, 2006

Vor wenigen Tagen habe ich den kleinen Fleck an meiner Nase gesehen. Ich fühlte Schmerz aber es dürfte nasal verringern wenn ich draußen in kaltem Wetter geht war. Gestern habe ich den weißen Punkt an meinem linken Seite Mund gesehen.

Marsch 9, 2006

In der Nacht als ich ins Bett war, könnte ich etwas mich an meinem linken Ohr das Drücken für zu lang dann fühlen belästigt. Ich fühlte lustig an meinem linken Ohr, meiner Backe. Ich bin zum Spiegel gekommen; ich habe gesehen anzuschauen daß meine Backe schwellen größer war als das Recht Ein.
Heute habe ich gesehen daß meine Arme Muskel saggy waren, ich habe es einige weißen Punkte auf meinen Armen erfahren.

Marsch 10, 2006

Heute es GUT war, wenn ich am Salon saß war der Shuss nichts mich hat angegriffen zu Schreiben und lesen machen.

Marsch 11, 2006

Das ist aus Traum gekommen. Ich erinnere nur mich an der Traum, ich die Frau telephonisch habe gefragt.
Hat Ihr Ehemann Ihnen meinen Namen erzählt?
Dann habe ich aus meinem NAMEN PHIEM buchstabiert.
Sie schneiden schweigsam dann die Telephon Unterhaltung ab. Dies dürften Traum für das Ding das sie wollen wurde geleitet, zu hat beleidigt mich von meinem Verhalten zu machen. Weil ich gesagt habe wenn ich remarry, ich bete zu Gott fund und gewählt für mich der Mann als mein Beten zu Gott ist, weil sie mich demütigt haben, wenn sie mich nicht demütigt haben, Ich dass nicht betete zu Gott.

Marsch 16, 2006

Ich habe der Verderben Tag geträumt.

Marsch 17, 2006

Gestern Abend ich Vibration oder die ganze Kraft Magnetischer Welle zu meinem ganzen Kopf fühlen könnte. Es ist nicht Schmerz.
Heute morgen als ich am Traum aufgewacht habe, träumte ich daß ich zu Badezimmer gegangen bin, und der physische Körper machte Verarbeitung wie den wir erweckten.

Dieses war zweiten habe ich dass zuerst der Zeit als ich in Austin 1993-1994 gelebt hatte, nachdem sie mein unterbewußtes Gemüt überfallen haben.

Marsch 18, 2006

Gestern könnte ich den Schuß zu meinem richtigen Arm fühlen, es war gewöhnlich an meinem linken Arm, meinen beiden Beinen, meinem Magen, ganzem Körper. Ich könnte das Bewegen oder die arbeitenden Verfahren Muskel an meinem linken Seite Mund wie weißes Blut Zelle Kämpfen fühlen. Die Kraft zu meinem linken Ohr und meinem linken Gesicht, wenn ich an Salon saß, es größer und höher gewachsen.

Marsch 19, 2006

Ich habe an Salon gesessen für Lesen und meine Arbeit den die Kraft zu meinem Kopf angegriffen wurde, ich hatte diese Erfahrung vor Schwindlig gehabt und Abstumpft.

Marsch 20. 2006

Ich habe gesehen daß der Knochen an meinem linken Seite Gesicht, der Backenknochen höher und größer gewachsen war.
Ich könnte nicht lesen oder studieren weil sie haben angegriffen zu mich verhindert hat, so ich es aufgebe zu machen.

Marsch 24, 2006

Vor wenigen Tagen bis jetzt jedesmal ich an meinem Salon gesessen habe, die Kraftzu mein Ohr, meinen linken Kopf fortsetzen belastigen ich könnte nicht weiter lesen order studieren, gebe ich auf weil der Shuss zu meinem Kopf anhalten ich fuhle Schmerz, abzustumpfen, ungleichmäßig, Schaden.

Marsch 26, 2006

Heute kann ich bestimmen, daß sie Gehirn Studium Verfahren dann Gehirn Mißbrauch Verfahren machten, beraubt Gehirn Verfahren, und nächst wird Gehirn Mord Verfahren sein.

Marsch 28, 2006

Heute könnte ich meine Zähne emporschwingen war nach dem Schuß von meinem Kopf fühlen. Ich könnte die Nerven von meinem Kopf, meine Vorfront zu meinem Augenbraue die linke Seite fühlen.
Vor wenigen Tagen könnte ich der Schuß an meinem linken Tempo, ich es könnte emporschwingt fühlen.

Marsch 29, 2006

Als ich in Bett zu ruhen war den die Kraft Schuß zu meiner linken Backe dann könnte ich es ausgestreckt hinunter zu meiner unter Backe, hinunter zu meiner Kinn und zu meinem Ohr rückseite, Ich könnte fühlen es belästigt mich wie jener Ort war schwellen, ich bin gekommen zu anzuschauen es von Spiegel; ich habe gesehen es war schwellen als daß Art von saggy.

Marsch 30, 2006

Ich habe roten Punkt an meinem Augenbraue, mein Augenbraue höher und größer gesehen gewachsen waren.

April 1, 2006

Geschlecht vom letztem Nacht Invasion Traum, sie rauben Gefühl dann Blei zu Geschlecht von daß unterbewußt zu physischer Funktion.
Ich kann es aus davon geleitet rechnen und das Ergebnis wird sein. Der Leidtragende war Domäne auf dem bewußten oder ihres unterbewußtes wird speichern. Das ist das geistige betroffen zu Leben.
Heute könnte ich die Kraft Aufregung zu meinem richtigen Kopf oben fühlen.

April 3, 2006

Ich habe den weißen Punkt an meinem linken Seite Mund wo ich Schnur aus vor wenigen Tagen gesehen (sie haben die Schnur eingefügt) habe genommen, ich habe auch mehrere weiße Punkte an meinen zwei Armen und 3 weißen Punkten an meinem Magen gesehen. Wenn ich gelesen wurde, könnte ich die Kraft zu meinem Kopf, ich fühle Kopfschmerzen, belästigt, abstumpft, schwer, ich könnte nicht fortsetzen lesen, ich es zu geben ab.

April 9, 2006

AusTraum gekommen ist.
Sie ändern mein essengewohnheit zu meinem normalen wurde. Mein essengewohnheit geändert wurde aber es war nicht offensichtlich Aufmerksamkeit als ich das bemerkt habe, habe ich das Schlimmste vorgehabt macht zu viel während ich kann, meiner schlechten essengewohnheit zu erklären, weil ich gedacht habe daß meine schlechte essengewohnheit irgendeinem mich nicht verletzt machen, wenn ich Hauptmahlzeit mit König oder Königin dem Europa, die ich Aufmerksamkeit meine essengebärde zahlen muß. Ich gehe auf anderem Ding wie meine menschliche Würde, mein ehrenwertes, und mein Leben an.

April 10, 2006

Etwas war falsch an der Mitte die richtige Rückseite wie Kraft Muskeln und Vene wurde, es geschehen wenn ich Dusche nehme.
Heute abend könnte ich die Kraft Schuß zu meinem richtigen Ohr Gebiet fühlen.

April 11, 2006

Heute abend wenn ich gelesen, könnte ich die Kraft Steuerung auf meinem Kopf fühlen wurde. Ich könnte nicht fortsetzen, es war schwindlig, Kopfschmerzen, schwer, ich könnte nicht denken, ich kann nicht lesen nicht zu denken, mittlerweile fühle ich Schmerz an meiner Brust, an meinem Herzen dann hinunter zu meinem Bein, ich habe zu einem anderen Ort in meinem zimmer bewegt dann der Schmerz nach wenigen Minuten gegangen wurde.

April 12, 2006

Ich habe gesehen daß die Linie an meiner linken Seite Nase erhoben wurde wie etwas unter Haut es war Größe ungefähr toothpick und ungefähr 21/2inches lang hat eingespritzt aber ich könnte die Spur der Nadel sehen nicht.
Wenn ich Dusche nehme den der Schuß zu meinem Frau an der richtigen Seite fühlen könnte.
Heute abend wenn ich gelesen die Kraft zu meinem Kopf angegriffen wurde, dass zu beeinflussen wurde genau wie ich habe beschrieben, ich könnte nicht fortsetzen, ich es fühlen war Sabotage!
An meiner Bett Zeit hat die Kraft zu meiner Stirn, meinen Augen, meinem Herzen angegriffen, es war so Schmerz aber ich es nicht vermieden, es still Schmerz war, ich fühle muder wurde.

April 13, 2006

Heute morgen könnte ich die Kraft zu mein Blatt fühlen hochziehen.
Heute morgen als ich aufgewacht war, habe meine Brust still in Schmerz Bedingung auch wenn ich in murmelte beteten.

April 15, 2006

Ich habe gesehen daß beide Seiten die Haut meiner Nase discoloring.
Gestern Abend könnte ich der Schuß an der Ort zwischen Hüfte und Blatt, es so schrecklicher Schmerz wie der Tag ich fühlen an Bus Gestell gestanden das auf Bus wartet nachdem ich derTöpfe für meine pflanze gekauft habe.
Heute könnte ich den Schuß zu der Mitte meiner Brust vom Hals zum getragenen das Knochen Mark fühlen.
Sie haben meinen linken Seite Stirn Knochen höher und meine linke Seite von der Backe zum Ohr auch gebildet wurde erhoben. Der Schmerz an meinem Kopf gestern gegangen wurde.
Ich habe gesehen, daß mein Magen Muskels erhoben wurden, mein Magen wurde wie Körperbauunternehmer Magen ausgesehen.

April 17, 2006

Wenn ich heute abend auftische machte den könnte ich der Schuß zu meiner Rückseite an der Mitte richtiger Seite dann ich am pelvis Gebiet fühlen festzieht.
Heute abend wenn ich gelesen war die Kraft zu meinem Kopf angegriffen wurde, fühle ich Drücken hinunter innerhalb meines Kopfs, ich fühle müde, Kopfschmerzen, ich könnte nicht lesen dann ich die Kraft Aufregung meinem linken oben Kopf dass mich vergessen gemacht die ich nur lesen dann ich es gebe ab.

April 18, 2006

Gestern Abend hat der Geschlecht Traum, der durch draußen geleitet worden ist, es meine physische Körpergeschlecht Tätigkeit beeinflußt. Es bedeutet, daß Fachmann meine normale Geschlecht Tätigkeit mit meinem ex Ehemann von meinem unterbewußten Gemüt dann geschaffenen künstlicher Traum ausgewählt hat.
Heute abend wenn ich auftische machte, könnte ich den Schuß zu meinem buttock fühlen und meine Hüfte auch dann könnte ich den Druck meine Muskels an meiner Band Linie an der Rückseite fühlen festzieht. Ich fühle Schmerz an jenem Ort dann Schmerz hinunter zu meinem ganzen linken Bein.
Als ich meine Zähne gebürstet habe, wurde meine Rückseite erschöpft.

April 19, 2006

Gestern Abend versuchte ich zu erwecken weil ich angst von etwas sie dürften gemacht haben, zu meinem physical Korps überfallen oder mein unterbewußtes Gemüt zu kontrollieren beim ich Schlafen war. Ich habe dass versucht aber wenn ich Speise gerochen war dann ich fühle schläfrig, ich versucht aufzuwachen vielmals habe dann ich im Schlafen war, ich habe viele Träume gehabt und den ich habe an jedem Traum aufgewacht an zu erinnern und genug hat zu gehört daß die bezauberten Stimmen ausruft dann ich wieder Schlafen, ich habe einen anderen Traum bis Sonnenaufgang gegangen gehabt.
Meine Rückseite fühlt besser mit Wärmekreme.
Ich tische tägliche Routine am Küche Ausguß ich fühlte schweren Schmerz an meiner linken Hand dann ich fühlte auf Schmerz an meiner Brust, meinem Herzen.
Heute abend habe ich Rauchen gerochen.
Heute habe ich das eingebeulten Ort an meiner richtigen Backe es drehte dunklere Haut gesehen als meine Haut, wenige Tage oder vor Woche ich fühlte meine Haut an daß stellt rauh wie sandig war an meinem Finger fühlte aber ich habe es gewußt nicht was es war.
Heute habe ich gesehen daß die Spur von Nadel und irgendein Material benutzte waren habe ich es gesehen daß Größe von Faden war und es in mein Gesicht und mein Körper implanted wurde.

April 20, 2006

Ich tische auf nachdem Mittagessen, ich fühlte Schmerz an meinem richtigen Schenkel, der genau wie mein linker Schenkel Schmerz gestern war wenn ich Dusche nehmte.

Meine linken Beine dann meine linken Arme Schmerz waren aber ich könnte nicht irgendeine Kraft oder Vibration Schuß zu meinem Körper oder sogar Geruch nicht fühlen.

Meine Rückseite und mein linker Arm still Schmerz waren.

Heute nachmittag als ich an meinem Salon Stuhl gesessen habe, könnte ich den winzigen Schuß an meiner richtigen Hand den ich fühlte itchy innerhalb meines richtigen Ohrs den der Schuß zu meinem Kopf denn der Schuß hinunter zu meinem richtigen Hals, Ich könnte etwas zu meinem Kopf und etwas innerhalb meiner Nase wie ein Reinigung macht fühlen dann die Welle fühlen könnte gegangen durchführt oder zwingt es Empfindung Nerven selbstverständlich ich es hat beeinflußt habe verhindert.

Ich habe das Telephon von unbekannter Person gehabt aufrufen.

Ich habe am Sofa gesessen ich könnte fühlen emporschwingt und Schmerz an meiner Lunge, Ich war aufgestanden zu einem anderen Ort gehte weg den es wurde gelaufen.

Dann Abend ich an Salon Stuhl gesessen den Schuß zu meiner linken Hand fühlen könnte, ich fühlte etwas zu meinem Ohr und etwas in meinem Kopf wie Kopfschmerzen, abstumpft wurden dann meine Nerven beeinflußt dann ich gelaufen weg von jenem Salon Stuhl, meine Nerven aus Angreifen, ich es wieder habe geprüft aber es wurde zurückgekommen nicht dann ich zu Salon Stuhl gelaufen war und habe mich dort gegessen diese Notiz zu schreiben dann meine Nerven in Angriff von meinem Kopf hingesetzt waren.

April 21, 2006

Heute morgen habe ich die Kreis Spur um meine Finger Größe an meiner Stirn, es ausgesehen habe wie die drücken Haut zu prüfen oder unter Haut Prüfung. Ich habe auch der roten Punkt an meiner linken Backe gesehen.

Wenn ich auftische machte der Schuß zu meinem Herzen für ungefähr wenige Minuten fühlen könnte, es war Schmerz eine Weile dann es war normal, es scheint neutralisiertem Körpergefühl war.

April 22, 2006

Telepathy hat Verfahren zuerst die Aufmerksamkeit, es von Musik gemacht , ertönt Blick, und Denken waren dann die Hypnotik es benutzt wurde, Leute Gemüt zu überfallen den Leidtragenden zu führen, mitzuteilen, zu machen was der Leidtragenden worden, obwohl es rechts machen sollte. Sie haben hart dann härter versucht bis sie dem Leidtragenden in ihre telepathy Unterhaltung zu befehlen wurde oder haben gedacht. Der Leidtragende war sich nicht bewußt was das Gefühl und so weiter verursacht. Ich verteidige gewöhnlich mich selbst durch Sagen und Denken vom umgedrehte Themen anziehen

April 23, 2006

Ich habe den Kreis gesehen die Größe meines Fingers an meiner linken Backe es wie Haut ausgesehen hat zu prüfen.

Mein unter Unterleib erhoben wurde, ich es Verletzung fühlte. Ich könnte fühlen sie es hochziehen gemacht haben oder aus so vielmals wenn ich in Bett legte, das erstes Mal sie es hochziehen oder aus gemacht mußte ich zu Badezimmer gehen weil es aus mit jener Kraft war.

April 24, 2006

Nachmittags könnte ich es fühlen wie der Schraubenzieher auf dem meiner linken Oberteil Kopf der druck hinunter, Empfindung Gefühl ich sich nicht Konzentrieren war zu lesen wenn sie ihr Schraubenzieher von links Oberteil hinter abstellen, ich führt normal in lesen war.
Heute abend wenn ich auftische machte ich nicht fühte die Kraft von Laser oder Welle Magnetic aber es war etwas zu meinem Kopf, zu meinem Körper es beeinflußt wurde, besonders das linke Bein, Nerven, eitel, und die Gelenke auch wurde, Ich könnte fühlen ausgeschöpft, lossen Fuhler,' Nerven fühlen abstumpft und eitel habe zu meinem linken Bein auch, und ich schwindlig eine Weile geworden war.

April 25, 2006

Gestern habe ich den kleinen Punkt an meinem linken hinteren Kopf nahe meinem Hals berührt. Mein Ohr Gebiet und meine linke hinter Kopf führen von etwas oder durch jenen Punkt wurde beeinflußt.
Als ich am Tisch gesessen habe Hauptmahlzeit hat, haben sie zu meinem Kopf angegriffen habe gehabt dann ich Empfindung während Essens von Speise als am Salon Stuhl ich aufgestanden war, ich angriff weg vom Ort war gelaufen.
Dies hat mich Goldenem Schirm Gedicht gemacht habe geschrieben.

April 26, 2006

Am lunchtime ich an Küche Ausguß gestanden war ich der Schuß zu meinem beide Beine könnte fühlen war.
Nachmittags habe ich wie Rauchen Speise Kochen und starker Geruch die ich nicht gewußt was es war habe gerochen.
Wenn ich auftische in der Küche ich könnte fühlen etwas zu meinem Magen machte, es wie Drücken war aber es war nicht hart wie ich jene Erfahrung habe gehabt, wenn ich Dusche nehme, als ich es vor beschrieben habe.
Mein buttock wurde verletzt aber ich habe gewußt nicht was es war weil ich hinter meiner Rückseite nicht sehen könnte.
Jetzt habe es die Mitternacht, ich mein Lesen der Nachrichten auf meiner Zelle telephone habe beendet dann daß ich erkannt frei von der mißbrauchenden Empfindung Kraft war, fühle ich Bequemlichkeit, ich gemütlich fühle.

April 27, 2006

Heute morgen habe ich aufgewacht ungefäh 5:30A.M. mit künstlichem Traum, ich nur mich an einzelnes Ding an der letzten Minute des Traums erinnerte.

Ich fühle Verletzung an meinem Magen Muskels wie aufgeregte Magen dass ich beschrieben habe bevor dann es gegangen wurde.

Ich fühle auch meine linke Ohr Rahmen Verletzung, die Kraft durch Wände, Höchstmaß und außerhalb oder es war steuer durch Vorrichtungen in meinem zimmer installiert worden sind.

Ich habe gesehen daß mein linker Backenknochen und der Knochen von links Backe zu meinem linken Ohr höher und größer gewachsen wurden, es ist nicht mein Gesicht, ich es detested. Mein Magen war häßlich zu mir, es ist nicht mein Magen, ich es detested. Warum sollen sie Versuch meine Schönheit, mein Körper entstellen, für was logisch denkt?

April 28, 2006

Gestern könnte ich an meinem weiblichen Gebiet fühlen festzieht. Heute morgen ich aufgewacht war, fühle ich schmerzhaft an meinem uterus Gebiet wie Periode Zeit, ich still in Bett ich fühle mein linkes Bein, mein linker Schenkel war in ausgeschöpftem Schmerz dann Ich war aufgestanden und ich exercise nehmte es Bequemlichkeit für mich war.

Heute morgen habe ich gesehen, daß die Spur der Nadel an meinem linken Backenknochen und ich gesehen habe, daß beide Backen in eingebeult wurden.

Heute abend, wenn ich habe gebürstet meine Zähne den ich könnte fühlen mein linkes Bein abstumpf war, nachdem ich eine Weile in meinem zimmer gelaufen es wieder normal war.

April 29, 2006

Heute abend habe ich am Salon Stuhl gesessen ich könnte fühlen mein richtiges Ohr itchy und etwas zu meinem linken Ohr Rahmen auch gemacht war. Ich habe nicht gefühlt der Schuß oder Welle oder Vibration aber mein Recht läßt Bein am Mitte Schmerz Muskeln dann festzieht herunter. Ich habe von Salon Stuhl zum Esstisch bewegt machen ich der Shuss order etwas zu meinem Kopf beim ich Nachprüfung meine Arbeit dann ich meine Arbeit könnte fortsetzen zu daß beendet habe, die Kraft meinem richtigen Kopf war, ich fühlen es Schmerz dann der Schuß zu meinen zwei Tempo stellt machen.

April 30, 2006

Gestern Abend ich war in Bett der Schuß zu meiner linken Seite Frau, es verletzt hat wurde nach stunde oder halbe das verletzt gegangen wurde. Während der Nacht wenn ich schlief, habe ich gewußt daß ich war nicht in Lage erweckt, aber sie mich etwas hat gemacht könnte erinnern daß sie zu meiner Lippe wie Laser Nadel machten, ich es war nicht träumte.

Während der Zeit von 1995-1999 hatte ich in New Orleans gelebt hatte, ich an meinem Küche Ausguß mit Fenster ich könnte fühlen das Ding auf mein Gesicht gelaufen war, es wie eine Nadel auf meinem Gesicht und meinem Mund hate gestanden, es hat war zeichnete. Ich könnte bemerken daß die Kraft der force mich gestoßen hat unterstütze und

die Kraft der force hat meine Gesicht Rückseite gestoßen auch wie Tai Chi Praxis, Es zu mir mehr als zwei Mal gestoßen wurde geschehen.
Hier muß ich erklären weil Leser nicht daß verstehen werden, was es war.
Astrologie, Erscheinung, Handfläche Lesen, und psychic
Gemäß dem Feld von clairvoyance und fortuneteller werden die miteingeschlossen erklärt. Erscheinung hat angezeigt der Drachen Mund jene Person hat bildet die Linie von der Nase zum äußeren Mund die hyperbola Linie ,daß berühmt und gut ist. Wer hat Räuber Mund die Linie von der Nase zum äußeren Mund bildet die zigzag Kurve Linie und wenn es ist gelaufen zum Mund, jene Person ist schlecht und verhungernd.
Sie zeichnete meinem Mund die Kurve Linie. Welche Leute seit 1999 bemerkt haben.
Als ich in Austin 1993- 1994 war, sie der roten Punkt in der Mitte meiner Hand herausnehmen, Handfläche erklärt Lesen, daß jener habe das Punkt, daß jener ein Helfen habe.
Als ich es gesehen gegangen wurde, nur das winzige Loch an, daß ich stellte wenn ich angenommen jemanden hat der mir hilft, mein benedictory Schwierigkeit treffen, ich so böse dann ich sie es sagen, die Stadt zuerst bauen war, die Karte uns zur Stadt gehen, wir die Karte zerren wird müssen aber die Stadt still existiert dort.

Nachdem Mittagessen ich auftisch gemacht war, der Kraft Schuß zu meinem Körper von Kopf zu meiner Lunge, meiner Rückseite, meiner Hüfte, meinen Beinen, meinen Armen, ich fühlen könnte Gelenke Schmerz auch, Gelenke stiller Schmerz fühlen waren aber es verringert, Ich ein kleines schwindlig habe gehabt dann es gegangen wurde.
Meine richtige Lunge wurde verletzt als ich an meinem Sofa gesessen habe, ich aufgesatanden und exercise gelaufen war der Schmerz für ein kurzes Zeit wurde gegangen.
An der Hauptmahlzeit Zeit der Shuss zu meinen linken Arm mit Gewalt Schmerz wie geschlagen abschopft Muskel wurde könnte fühlen dann ich massage mein Arm der Schmerz gegangen wurde.

Mai 1, 2006

Ich keine nicht entdeckt was die Kraft heute abend zu meinem Kopf den ich wenig schwindlig beeinflußt fühle wenn ich im Kuchen Zimmer war.
Wenn ich habe gebürstet meine Zähne mein link buttock war in fest Vene dann mein linkes Bein war abstumpf dann mein linkes Bein mit Gewalt geschlagen wurde, ich fühle Schmerz an der Mitte meines Schenkels dann der Schmerz wurde gegangen nachdem wenige Minuten dann mein Bein nicht stark, ich bin gelaufen war, meine Beine zu exercise wurde alle Schmerz gegangen.
Als ich am Salon Stuhl gesessen habe, ich könnte die Kraft zu meinem Kopf und meiner linken Ohr Seite machte fühlen.

Mai 2, 2006

Heute meinem linken Kopf an meinem Ohr seit belästigt war, der Kopfschmerzen war wenn ich gelesen.

Heute abend wenn ich habe gebürstet meine Zähne die Kraft Schuß zu meiner Schulter und an meinem richtigen Arm fühlen könnte. Gestern und zu Tag habe ich bemerkt daß meine Lippen verschieden waren. Es war nicht meine Lippen, es nicht mein Mund Gestalten war. Meine Nase Haut ist in rauhe Haut gewachsen. Meine Backen waren in saggy Muskeln.

Bis heute ich diese Sätze schreiben muß mein Gesicht zu beschreiben.

Meine Stirn ist Runzel.

Meine Augenlider wurden hinunter getragen.

Mein Backenknochen wurde höher besonders die linke Seite gewachsen.

Mein Kinn war nicht in glattem Gestalten.

Mein Magen ist Körperbauunternehmer Magen.

Meine Schenkel waren größere und dicke Schenkel.

Ich könnte hinter meiner Rückseite nicht sehen damit ich nicht gewußt habe was zu meinem hinteren Körper geschehen wurde.

Meines geistiges

Sie haben mein unterbewußtes Gemüt angegriffen als ich im zwischen bewußt und unterbewußt war. Die Handlung kann überfallenen Gefühl der Invasion zu empfindlichem Menschen zu führen nicht bewußt von das, lugen.

Sie konzentrieren auf die Ahnung des Geschlechts, Mißbrauch ungefähr Geschlecht, sie sich haben gewußt genau was ich ungefähr redete.

Sie könnten was sie von unterbewußt wollen, sie Thema das sie von unterbewußt zu bewußt auswählen könnten den eintragen haben gewollt und haben es umgekehrt.

Sie können Implantation Mikrochip zu funktionieren und beide physische körper und geistige ebenso zu kontrollieren.

Mai 3, 2006

Gestern bis heute ich etwas fühlen könnte, meine zwei Lungen belästigt den Abend ich es war gegangen fühlt.

Heute nachmittag als ich am Sofa gesessen habe, ich könnte Schmerz an meinem linken Knie fühlen und könnte an meiner richtigen Schulter ausschöpfen fühlen.

Dann abends habe ich am Salon Stuhl für Lesen ich habe etwas gerochen den Kraft Schuß zu meinem obersten Kopf dann ich Konzentration verloren wurde den ich habe gesehen im Spiegel, ich älter angeschaut habe und hat müde angeschaut worden.

Mai 4, 2006

Heute nachmittag könnte ich etwas fühlen während eine Art von reizt zu meinem linken Ohr dann ich die Ausbreitung von links Ohr und mein linker Kopf fühlen könnte, wenn ich gelesen wurde.

Ich fühle von Kopfschmerzen Verdruß mich befreit wurde wenn ich gelesen.

Mai 5, 2006

Gestern Abend wurde es schweres Gewitter, es kann das empfindliche elektronisch beschädigt war verursachen. Ich habe Gott gefragt warum sie das kranke Ding zu demütigen, zu schaden und immer haben geschaffen Leute und mich zu mißbrauchen. Ich fühle von der Kraft heute morgen befreit, angreift als ich in Bett war. Wenn ich auftische machte ich den Kraft Schuß zu meinem linken Backenknochen fühlen könnte, mein linker Backenknochen größer gewachsen. Als ich habe gesessen an Salon Stuhl ich Verletzung an meinem linken Fuß fühle, fühle ich Schmerz an meinem linken Bein, es war etwas anderes dass ich der Schuß nicht könnte entdecken war.

Mai 6, 2006

Gestern Abend habe ich daß Frauen Stimmen aufgewacht habe gehört, die sie außerhalb meinem Zimmer apt. lachten.
Heute als ich am Tisch an lunchtime gesessen habe, ich könnte etwas oder die Kraft zu meinem Kopf machte fühlen dann ich fühlte Schmerz zu meiner Brust, mein Herz ein weile dann es gegangen wurde.
Wenn ich ich auftische machte ich könnte fühlen etwas oder der Schuß zu meiner linken Backe und zu meiner richtigen Hüfte.
Als ich meine Zähne gebürstet habe den ich der puff an meiner linken Backe gesehen hatte.

Mai 7, 2006

An lunchtime habe ich am Tisch gesessen ich die Kraft Schuß zu meinem Kopf nicht könnte fühlen aber ich fühlte Kopfschmerzen am Staat den wir müd fühlen und könnten nicht irgendetwas mehr machen. Ich ghete weg vom Tisch die Kopfschmerzen gegangen wurde den ich zu Tisch zurückgekommen und habe mich dort hingesetzt war dann ich die Kopfschmerzen erhalten wie ich es nur beschrieben habe.
Wenn ich ich auftische machte den Schuß zu meiner richtigen Rückseite an der Band Linie könnte fühlen.
Heute abend wenn ich am Tisch gesessen habe sie tätig oder Schuß zu meinem richtigen Seite Kopf, zuerst es war an der Mitte zu Oberteil dann hinunter zu meinem Hals ich könnte fühlen, ich könnte fühlen Schmerz eine Weile dann es gegangen wurde.
Wenn ich ich auftische machte ich habe gewußt nicht machten was sie aber ich könnte der Schmerz an meinen Armen, meinen Gelenken, meinen Fingern, meine linke Schulter fühlen den der Schmerz nach wenigen Minuten gegangen wurde.
Ich habe gesehen daß mein linker Backenknochen höher gewachsen war.
Gestern Abend habe ich versucht zu erwecken bis 5: 00 A.M.

Mai 9, 2006

Sie haben meinen Empfindung Geschlecht Nerv freigegeben dass sie von meinem Kopf vor gestern haben kontrolliert.

Die Kraft machte zu meinem richtigen hinteren Hals wie dass sie es meinem linken hinteren Hals 2005 am Mai machten.

Etwas belästigt mich auf meinem richtigen Seite Kopf, richtigem Ohr und Hals wie dass gleich waren sie ich daß an meinem linken Seite Kopf 2005 am Mai habe gemacht.

Kürzlich Zeite machten sie etwas zu meinem Kopf dann ich Kopfschmerzen könnte fühlen als eine Art von müd nichts mehr machen könnte. Jeder Körper hat gedacht daß Krankheit war! Es kann heilen aber es kann still Mörder werden.

Gestern wurde mein Gesicht Spaß der Leute gemacht, die haben gewußt und mich gesehen hat bevor weil mein linkes Gesicht gewachsen höher und größer schwellen war als die richtige Seite.

Sie machten etwas zu meinem Kopf dann es hat beeinflußt zu meinem Gehirn das Ergebnis Zahl und schwierig für Lesen war.

Kürzlich Zeite befürchte ich daß sie mich schaden wollten, zu töten während des Tags zu demütigen und Nacht durch physisches körper, unterbewußtes Gemüt und sogar durch Keime und Chemikalie auch.

Mai 10, 2006

Nachdem ich Dusche nehme ich den roten Punkt an meinem linken Seite Mund gesehen hat, es war an dem weißen Punkt Ort.

Heute abend als ich habe gesessen an meinem Salon Stuhl ich könnte fühlen der Schmerz an meinem Ort zwischen Hüfte und herunterlassen Unterleib für ungefähr wenige Minuten.

Ich fühle etwas zu meinem linken Oberteil Kopf am Gebiet für Sprache nach rechts am Zahl Gebiet machte.

Ich könnte etwas zu meinem linken hinteren Hals machte, ich müd für Lesen fühlt war dann ich es gebe ab. Ich habe gedacht daß ich viel Arbeit heute machte so ich ermüdet wurde.

Mai 11, 2006

Kürzlich befürchte ich ins Bett in der Nacht zu gehen, befürchte ich auch zu lesen weil ich habe gewußt nicht was sie versucht haben zu meinem Gehirn meinem unterbewußten und mein bewußtes Gemüt zu machen.

Gestern Abend habe ich einen Traum den ich vorsichtig gewählten Wort gehabt aus zu sprechen war, ich habe aufgewacht zu der Zeit genug für mich nur zu erinnern daß dann ich hinteres Schlafen wieder dann ich träumte ein anderer Traum, diesmal war Unterhaltung zwischen der Gruppe um politisch für Viet Nam, es dreht Argumentieren war, ein Mann Steuerung verlor war er Beleidigung Sprache benutzte, ich war so böse ich ihm Kommunismus erzählt habe dann ich aufgewacht denn hinteres Schlafen wieder.

Heute morgen habe ich am Salon Stuhl gesessen war die Kraft zu meiner linken Seite Kopf ich etwas schwer wie Domäne mein Kopf fuhlte wenige Stunden, später es Mittagessen war ich am Tisch dann mein Kopf zurück normal wurde. Ich habe nicht gewußt daß es gedreht hat unterstützen normal sich oder ich habe zu einem anderen Ort aus jener Kraft bewegt.

Abends habe ich am Salon Stuhl gesessen habe für Lesen ich zuerst Parfüm gerochen habe den sie etwas zu meinem Kopf machte ich könnte fühlen Schmerz an meinem linken Seite Kopf dann gerochen dürften machen und mein linker Seite Rückseite Hals den die Kraft zu meinem Recht Kopf machte ich fuhlte Kopfschmerzen und schwindlig wurden, ich gehte weg von Salon Stuhl dann es gegangen wurde den Ich war Stuhl zurückgekommen fortsetzen lesen weiter ich könnte fühlen der Schuß zu meinem linken Seite Rückseite Hals ich fühlte Kopfschmerzen dann des Nerven an meiner oberen Lippe nach links Seite Ohr hochzog waren, mein Herz Schmerz eine Weile, ich fühle müde zu lesen.

Mai 12, 2006

Gestern Abend nachdem ich mein beendet habe Lesen ich gehte ins Bett den ich aufzeichnete auf meinem Bett ich habe bemerkt der Kraft Schuß zu meinem linken Seite Darm, es fortsetzte stundenlang weil ich will wissen wie lang sie wird aufhören gelingen werden daß zu machen. Es war deshalb viel Schmerz zu mir mittlerweile sie trigged zu meinem linken Auge für Sekunden oder Minute, der Kraft Schuß zu meinem linken Knie gemachte Schmerz war und Schuß zu meinem richtigen Schenkel auch, nachdem ich so ermüdet wurde, ich habe begonnen einstellt meinen Körper nach rechts Seite dann ich fiel in meinem Schlafen zu drehen. Ich habe einen Traum der Krieg von der Zeit von Viet Nam Krieg gehabt und den es habe zu heute Krieg, das Geräusch außerhalb zu meiner Traum Krieg Tätigkeit, ich gedacht verwirrte komponierte daß ich nur habe gekauft Dose Speise für Notfall dann das laute Geräusch und die laufenden Leute außerhalb waren Bomben in meinem Traum aber es auch mich auf geweckt hat. Ich habe aufgewacht zu wissen daß schmerzhafte das ich erhalten habe bevor Schlafen jetzt es gegangen wurde. Ich habe es beobachtet aber es hat nicht irgendeine Spur darauf.

Mai 13, 2006

Von heuter zu Tag ich nicht gewußt habe was sie versucht machten zu meinem Körper damit ich ihren Schuß vermeiden wollte zu viel ich kann.
Ich habe nicht gelassen daß sie irgendetwas zu meiner richtigen Kopf Seite machen, jedoch ich könnte der Schuß zu meinem Blatt und dem Schmerz an meinem richtigen Knie fühlen.
Gestern Abend befürchte ich ins Bett bis 6 A.M. zu gehen. Heuter Ich habe Schläfchen nachmittag genommen den der Schuß zu meinem linken Kopf und meinem linken Ohr und meinem hinteren Hals könnte fühlen.
Für meinen unbalance, nicht Fühlen, und Schmerz an meinem linken Kopf gegangen wurde.
Jetzt ist dies Abend den ich fühle besser mit des Schmerzes, unbalance, nicht fuhlen an meinem linken Ohr und meinem linken Kopf als morgens.

Mai 14, 2006

Gestern Abend habe ich gut geschlafen und habe normalen Traum gehabt aber jetzt ich habe es vergessen.

Heute morgen als ich gesagt habe daß ich meinen Magen mit meiner Jacke bedecken muß. Ich fühle Schmerz an meinem linken toenail, dieser Schmerz gegangen wurde nachdem ich exercise machte.

Der Geruch ich habe gewußt wenn es war mysteriös oder nicht, zuerst ich Ajax gerochen habe den Abwasserkanal, Urin und Lysol. Meine Haut damit getrocknet wurde besonders mein linkes Mund Gebiet.

Heute abend als ich an Salon Stuhl gesessen habe den die Kraft Schuß zu meinem Kopf dann ich unbequem fühle war es Schmerz aber es war kein schwerer Schmerz vor als wenigen Tagen.

Mai 15, 2006

Heute habe ich den Punkt an meiner linken Seite oberer Lippe und dem Punkt an meiner linken Seite Nase gesehen.

Als ich in Badezimmer war, die Kraft machte zu meinem buttock an der Vene und dem Knochen, es unbequem für mein Laufen war.

Mai 16, 2006

Heute könnte ich ohne Schmerz an meinem richtigen Knie es ein langer Spaziergang, ich glücklich laufen war fühle.

Als ich in Badezimmer war, ich könnte den Schuß zu meinem linken Bein fühlen.

Mai 17, 2006

In der Küche könnte ich der Schuß zu meinem linken Seite Magen fühlen und die Kraft machte zu meinem Kopf, meine Rückseite auch.

Wenn ich am Tisch an lunchtime saß, ich die Kraft zu meinem obersten Kopf machte könnte fühlen.

Mai 18, 2006

Gestern Abend fiel ich beim Schlafen bis 5:15 A.M. daß ich habe versucht dem ganzen Nacht erweckt sein.

Ich habe den roten Punkt an meinem linken Backenknochen .

Heute abend saß ich an Salon Stuhl ich etwas riechen, ich es könnte nicht weiß war ich was, es zu Schlafen von Bedingun geführt werden.

Ich könnte fühlen etwas zu meinem linken Kopf hinunter zu meinem linken Gesicht machte. Die Kraft auch zu meines pari herunterläßt Bein, es Schmerz durchgeführt war und die viertele Größe auf der Haut eingebeult könnte sehen dann der Schmerz gegangen wurde.

Die Kraft machte zu meinem Recht Kopf es führt unfuhlen fühle. Ich gelaufte weg von jenem Stuhl ich Bequemlichkeit fühlte habe, daß ich verfahren beeinflußt hat.

Mai 19, 2006

Ich könnte Schlafen nicht widerstehen damit ich gut gestern Abend geschlafen habe. Ich könnte die Kraft zu meinem Kopf fühlen machte als ich am Tisch gesessen habe der Ausschuß Speise aß.
Heute abend als ich an meinem Salon Stuhl gesessen Lesen habe den die Kraft Schlag zu meinen Nerven, wurde es meine empfindlichen Nerven an meiner linken Brust, ich die Hitze an daß Ort beeinflußt könnte fühlen. Ich war so böse dieses dann sie es haben aufgehalten wurde.

Mai 20, 2006

Gestern Abend rieche ich etwas an meinem Bett wie Banane Tabak dann ich fühle schläfrig war dann ich 2 Mals habe aufgewacht zu Badezimmer gehen, ich habe etwas wie nervös, Empfindung nervös erhalten. Heute abend war ich normal mit dem Ton. Heute abend habe ich am Salon Stuhl gesessen ich die Kraft Aufregung auf dem Oberteil meines richtigen Kopfs könnte fühlen.

Mai 21, 2006

Gestern Abend, wenn ich in Bett legte bevor Schlafen das ich kann Gebühr die Kraft machte zu meinem Kopf dann ich Kopfschmerzen eine Weile dann es wurde gegangen gehabt habe. Wenn ich fiel in Schlafen dann der hallucination ich die Landschaft des Gartens angesehen habe, es wie rollte Film dass wir zuschauen. Dies war die Konjunktion zu einigen ein unterbewußtes Gemüt. Es war von einigen ein Gemüt jene Blick Erfahrung in Leben, sie oder er in meinem unterbewußten Gemüt jetzt hat gehabt war. Ich habe meine Augen die ich versucht habe geöffnet zu erwecken und bin von jenem Schirm ausgestiegen. Später habe ich beim Schlafen das ich aufgewacht fiel, zu Badezimmer dann ich bin gegangen hinteres Schlafen wieder zu gehen. Ich habe morgens aufgewacht aber still liegend in Bett ich die Kraft zu mein richtigen Ohr am Tempo zu meiner Kopf den zu meiner Vorfront beide Link, Recht und die Mitte auf der Stirn machte könnte fühlen. Vor wenigen Tagen hat der Kraft Schuß zu meinem Herzen, ich ermüde fühle, als ich aufgewacht habe und ich fühle Schmerz an meinem Herzen. Innerhalb 10 Tagen machte von der Kraft zu meinem linken Seite Körper, es nicht Bequemlichkeit mein Knochen und Gelenke, meine Hüfte und mein Bein heute war. Heutzutage habe ich etwas wie getrocknen Luft ich riechen könnte, daß mein Gesicht müd und eine Mangel oxygenne angeschaut hat.

Mai 22, 2006

Ich befürchte ins Bett zu gehen habe weil die Invasion von einigen Ein mein unterbewußtes und bewußtes Gemüt zu beherrschen wenn ich in mein Schlafen, menschlich ich könnte nicht widerstehen Natur dann ich bin gegangen ins Bett an 3 A. M. zu sein, habe ich müde heute morgen aufgewacht fühle.

Mittag Ich habe am Küche Ausguß gestanden könnte fühlen ich die Hitze zu meinem linken Seite Körper machte den ich getrocknete Luft habe gerochen. Ich fühle die Kraft Aufregung innerhalb meiner Nase, die es itchy gemacht hat.

Meine Haut an beiden Seiten meiner Nase war eine Art von discolor Haut und Runzel werden.

Wenn ich Dusche nehme die Kraft Schuß zu meiner linken Hand, es war eine Art von ausgeschöpft, heute abend ich am Salon Stuhl habe gesessen, dies note zu merken, der Schmerz gegangen wurde.

Mein Kopf wurde nicht Bequemlichkeit als ich am Tisch gesessen habe die Kraft Schlag zu meinem Kopf dann es zu meinem Herzen beeinflußt war eine Weile dann es wurde gegangen, die Kraft zu meiner Lunge machte auch, ich fühle Schmerz eine Weile dann gegangen wurde.

Mai 23, 2006

Ich könnte fühlen die Kraft Angriff zu meinem Kopf an meiner Vorfront als ich habe gesessen an meinem Salon Stuhl für Lesen ich fühle wie Empfindung, es belästigte mich ich nicht könnte konzentrieren damit ich bewege zu einem anderen Ort, es wurde ausgeschaltet.

Mein Herz heute in zuruck normal und mein Atemzug habe auch, ich für sicher nicht gewußt aber daß etwas machte zu helfen.

Ich habe den roten Punkt an meinem richtigen Backenknochen und der Spur der Nadel an meiner Kopf Nase, ich die Punkte von Implantation Material oder Gewebe zu meiner linken Hand und meinem richtigen Arm an meinem Ellenbogen heutzutage gesehen habe.

Abends habe ich am Tisch gesessen den ich fühle Schmerz an meiner linken Kopf, ich der Stuhl verlassen den ich war aufgestanden an die entgegengesetzte Stelle meines Stuhls ich nur gelaufen habe dann ich Schmerz an meines richtigen unter Kiefer und unter richtigen Ohr fühle.

Mai 24, 2006

Gestern Abend habe ich an 2:00 A.M aufgewacht, ich habe zu Badezimmer gegangen dann ich gesehen daß meine Backenknochen höher gewachsen wurden, es war fremd höher Gestalten und es wurde offensichtlich gesehen. Ich habe bemerkt das jemand aus Seite meines Zimmer apt. zu der Zeit life den ich Schlafen wieder war. Ich habe morgens aufgewacht ich gesehen habe daß mein richtiger Backenknochen das ebene verringert hat das hoch ist in 50% aber es noch höher mein ursprünglicher Backenknochen war, es war nicht mein Gesicht, es nicht meine Backenknochen war. Ich habe nicht gewußt jede Nacht während meines Schlafen was weiterging war!

Heute morgen fühle ich Schmerz kleinen Schmerz an meinem Herzen, ich Schmerz mein beider hintere Arm Knochen fühle. Ich habe mein linkes Auge am Ende, der Gestalten geändert wurde, es kleiner 30% gesehen war als mein Auge, es war nicht mein Auge, während es von wenigem Zeit Streiken Kraft Schlag zum Ende meines linken Auges ergibt, habe heute ich meinen linken Auge Änderung Gestalten wie das gesehen.

Gestern Abend fühle ich die Kraft zu meinem Magen, zuerst es an der Mitte meines Magens hinunter über zu meinem unter Unterleib am blalder, ich wie Magen Schmerz dann machte war fühle aber es war nicht ernst und eine Art aufgeregten Magens. Heutzutage habe ich meinen Magen mit meinem Anstrich, ich frei für wenige Tage angreifend mit dieser Kraft zu meinem Magen bedeckt war aber dann wurde die Kraft dann es durch meinen Anstrich einstellt ist gegangen, damit ich meine Hände an den tätigen Ort gestellt habe, den ich, fühle es nichts war ist geschehen worden das zu meinen Händen.

An lunchtime tische ich ich den Schuß an meinem Recht Kopf an meinem Hals, ich zur Seite fühle herunterläßt trete auf, es zu vermeiden.

Mai 25, 2006

Gestern Abend habe ich versucht, Nacht Wache, ich Herz das jemand hat gesprochen Vietnamese Sprache con Mat (Auge) dann ich habe gehört zu sein, daß die Stimmen der Leute sprachen außerhalb meines geeigneten. dann ich beim Schlafen normalerweise falle. Heute morgen habe ich von der sprechenden Stimme außerhalb meines geeigneten aufgewacht hat verursacht. Ich fühle müde, ich ich normal und den restlichen Tag bin aufgestanden fühle. Heute morgen, als ich war still in Bett ich die Kraft zu meinem Magen am um Schlüsselmuskeln fühle, fühle ich kleinen Schmerz wie Magen anhaltender Schmerz, ich meine Hand stelle, jenen Ort zu schützen, wurde es so ich verletzt, aufgestanden worden ist, der. Nachdem ich den Schmerz übe, gegangen wurde. Der Geruch, es war Speise Riechen aber es könnte chemischer Geruch sein, den ich aufgeregte Magen Medizin trinken mußte. Am dinnertime habe ich am Tisch ich die Kraft Aufregung auf dem Oberteil meines Kopfs, das ungefähr 10 Minuten fühle beeinflußt wurde gegangen. Als ich an der Küche gestanden habe, sinken Sie ich könnte fühlen den Schuß an meinem richtigen Ohr. An Nachtzeit, als ich an Salon Stuhl gesessen habe, ich könnte etwas zu meinem linken Seite Kopf, mein linkes Seite Ohr hinunter zu meinem Hals, es wie schwerer, kleiner Schmerz oder Ziehen fühlen machte schließt.

Mai 26, 2006

Heute habe ich an Sofa das ich, ich etwas zu meinem Kopf, meiner Lunge und Licht Schuß zu meinem Herzen gesessen wurde gelesen könnte fühlen. Ich habe bewegt, ich zurückzustellen, dort habe ich den Schuß auf meinem Kopf, ich leichten Schmerz an meinem Herzen eine Weile dann es gesessen könnte fühlen fühle, gegangen wird, der. Dinnertime tische den ich ich getrocknet wieder ich müde, ich Trinkwasser dann habe gerochen lüftet fühle auf.

Mai 27, 2006

Ich habe normal gestern Abend geschlafen, obwohl ich vorgehabt habe, wach zu sein. Ich habe in der Mitte des Schlafens aufgewacht, zu Badezimmer zu gehen, habe ich gesehen, daß Runzel Linien an meinem zwischen Nase und Augen ist, habe ich gesehen, daß die Linien an meinem Mund auch dann ich hinteres Schlafen wieder gegangen bin. Heute morgen habe ich in der Zeit, die ich in Eile zu gehen zu Badezimmer war, ich fremd, ich, ich in Bett es jene Bedingung dann nicht aufgewacht fühle wollte gehen legte verringerte. Als ich still in Bett war, könnte ich den Kraft Schuß zu meinem Herzen, mein Magen auch fühlen. Ich fühle müd und ein kleiner Schmerz an meinem Magen. Als ich in Badezimmer war, könnte ich Orientales Kochen, es meinen Magen ich Kirschrote Geruch Frische, ich hinter normal dann riechen wurde beeinflußt habe gerochen war. Nachdem dinnertime ich bin gegangen zu Badezimmer ich das Bündel von rayon leise Schlag zu meiner hinteren Schulter zu meinen Lungen fühlen könnte, fühle ich nichts.

Mai 28, 2006

Gestern Abend, als ich an Salon Stuhl gesessen habe, ich könnte den Schuß auf dem Oberteil meines Kopfs, ich etwas innerhalb meines Kopfs an der richtigen Seite hinunter zu meinem Hals fühlen könnte fühlen. Ich habe normalerweise, ich in der Mitte des Schlafens, ich zu Badezimmer, ich den roten Punkt auf meiner Vorfront an der Mitte meiner Augen geschlafen habe aufgewacht bin gegangen habe gesehen, und ich habe gesehen, daß das Blut auf meiner linken Seite Lippe herunterläßt. Heute morgen habe ich ausgewaschen das Blut auf meiner linken Seite herunterläßt Lippe ich es gesehen habe, daß es die Spur von Schnitt war, oder große Nadel machte etwas auf jenem Ort auf meiner Lippe. Als ich am Tisch gesessen habe Nachrichten lesen, könnte die ich das weiche Streiken meinen linken Hand Finger die ich ausgeschöpft es hinter normal stundenlang dann fühlen schlägt fühle war. Heute nachmittag habe ich am Tisch ich die Kraft zu meiner Nase, es eine Art von itchy gesessen könnte fühlen war aber es war meine Aufmerksamkeit stört nicht. Ich bearbeitete meine Lektion frei. Der Kraft Schlag zu meinem ist beide Augen auch. Dieser dinnertime habe den ich Essen ich dann angefangen, Schmerz oder eine Art von unruhig an meiner Mitte meiner Brust für wenige Minuten dann es wurde gegangen zu fühlen.

Mai 29, 2006

Ich habe in der Mitte des Schlafens das ich zu Badezimmer ich gesehen habe aufgewacht bin gegangen, daß 2 rote Punkte auf meinen Backen sowohl Recht als auch verlassen. Heute habe ich Blase Gewebe auf dem Ort auf meines unter Lippe gestern schwellen gesehen wurde blooded verlassen.

Mai 30, 2006

Gestern Abend habe ich am Salon Stuhl ich mein Knie mich meine Hüfte, mein linkes Bein für Laufen dann nicht gesessen fühle emporschwingt könnte erleichtern. An der Schlafenszeit war ich in Bett ich das Ding wie Nadel am Größe Bleistift umgedrehtem parabola Gestalten Linie an meinem Knie könnte fühlen zeichnete. Ich habe es sich zu meinem Knie, ich auf mein linkes Bein gemütlich heute morgen nicht aufgewacht war emporschwingt könnte aufstehen. Am lunchtime tische ich ich die Bleistift Nadel könnte fühlen auf, als gestern Abend zu meinem Kopf an der linken Seite auf dem Teil hinter und Mitte meines Kopfs zeichnete. Ich könnte den Kraft Schlag oder Laser Schuß zu meinem Körper auch fühlen. Mein Knie war Erleichterung aber meine Hüfte und

Schenkel war nicht Bequemlichkeit. Heute habe ich gesehen, daß meine Lippe war,, ebnet die Blase Gewebe heilt war.

Mai 31, 2006

Heute fühle ich Bequemlichkeit für Laufen, mein Knie, meine Hüfte, und meinen Schenkel hinter normal war. Ich habe gesehen, daß der rote Punkt an meines unter Bein verlassen. Ich gehe ins Bett früh heute, als ich in Bett war, ich könnte Kraft Schuß zu meinem linken Knie ich Schmerz ich in Schlafen das ich in der Mitternacht ich zu Badezimmer dann fühlen war habe aufgewacht bin gegangen. Ich fühle Schmerz mein linkes Bein, meine Hüfte, und mein Knie. Ich bin zurück mein Bett, das ich könnte fühlen die Kraft zu meinem richtigen Knie machte, ich die Hitze um mein Knie, und ich Schmerz auch gegangen fühlt.

Juni 1, 2006

Heute morgen fühle ich mein linkes Bein, verläßt Hüfte, und verlassen Knie Schmerz und mein richtiger Knie angefangenen Schmerz auch. Ich habe den großen roten Punkt gesehen der geschwollen ist an meinem richtigen Backenknochen. Ich habe Dinge gehabt, heute so ich bin gelaufen zu machen, habe ich Bus genommen, der es so hart für mich war.

Juni 2, 2006

Gestern Abend war ich in Bett ich den Schuß zu meines unter Bein Knochen ich den grauen Punkt an dann heute morgen könnte fühlen verlassen habe gesehen, daß ich auch stellt, gesehen habe, daß der rote Punkt an meines unter Bein auch verlassen. Heute morgen verläßt mein linkes Bein, Hüfte, und verlassen Knie viel besser, mein richtiges Knie noch kleinen Schmerz fühlt hat. Ich habe gesehen, daß der rote Punkt an meiner linken Vorfront am Haar es wurzelt, auf dem Ort war ich Schmerz als eine Art der Kopfschmerzen gestern oder vor gestern fühle. Heute wurde jener Schmerz gegangen. Ich könnte den Aufregung Schlag auf meinem Oberteil Kopf meiner richtigen Seite hinunter meinen Kopf zum Hals dann fühlen herunterläßt schließt. Ich habe den dunklen Farbe Fleck auf der Haut Mund meiner linken Seite gesehen.

Juni 3, 2006

Heute, wenn ich Dusche nehme, die ich den Schuß zu meinem richtigen buttock fühlen könnte. Nachdem Hauptmahlzeit, die ich auftisch ich habe gerochen die Art von getrocknet lüftet dann die Kraft Aufregung auf meinem obersten Kopf für Minuten dann ich schwang wie der ich schwindlig war, meine beide Seiten meines unter Unterleibs waren Schmerz, meines verlassen versucht war Schmerzes eine Weile dann der Schmerz wurde gegangen, es etwas innerhalb meines Knochens, meiner Gelenke war. Ich habe gesehen, daß mein Gesicht müd und Altern angeschaut hat.

Juni 4, 2006

Heute morgen habe ich an Salon Stuhl während gessen am Mitte der Zeit ich betete war, das ich könnte fühlen etwas fremd zu meinem linken Kopf war, die Blockade oder die Trennung oder Kommunikation abgesondert, ich es geglaubt habe daß irgendeine Art still versucht werden könnte.
Der lunchtime den ich meinen Gerichten mache, fühle ich etwas zu meinem linken Kopf hinunter zu meinem Hals, es etwas wie Ausbreitung Vene war.
Heutzutage habe ich getrocknete Luft an der Küche und irgendwann am Wohnzimmer gerochen.

Juni 5, 2006

Heute morgen habe ich aufgewacht als ich in der Art von Empfindung Nerven an meiner Frau dann ich war in vollendet erweckt auf dann es verschwand aus, es zu mir der in meinem unterbewußten Gemüt war oder die Kraft hat wählte meine Nerven durch diese physische Funktion oder noch etwas bedeuten wählte berührt die sie machten.
Heute nachmittag ich am Tisch gessen war, aufgebe ich Überprüfen meiner Lektionen den Nachrichten liest, die Kraft zu meinem Kopf machte, es unruhig für Lesen, ich könnte nicht konzentrieren habe.
Wenn ich nehme Dusche der Schuß an meinem buttocks, meinen zwei Schenkeln fühlen könnte, und ich könnte die einstellte Vene auch fühlen.

Jun 6, 2006

Heute die Implantation Blase an meiner richtigen Backe ein großer Punkt wie der acne geworden.
Als ich vor wenigen Tagen mein beschrieben habe, meinem unter Lippe wo der Ort blutete mit dem Schnitt jetzt meines unter Lippe Wachsen größere Gewebe verlassen, es Gestalten, Es nicht meine Lippe änderte war.

Heute morgen als ich in Bett war, könnte ich die Kraft zu meines unter Bein Muskel und mein linker Schenkel auch fühlen verlassen.
Der lunchtime ich tische abwaschen der Kraft Schuß zu meinem linken fess, Schuß zu meinen Nerven von rechts Hals dann zu meiner richtigen Hand könnte fühlen.
Ich habe Schläfchen heute nachmittag genommen, ich aufgewacht habe, und ich habe die sichtbare Linie über meine Nase zwischen meinen Augen gesehen.
Dinnertime ich tische abwaschen der Kraft Schuß zu meinem fess.

Juni 7, 2006

Heute morgen bin ich still in Bett dem Kraft Schuß zu meinem Kopf ich Kopfschmerzen an meiner Vorfront, der Kraft Schuß zu meinem Herzen Gebiet ich müd fuhle Konte dann ich aufgestanden war Übung zu machen.

Heute habe ich meine linke obere Lippe an der Mitte am Beginnen von Lippe der linken Seite habend ein roter Punkt geschwollen dort gesehen.

Heute habe ich gesehen daß meine linke Seite Nase dort das Implantation Gewebe das ich hat beschrieben vor Wochen, jetzt die umgebende Implantation wie eine Welle Linie auf meiner linken Seite Nase gewachsen wurde.

Zuerst war die Implantation eine Art weißen Fadens ist eingefügt worden der in meine linke Seite Nase dann es herstellte Gelb Flüssigkeit gelaufen aus später meiner linken Seite Nase wurde, Haut discolor und getrocknete rauhe Haut geworden ist, ich das gewachsene winkende Linie Gewebe Erscheinen auf meiner linken Seite Nase, meine richtige Seite Nase implante war vor Wochen es discolor Haut, es Gelb Flüssigkeit Laufen aus nicht, es jetzt gesehen wurde hat gehabt Drehung von rauher Haut aber jetz es verringern 50% wurde.

Am dinnertime abtische waschen gemacht ich getrocknet luft gerochen, ich fuhle Schmerz an meinem beide Knie, an Nachtzeit ich Salon Stuhl gesessen der Kraft Schuß zu meinem Knie, ich getrocknet lüft gerochen auch dann der Kraft Schuß zu meinem Herzen, meinem Kopf, mein hinterer Kopf an meinem Hals.

Juni 8, 2006

Heute morgen habe ich einen roten Punkt an meinem linken Backenknochen gesehen.

Ich an Tisch gesessen Lesen Nachrichten ich konnt fuhlen das Belästigen zu meinem linken Ohr, ich zu Salon Stuhl gesessen die Kraft entlang könnte fühlen bewegte und Belästigen meines linken Ohrs, war ich aufgestanden und außerhalb meines Zimmer apt. fortsetzen meine Lektion gelaufte überprüft.

An lunchtime ich war am tische gesessen der Kraft Halt auf ein großes Bündel zu meinem Kopf an meinem Hals angegriffte worden dass hart gezogen hat könnte fühlen, ich geschritte auf zu es vermeiden.

Heute abend habe ich an Esstisch gesessen der Schuß zu meinem Kopf wie müde, Kopfschmerzen dann der Schuß wie der Nadel Schuß zu meinem Kopf, linken Seite Kopf zu meinem Ohr könnte fühlen verläßt. Ich aufgestanden war und laufte um mein Zimmer, Ich fühle böse heute.

Heute abend habe ich eine winzige dunkle Nadel Spur an meiner linken Lippe gesehen, Ich habe gesehen, daß meine linke Lippe Gewebe im drehenden unterstützte normal.

Heute abend als ich an Salon Stuhl gesessen habe, ich könnte den Schuß zu meinem richtigen Backenknochen, meinem Ohr fühlen. Ich könnte nicht die Kraft twister zu meinem linken oberen Arm stehen.

Juni 9, 2006

Heute morgen ich könnte der Kraft Schuß zu meiner richtigen Backe wie die Nadel durch meine Backe fühlen, ich hate roten Punkt an der Kreis Mark auf meiner richtigen Backe gesehen.

Ich habe Schläfchen heute nachmittag genommen als ich aufgewacht habe, ich in Bett war ich könnte fühlen der Kraft Schuß zu meinem unter Unterleib, es war Schmerz den der Schuß zu meines linken unter und hinter Ohr machte verlassen.

Dies ist das abstrakt Thema oder die betroffenen empfindlichen Nerven die es Schuß war, dass ich in der Bedingung unease mit dem Ton, Stimm und Geräuschen wurde.

Juni 10, 2006

Heute habe ich meine linke Lippe dort implanted Gewebe gesehen oder etwas drehte es getrocknete und rauhe Haut.
Ich fühle einen kleinen Schmerz an meiner richtigen Backe als ich meine Zähne gebürstet habe, hat mein Gesicht gewaschen und hat auf gestellt macht.
Heute morgen als ich in Bett war, könnte ich den Kraft Schuß zu meinem Herzen fühlen, das ich müd und schwindlig fühle. Heute nachmittag habe ich an Salon Stuhl gesessen lesen Nachrichten ich die Kraft Aufregung zu meinem linken oberen Kopf während dieser Handlung ich Schmerz an meinem Herzen könnte fühlen. Ich habe nicht gewußt daß es die Ursache von meinem Kopf war order eine andere Kraft benutzte. Ich habe jene Erfahrung gehabt wenn sie etwas zu meinem Kopf machten, ich konnte Schmerz an meinem Herzen fühle als ich es vor beschrieben habe.
Als ich habe genommen Dusche der Kraft Schuß zu meinem rechten unteren Bein es war die gleiche Art des Schusses zu meiner richtigen Backe machte, ich wie eine Heftmaschine festzieht könnte mein Bein Muskeln dann Stunden später es wieder normal fühlte geworden war.
Heute mein Knie war still Schmerz.

Juni 11, 2006

Gestern Abend war an 3:40A.M. die lachende Stimme so laut es mich hat aufgeweckt, ich zu Badezimmer gegangen war den ich wieder Schlafen.
Heute morgen als ich in Bett der Kraft Schuß zu meinem tempo, zu meinem unter Unterleib war, es Schmerz war.
Heute morgen hate ich gesehen daß meine linke untere Lippe nicht wieder zu normal war als ich gedacht hate, die Lippe Buchse löschte, war es nicht meine Lippe, es nicht meine Nase, meine Augen, meine Backen, meine Vorfront, mein Kinn, es nicht mein Gesicht war.
Ich hate gesehen daß winziger dunkler Nadel Punkt an meinem Recht Lippe herunterläßt.
Heute morgen hate ich einen anderen roten Punkt an meiner richtigen Backe Mark gesehen.
Nachmittags ich am Tisch gesessen ich der Schuß zu meinem tempo wie eine Art schlägt zieht order überspannt an meines tempo verlassen könnte fühlen war, daß scheinte etwas durch daß Ort erhalten hat, es war Bequemlichkeit von jener Zeit.
An Nachtzeit habe ich am Salon Stuhl gesessen ich der Schuß zu meiner linken Backe am Backe Knochen zu meinem Auge, ich kleine Kopfschmerzen könnte fühlen dann der Schuß zu meinem Mund, meiner oberen Lippe, und oberen Zähnen auch machte.

Juni 12, 2006

Heute habe ich gesehen daß meine unter Lippe Linie an der richtigen Seite die Linie gelöscht wurde. Ich habe gesehen daß meine unter Lippe Gestalten geändert wurde, der es wurde gewachsen größer und Außenstehen gelehnt hat, war es wahnsinnig Spaß zu einigen ein gemacht, es nicht meine Lippe und es nicht mein Mund war.
Heute habe ich gesehen daß die Vene Erhöhung offensichtlich an meinem Kopf am Vorfront an der Haar Wurzel versucht.
Gestern Abend war ich in Bett ich der Kraft Schuß zu meinem linken Bein nahe meinem Knie fühle.
Heute nachmittag als ich in Küche Ausguß war, ich fühle der Schuß zu meinem richtigen Bein nahe meinem Fuß, dass hat mein linkes Bein eitel einstellte wurde.
Heute nachmittag lese ich Zeitung der Kraft Schuß zu meinem Kopf den ich fühle schwindlig, ich war ausgestiegen von daß Ort, ich wieder normal war.
Seien Sie jetzt Nachtzeit ich habe gesessen am Salon Stuhl ich fühle etwas arbeitete, bewegte Ding innerhalb meines Backenknochens und meines linken Ohr.

Juni 13, 2006

Heute morgen ich aufgewacht habe, ich fühle Schmerz meiner Rückseite an der richtigen Lunge, ich wenige Blöcke gelaufen war zu meinem Lebensmittel geschäft machen, es gegangen wurde.
Mein linkes Bein der Ort naher zum Knie still noch unbequem war.

Juni 14, 2006

Als ich in Badezimmer war, ich fühle den Schuß zu meinem Kopf der ich schwindlig war.
Ich am Tisch gesessen den Mittagessen hat, ich fühle das ich der Kraft Schuß zu Magen Seite unter meinem Arm verläßt. Wenn ich auftische gemachte war, ich fühle Schmerz an meinem linken Seite Magen eine Weile dann es gegangen wurde.

Juni 15, 2006

Gestern Abend habe ich in der Mitte Schlafens aufgewacht hate, ich gehört Leute reden außerhalb dann ich Schlafen wieder wurde.
Heute morgen wenn ich habe gebürste meine Zähne die ich könnte fühlen der Schuß zu meines unter Bein verlassen.
Ich war gelaufen zur Bus während der Zeit ich in Bus mein Fühlen entdeckt wurde von jemandem, ich hasse es war daß ich die Unterhaltung nicht eintragen anhalten wollte, ich fühle Kopf Schmerz dass eine Art von Ändern Verhalten war, oder ändern Gewohnheit, gedacht auch. Ich war von Bus aussteigen den ich der fess muskele und vene von meinem buttock zur Hüfte hinunter die Beine fessen fühle aber ich gehte dann es normal fortgesetzt war wieder.

Jun 16, 2006

Heute morgen ich in Bett war ich fühle der Kraft Schuß zu meiner linken Seite Frau, es war Schmerz den ich meinen Körper habe gedreht es zu vermeiden.

Heute habe ich gesehen eine Art von rot wachsenden Gewebe an meiner richtigen Seite läßt Lippe (herunter) aber es war nicht groß als die linke Seite. Ich habe eine dunkler Punkt Nadel dort gesehen aber ich könnte es nicht definieren es war neu oder das alte habe die ich gesehen vor Tage oder Woche war.

Heute abend wenn ich auftische, ich könnte fühlen wie mehrere Nadeln Schuß zu meiner Nase am Loch, könnte es mich schwindlig und runny Nase fühlen hat gemacht, bevor daß ich habe gerochen Kraut das ich nicht sicher die Ursache war.

Ich könnte etwas arbeite, bewegte innerhalb meines Backenknochens fühlen.

Juni 17, 2006

Gestern Abend habe ich am Salon Stuhl gesessen war ich könnte nicht Anhaltspunkt für Lernen was das Material wurde benutzt anzugreifen zu mir wenn ich habe gehört ausruft Stimmen dann ich müde an meinem Herzen fühle, Minuten später ich gehte weg vom Stuhl, ich ins Bett an Mitternacht war.

Als ich in Bett war, ich habe der Kraft Schuß zu meiner Vorfront an der richtigen Seite, ich fühle Schmerz dann ich gedreht es zu vermeiden. Später habe ich schlechten Geruch in meinem Schlafzimmer zuerst ungefähr 2 A.M gerochen war, Ich habe dritte Zeiten für frische Luft spayen gemacht hate, ich Fenster für Atmen geöffnet, starker Wind zu der Zeit ich gehört daß Stimmen von mehreren Mannern sprachen Asian Sprache ich könnte nicht verstehen, und ich habe Kaffee von außerhalb meines Zimmer apt. gerochen wurde, ich das Fenster eine Weile hate geschlossen.

Heute morgen ich aufgewacht habe ich fühle Schmerz an zwei Seiten mein unter Unterleib weil ich meinen Magen mit Anstrich bedeckt hate. Ich könnte der Kraft Schuß zu meinem beide Hüften, meine Schenkel, ich drehte zu richtiger Seite die Kraft Schuß fortsetzt zu meinem Aussetzung Seite Körper angreifen. Ich habe unbalancing heute morgen erhalten.

Heute nachmittag habe ich am Salon Stuhl gesessen diesen diary sbriebte ich könnte fühle der Kraft weichen Schuß zu meinem richtigen Kopf am Hals, ich Bequemlichkeit für mein Ausgleichen hat gemerkt könnte fühlen. Ich fühle Erleichterung 50% für die richtige Rückseite Lunge die ich den Grund nicht habe bemerkt.

Juni 18, 2006

Dieser dinnertime habe ich am Tisch gesessen ich der Schuß zu meinem Knochen an meiner richtigen Lunge in der Rückseite fühle.

Abends habe ich am Salon Stuhl gesessen las den ich der Kraft Schuß zu meinem Kopf es pressured hinunter zu meinen Augen fühlt, ich unruhig fühle, abstumpft und schwer könnte fühlen, ich könnte lesen und verstehen nicht, ich abgebete, ich gehte aus das Ort, ich daß Unterstützung normal war. Daß war so mehrere Mals sie zu meinem Kopf machte wurden.

Meine Lippe Gewebe größer und das getrocknete rauhe Haut Umgeben wurde, meine linke untere Lippe gewachsen war, meine unter Lippelinie wurde verschwunden, meine Lippe wurde Gestalten geändert.

Juni 19, 2006

Heute abend habe ich am Tisch gesessen ich fuhle Schmerz an der linken Magen Seite dort der Schuß zu es vor wenigen Tagen fühle gemachte war.
Ich habe gehört, einige ein geklopfte an meiner Tür ich zur Tür gekommen war, er gehte zu nächster Tür verläßt, dürfte er Verkäufer sein.
Als ich meine Zähne gebürste habe ich der Kraft Schuß zu meinem linken Bein fühlen könnte.
Heute zu tage meine Rückseite war nicht leicht daß irgendeine Art mich belästigte war.

Juni 20, 2006

Heute morgen fühle ich Verletzung an meinem buttercup eine Weile und ich fühle auch das Kraft Schuß zu meiner reichen Hand, ich fühle emporschwingt (smerz) und fest war, es sich ziehte Hand verschlossen wurde.
Geistiges Mißbrauchen als das gerade zu Menschen entwickelt wird.
Ich nehme gewöhnlich Bus zu meinen Briefkasten zu prüfen, ich machte mein Lebensmittel geschäft dann ich Taxi hate genommen zurück meinem Zimmer.
Meine Rückseite war normal leicht war aber ich habe gewußt nicht was meiner Rückseite helfen.

Juni 21, 2006

Morgens fühle ich meine richtige Rückseite von meinem Arm Knochen feste Vene war, ich fühle mein Mitte Rückseite unease an meiner linken Seite es gleiche als des Tage bevor gestern ich habe gehabt dann Abend ich fühle meine Rückseite Erleichterung war.
Heute Nachmittag ich nehmte Rest in meinem Bett ich meine Hand an meine Brust stellte dann ich meinen Daumen emporschwing wie mein Knie emporschwing fühle.

Heute abend und gestern habe ich gesehen daß meine obere Lippe geändert wurde, es nicht meine Lippe war, es so schrecklich war.
Das war meines physisches gebetroffen worden, das geistige ist.
Heute nachmittag ich war ins Bett rest dann ich war schläfrig dann meines zwillings leicht bewußt wurde überfallen von irgendeiner Quelle Geschlecht Besessenheit zu nehmen. Ich habe gestern Abend und wenige Tage erkannt, bevor ich am Anfang von Schlafen war, ich gesehen habe, daß die Leute, die Orte, die ich nie in meinem Leben weiß, ich habe gesprochen die Unsinn den ich habe gewußt daß es nicht recht wenn ich habe versucht hatte wachen zu sein. Das Verfahren war das wichtige Ding vom Beginnen des Schlafens für sie ins unterbewußte Gemüt hat eingefügt haben wollt und sind woken auf zu der Zeit gewesen und der Punkt, den der künstliche Traum sein wollte, trägt es im bewußten Gemüt.

Juni 22, 2006

Gestern Abend war ich in Bett ich fühle der Kraft Schuß zu meiner schulter, heute morgen mein Daumen noch rot war.
Ich habe an ungefähr 3:00 A.M. aufgewacht, ich bin zu Badezimmer den ich Schlafen wieder dann ich an 5:50 A.M. habe aufgewacht, ich wollte zu Badezimmer gehen aber es war fremd zu mir so ich es durch Schlafen dann ich wollte es ablenken dann ich träume daß ich zu Badezimmer gegangen bin und drücken meinen Urin, ich habe aufgewachte, ich Legen in Bett war, ich zu Badezimmer forgesetzt gehen nicht jedes Mal ich habe aufgewacht.
Heute abend ich tische washe ich der Schuß Aufregung zu meinem Kopf könnte fühlen.

Juni 24, 2006

Ich habe den großen roten Punkt wie die Größe von acne an meiner linken Backe gesehen, als es war auf meiner richtigen Backe die ich auch acne an meinem Kinn auch gesehen habe.
Vor wenigen Tagen bis heute morgen den der Kraft Schuß zur Vene an meiner richtigen Stirn am tempo Wurzel Haar, fühle ich kleine Kopfschmerzen dann ich heute die Vene an jenem Ort habe gesehen aber nicht groß.
Meine linke Hüfte war besser heute.
Wenn ich am Tisch saß, die Vibration Kraft hat mich schwindlig gemacht fühle, als ich aus war, daß es befleckt gegangen wurde.
Jetzt es war Nachtzeit ich habe gesessen am Salon Stuhl las ich fühlt der Kraft Schuß zu meinem Kopf ich fühle Kopfschmerzen dann dass betroffen pressure hinunter zu meinen Augen war, es war nicht leicht für mich lesen ich war gelaufen weg vom Stuhl ich war normal dann ich war zurückgekommen gesessen an den Stuhl las den Kraft Schuß zu meinem Kopf, mein Ohr ich fühle Kopfschmerzen es war nicht leicht für Lesen Jedoch ich dort sass fortgesetzt lesen dann ich fühle müde, dürstig mein Herz Schmerz, ich könnte es sagen dass will töten Leuter leich wird.

Juni 25, 2006

Gestern Abend der Kraft zu meinem Kopf hinunter zu meinen Augen machte dann ich Kopfschmerzen und Schmerz zu meinem Augen Gebiet fühle.
Heute habe ich gesehen daß mein haft Seite Augenbraue Knochen höher es gewachsen wurden wie großer Knochen war dort, das Verfahren zu mein Gesicht fortsetzen umgestaltet ist.
Heute morgen der Kraft Schuß zu meiner Stirn und meines Tempo versucht, ich Kopfschmerzen und Schmerz fühle.
Wenn ich Dusche nehme der Schuß zu meiner linken Lunge den mein linker Schenkel machte.
An dinnertime habe ich am Tisch gesessen der Schuß zu meinem Arm.
Jetzt war 10:50 P.M. Ich habe am Salon Stuhl gesessen den der Kraft Schuß zu meinem Kopf wie ich esgestern habe beschrieben.

Juni 26, 2006

Ich mache meine Wäscherei heute morgen ich dort gekommen mit meinem Herzen problem, mein Herz gestern Abend stört wurde angegriffen als ich beschrieben habe. Ich habe dort mit meinem Herzen nicht normal gesessen ein Weile dann mein Herz wieder normal war. Nachdem ich habe beendet meine Washerie, ich zurückgekommen mein Zimmer war eine Weile dann ich müd fühle, nachdem Mittagessen es wieder normal war. Nachdem dinnertime ich tische washe dann ich gehte war ich gekommen am Tisch zu sitzen lesen E-mail ich müd fühle und Schmerz an meinem Herzen, ich war aufgestanden und ich gehte weg zu einem anderem vermeiden der Angreifer zu mir folgte.
Heute habe ich gesehen daß meine Augen in verschiedenen Gestalten ein großes Augenbrau Knochen änderten, es war nicht meine Augen!

Juni 27, 2006

Heute ich fühle der Schuß zum Ort zwischen meinem Herzen und unter Arm dass habe ein Bündel der Muskeln, Nerven und Vene auch, ich gesehen daß mein linker Daumen beeinflußt wurde. Später hatte der Streik zu mein linkes Oberteil Kopf angenommen führt, ich gesehen daß mein Daumen wieder normal wurde.

Juni 28, 2006

Gestern Abend legte ich in Bett ich fuhle die Kraft Schuss es hat mit Kreis Zahl gespitzter Pin Kopf aktiviert festlegen hart zu meiner Brust an meinem Herzen eine Weile ich könnte es nicht affect fühlen.
Heute morgen aufgewach habe ich die Kraft Schuß zu meinem Herzen ich könnte fühlen es ständig kleinen Schmerz an meinem Herzen so lang wie ich in Bett war dann ich aufgestaden vorbereite zu gehen aus den kleinen Schmerz gegangen wurde.
Ich bin zu Bus Gestell gelaufen hatte ich genommen zu Post dann machte Lebensmittel geschäft dann ich Bus genommen nach Hause zu gehen hatte. Ich war völlig frei von irgend etwas Belästigen mich.
Nachdem Mittagessen ich am Tisch gesessen Nachrichten las den die Kraft Schuß zu meinem Kopf fühle ich Schmerz an meinem Herzen den ich gehen bewegte zu einem anderen Ort zu fortsetzen Lesen dann der Schmerz gegangen wurde dann die Kraft Shuss zu meinem Herzen das ich es machtet müde fühle.
Jetzt ist 10:00 P.M. Ich habe am Tisch gesessen diese Notiz geschreiben den die Kraft Schuß zu meinem Herzen fühle ich Schmerz an meinem Herzen den ich verlasse von Tisch gehete zu Salon Stuhl dann ich nur habe hingesetzt mich behalten merken diary der Schmerz sofort wurde gegangen, ich gesessen dort die Kraft Shuss folgte mir zum Salon Stuhl den ich bewegte gehen jenen Angriff zu vermeiden. Ich wurde diese Lage enttäuscht, die ich diese Handlung protestiert hatte.

Juni 29, 2006

Gestern Abend, als ich in Bett war, ich könnte fühlen die Kraft Schuß zu meiner Brust, mein Herz das ich Verletzung, Schmerz die ich so böse fühlen war.

Ich schlief, ich aufgewacht worden als ich gehört habe, daß Leute Fremdsprache aus Seite Hof mein apt.gesprochen hatte, ich könnte nicht es verstehen den daß ich Schlafen wieder wurde.

Heute morgen ich aufgewacht habe den der Schmerz verringernte fühlen dann die Kraft Shuss zu meinem Herzen wieder machte zu der Zeit der Schmerz gegangen wurde. Die Kraft shuss zu meinem Herzen wieder, dies mal ich ermüdet könnte fühlen, ich es wie die Pumpe die hatte gepumpt für wenige Zeite könnte fühlen, dieses ich gedacht dass machte offen Hemmis der Arterie sein könnte.

Mein Herz war so starke Geschichte, die Zeit malpractice in 1988 mein Herz in Schwierigkeit war aber dann es durch Gewinn wieder wurde, die stark ist wie ich es vor gehabt hat dann kürzlich zeit diese Dinge geschehen war als ich in diesem diary geschrieben habe.

Wenn ich nehme Dusche den ich könnte fühlen die Schuß zu meiner Rückseite herunterläßt Bein dann ich Muskel oder Vene fesse wurde fühlen den die Schuß an meinem richtigen hinteren Knie auch, ich es wie ausgeschöpften Bein dann Stunden später es gegangen wurde fühle.

Als ich an Küche Ausguß war den ich habe die Kraft Schuß zu meinem Körper vermieden. Ich habe am Tisch gesessen den ich die Kraft Schuß zu meinem Herzen, meinem Kopf, und meiner Schulter fühle.

Juni 30, 2006

Gestern Abend habe ich ins Bett mein Herz nicht in normal Bedingung den ich aufgewacht als ich die Stimmen lachen gehört hatte die außerhalb Hof meine apt.

Heute morgen habe ich augewacht mein Herz normal ist als während ich bin, keine Kraft Shuss, es war nicht Ding, nichts.

Nachdem Mittagessen ich auftisch machte den ich fühle die Schuß zu meiner linken Seite und richtigem Seite Rückseite Kopf am Hals dass war wie aufheben ganzes Bündel der Muskels, ich hatte die Kopfschmerzen an meiner Vorfront und Schmerz die Vene hinunter zu meinem linken Bein auch fühle.

An der Nachtzeit habe ich am Tisch gesessen ich die Kraft Schuß zu meiner linken Lunge, ich fühle Schmerz an meiner Herzen, ich ins Bett dort gesessen und lesen fortgesetzt hatte, den ich nichts fühlt. Ich zurückgekommen zu Tisch dort gesessen ein Weile den ich fühle die Vibration den die Kraft Schuß zu meinem Recht Kopf, ich still sitzen dort las den ich fühle meiner Herz schmerz, ich gehte zu Salon Stuhl sitzen dort ich fühle nichts.

Nachdem ich zu Badezimmer gegangen Ich zurückgekommen zu Salon Stuhl sitzen dort ein Weile den ich fühle klein schmerz an meiner Herzen ein Minute dann es habe zwei kleiner schmerz in Sekunden dann es gegangen wurde.

Juli 1, 2006

Gestern Abend während meines Schlafen das ich nur Minute oder Sekunden habe aufgewacht zu wissen und sich mich an irgendein Ding zu erinnern dass zu meinem linken unteren Bein machte die Vene zu meiner Sohle wurde beeinflußt.

Ich könnte die Kraft Schuß zu meinem richtigen Schenkel und mein link oberer Arm auch fühlen.
Heute hatte ich Magen umgestürzt den ich die Kraft Schuß zu meinem unter Unterleib könnte fühlen den es Schmerz gegangen wurde.

Juli 2, 2006

Gestern Abend habe ich aufgewacht, wenn die Unterhaltung Stimmen aus Seite meinem apt. Hof, sie hatte gesprochen Fremdsprache die ich nicht verstehen könnte.
Heute morgen habe ich gesehen, daß meine unter Lippe eine Art getrocknen Haut war und bin größer und mager zu außerhalb es nicht gutes Gefühl mit meinem Mund wie das gewachsen war. Ich habe viel Gewebe auf meiner unter Lippe aufgehoben, bevor ich Bürsten meiner Zähne angefangen habe.
Heute, nachdem ich nehme Dusche die ich Knoblauch gerochen hat, als ich jene Erfahrung irgendwann gehabt habe, bevor ich unbequem unter meinem linken breastbone eine Weile dann es wurde gegangen fühle.
An der Hauptmahlzeit, als ich am Tisch gesessen den Kraft Schuß zu meinem Kopf habe. Jetzt an der Küche ich die Kraft wie Welle oder Vibration machte zu meinem Kopf könnte fühlen. Ich war am Salon Stuhl gesessen und schreibt, ein kleines schwindlig hatte gemacht ich es hatte erhalten.

Juni 1, 2006

Heute morgen fühle ich mein linkes Bein, verläßt Hüfte, und verlassen Knie Schmerz und mein richtiger Knie angefangenen Schmerz auch. Ich habe den großen roten Punkt gesehen der geschwollen ist an meinem richtigen Backenknochen. Ich habe Dinge gehabt, heute so ich bin gelaufen zu machen, habe ich Bus genommen, der es so hart für mich war.

Juni 2, 2006

Gestern Abend war ich in Bett ich den Schuß zu meines unter Bein Knochen ich den grauen Punkt an dann heute morgen könnte fühlen verlassen habe gesehen, daß ich auch stellt, gesehen habe, daß der rote Punkt an meines unter Bein auch verlassen. Heute morgen verläßt mein linkes Bein, Hüfte, und verlassen Knie viel besser, mein richtiges Knie noch kleinen Schmerz fühlt hat. Ich habe gesehen, daß der rote Punkt an meiner linken Vorfront am Haar es wurzelt, auf dem Ort war ich Schmerz als eine Art der Kopfschmerzen gestern oder vor gestern fühle. Heute wurde jener Schmerz gegangen.
Ich könnte den Aufregung Schlag auf meinem Oberteil Kopf meiner richtigen Seite hinunter meinen Kopf zum Hals dann fühlen herunterläßt schließt. Ich habe den dunklen Farbe Fleck auf der Haut Mund meiner linken Seite gesehen.

Juni 3, 2006

Heute, wenn ich Dusche nehme, die ich den Schuß zu meinem richtigen buttock fühlen könnte. Nachdem Hauptmahlzeit, die ich auftischt ich habe gerochen die Art von getrocknet lüftet dann die Kraft Aufregung auf meinem obersten Kopf für Minuten dann ich schwang wie der ich schwindlig war, meine beide Seiten meines unter Unterleibs waren Schmerz, meines verlassen versucht war Schmerzes eine Weile dann der Schmerz wurde gegangen, es etwas innerhalb meines Knochens, meiner Gelenke war. Ich habe gesehen, daß mein Gesicht müd und Altern angeschaut hat.

Juni 4, 2006

Heute morgen habe ich an Salon Stuhl gesessen während der Zeit ich betete in der Mitte von meinem Beten das ich könnte fühlen etwas fremd zu meinem linken Kopf war, die Blockade oder die Trennung Kommunikation abgesondert, ich geglaubt habe mag war, daß es irgendeine Art still versucht werden könnte. Der lunchtime, den ich meinen Gerichten mache, fühle ich etwas zu meinem linken Kopf hinunter zu meinem Hals, es etwas wie Ausbreitung Vene war. Heutzutage habe ich getrocknete Luft an der Küche und irgendwann am lebenden Zimmer irgendwann gerochen.

Juni 5, 2006

Heute morgen habe ich aufgewacht, als ich in der Art von Empfindung Nerven an meiner Frau dann ich war, in war vollendet dann es, es zu mir, der in meinem unterbewußten Gemüt war, aus erweckt verschwand hat bedeutet wählte oder die Kraft hat meine Nerven durch diese physische Funktion oder noch etwas berührt, die sie machten. Heute nachmittag aufgebe ich Überprüfen meiner Lektionen ich am Tisch, den Nachrichten liest, die die Kraft zu meinem Kopf machte, es unruhig für Lesen, ich dann nicht könnte konzentrieren habe gesessen war. Wenn ich nehme Dusche die ich den Schuß an meinem buttocks, meinen zwei Schenkeln fühlen könnte, und ich könnte die einstellte Vene auch fühlen.

Jun 6, 2006

Heute ist die Implantation Blase an meiner richtigen Backe ein großer Punkt wie der acne geworden. Als ich vor wenigen Tagen mein beschrieben habe, unter Lippe verlassen, wo der Ort blutete mit dem Schnitt jetzt meines unter Lippe Wachsen größere Gewebe verlassen, es Gestalten, Es nicht meine Lippe änderte war.

Heute morgen, als ich in Bett war, könnte ich die Kraft zu meines unter Bein Muskel und mein linker Schenkel auch fühlen verlassen. Der lunchtime tische den ich ich den Kraft Schuß zu meinem linken buttock Schuß zu meinen Nerven von rechts Hals dann zu meiner richtigen Hand dann könnte fühlen auf. Ich habe Schläfchen heute nachmittag genommen, ich aufgewacht habe, und ich habe die sichtbare Linie über meine Nase zwischen meinen Augen gesehen. Dinnertime, den ich den Kraft Schuß zu meinem buttocks auftische.

Juni 7, 2006

Heute morgen bin ich still in Bett dem Kraft Schuß zu meinem Kopf ich Kopfschmerzen an meiner Vorfront, der Kraft Schuß zu meinem Herzen Gebiet ich müd ich dann aufgestanden war fühle fühle, Übung zu machen. Heute habe ich meine linke obere Lippe an der Mitte am Beginnen von Lippe der linken Seite habend ein roter Punkt geschwollen dort gesehen. Heute habe ich gesehen, daß meine linke Seite Nase dort das Implantation Gewebe das ich hat beschrieben vor Wochen, jetzt die umgebende Implantation wie eine Welle Linie auf meiner linken Seite Nase gewachsen wurde. Zuerst war die Implantation eine Art weißen Fadens, ist eingefügt worden der in meine linke Seite Nase dann es herstellte Gelb Flüssigkeit ist gelaufen aus später meiner linken Seite Nase Haut discolor und getrocknete rauhe Haut geworden ist, ich das gewachsene winkende Linie Gewebe Erscheinen auf meiner linken Seite Nase, meine richtige Seite Nase vor Wochen es discolor Haut, es Gelb Flüssigkeit Laufen aus, es jetzt nicht war habe gesehen wurde implanted war hat gehabtDrehung von rauher Haut aber es verringern 50%.

Am dinnertime tische ich ich getrocknet ich Schmerz an meinem beide Knie, ich an meinem Salon Stuhl ich den Kraft Schuß zu meinem Knie, ich getrocknet auch dann den Kraft Schuß zu meinem Herzen, meinem Kopf, mein hinterer Kopf an meinem Hals an Nachtzeit habe gerochen lüftet fühle ist habe gesessen könnte fühlen habe gerochen lüftet auf.

Juni 8, 2006

Heute morgen habe ich einen roten Punkt an meinem linken Backenknochen gesehen. Ich habe an Tisch Lesen Nachrichten ich das Belästigen zu meinem linken Ohr ich zu Salon Stuhl die Kraft entlang dann gesessen könnte fühlen habe bewegt bewegte und Belästigen meines linken Ohrs, bin ich aufgestanden und bin außerhalb meines geeigneten. Fortsetzen meine Lektion gelaufen überprüft. An lunchtime tische ich den Kraft Halt auf ein großes Bündel, ist angegriffen worden das zu meinem hinteren Kopf an meinem Hals es hart gezogen hat, ich eine Seite könnte fühlen bin geschritten auf, es zu vermeiden. Heute abend habe ich an Esstisch ich den Schuß zu meinem Kopf, den ich wie müde Kopfschmerzen dann der Schuß wie der Nadel Schuß zu meinem Kopf fühle, Seite Kopf zu meinem Ohr gesessen könnte fühlen verläßt. Ich bin Laufen um mein geeignetes. Zimmer aufgestanden. Ich fühle böse heute. Heute abend habe ich eine winzige dunkle Nadel Spur an meiner linken Lippe gesehen. Ich habe gesehen, daß meine linke Lippe Gewebe im drehenden Schild waren, unterstützen normal. Heute abend, als ich an Salon Stuhl gesessen habe, ich könnte den Schuß zu meinem richtigen Backenknochen, meinem Ohr fühlen. Ich könnte die Kraft twister zu meinem linken oberen Arm nicht stehen.

Juni 9, 2006

Heute morgen könnte der Kraft Schuß zu meiner richtigen Backe ich wie die Nadel durch meine Backe, ich den roten Punkt an der Kreis Markierung auf meiner richtigen Backe fühlen ist gegangen habe gesehen. Ich habe Schläfchen heute nachmittag genommen, als ich ich aufgewacht habe, in Bett war ich den Kraft Schuß zu meinem unter Unterleib ich

Schmerz, der Schuß zu meines unter und hinter Ohr könnte fühlen fühle machte verlassen.

Dies ist das abstrakte Thema oder die betroffenen empfindlichen Nerven, die es Schuß war, der ich in der Bedingung unease mit dem Ton, den Geräuschen war.

Juni 10, 2006

Heute habe ich meine linke Lippe dort implanted Gewebe gesehen oder etwas drehte es getrocknete und rauhe Haut. Ich fühle einen kleinen Schmerz an meiner richtigen Backe, als ich meine Zähne gebürstet habe, hat mein Gesicht gewaschen und hat auf auf gestellt macht. Heute morgen, als ich in Bett war, könnte ich den Kraft Schuß zu meinem Herzen fühlen, das ich müd und schwindlig fühle. Heute nachmittag habe ich an Salon Stuhl Lesen Nachrichten ich die Kraft Aufregung auf meinem linken oberen Kopf während dieser Handlung ich Schmerz an meinem Herzen gesessen könnte fühlen fühle. Ich habe nicht gewußt, daß es die Ursache von meinem Kopf war, oder eine andere Kraft benutzte. Ich habe jene Erfahrung gehabt, wenn sie etwas meinem Kopf ich machten, Schmerz an meinem Herzen fühle, als ich es vor beschrieben habe. Als ich habe genommen Dusche den Kraft Schuß zu meinem rechten unteren Bein es war die gleiche Art des Schusses zu meiner richtigen Backe machte, ich wie eine Heftmaschine könnte ich mein Bein Muskeln, Stunden später es hinter normal dann fühlen fühle ist geworden festzieht war. Heute ist mein Knie stiller Schmerz.

Juni 11, 2006

Gestern Abend war an 3:40A.M. die lachende Stimme so laut es mich auf der ich zu Badezimmer ich hinteres Schlafen wieder dann hat geweckt bin gegangen bin gegangen. Heute morgen, als ich in Bett dem Kraft Schuß zu meines war,, versucht die Kraft auch Schuß zu meinem unter Unterleib es Schmerz war. Heute morgen habe ich gesehen, daß meine linke untere Lippe nicht Rückseite zu normal war, als ich gedacht habe, die Lippe Buchse löschte, war es nicht meine Lippe, es nicht meine Nase, meine Augen, meine Backen, meine Vorfront, mein Kinn, es nicht mein Gesicht war war. Ich habe gesehen, daß winziger dunkler Nadel Punkt an meinem Recht Lippe herunterläßt. Heute morgen habe ich einen anderen roten Punkt an meiner richtigen Backe Markierung gesehen. Nachmittags scheint ich am Tisch ich den Schuß zu meinem temp, es eine Art, schlägt zieht die oder überspannt an meines versucht verlassen, es habe gesessen könnte fühlen war, daß etwas durch daß Ort erhalten hat, war es Bequemlichkeit von jener Zeit. An Nachtzeit habe ich am Salon Stuhl ich den Schuß zu meiner linken Backe am Backe Knochen zu meinem Auge ich kleine Kopfschmerzen dann gesessen könnte fühlen machte könnte fühlen, die der Schuß zu meinem Mund, meiner oberen Lippe, und oberen Zähnen auch machte.

Juni 12, 2006

Heute habe ich gesehen, daß meine unter Lippe Linie an der richtigen Seite die Linie gelöscht wurde. Ich habe gesehen, daß meine unter Lippe Gestalten geändert wurde, der es wurde gewachsen größer und Außenstehender gelehnt hat, war es wahnsinniger Spaß zu einigen Ein, den es nicht meine Lippe war, es nicht mein Mund war. Heute habe ich gesehen, daß die Vene Erhöhung offensichtlich an meinem Kopf am und Vorfront an der Haar Wurzel versucht. Gestern Abend war ich in Bett ich den Kraft Schuß zu meinem linken Bein zu meinem Knie fühle schließt. Heute nachmittag, als ich in Küche Ausguß war, ich fühle den Schuß zu meinem richtigen Bein zu meinem Fuß schließt, hat mein linkes Bein eitel einstellt. Heute nachmittag lese ich Zeitung den Kraft Schuß zu meinem Kopf den ich schwindlig ich von fühle bin ausgestiegen, daß ich stellt, hinter war normal. Seien Sie jetzt Nachtzeit, die ich habe gesessen an Salon Stuhl ich etwas arbeitete fühle, bewegte Ding innerhalb meines Backenknochens, meines linken Ohrs.

Juni 13, 2006

Heute morgen habe ich ich Schmerz hinter meiner Rückseite an der richtigen Lunge, ich wenige Blöcke aufgewacht fühle bin gelaufen, meinem Lebensmittelgeschäft es zu machen, gegangen wurden. Mein linkes Bein, das der Ort schließt zum Knie noch unbequem war.

Juni 14, 2006

Als ich in Badezimmer war, ich fühle den Schuß zu meinem Kopf der ich schwindlig war. Als ich am Tisch gesessen habe, den Mittagessen hat, fühle das ich den Kraft Schuß zu Magen Seite unter meinem Arm verläßt. Wenn ich ich auftische, Schmerz an meinem linken Seite Magen wurde es eine Weile dann gegangen fühle.

Juni 15, 2006

Gestern Abend habe ich in der Mitte ich des Schlafens Leute, die außerhalb dann ich reden, hinteres Schlafen wieder aufgewacht habe gehört bin gegangen. Heute morgen, wenn ich habe gebürstet meine Zähne die ich könnte fühlen den Schuß an meines unter Bein verlassen. Ich bin gelaufen, den Bus während der Zeit ich zu fangen, in Bus hasse mein Fühlen von jemandem, ich war ist wurde entdeckt, daß ich die Unterhaltung nicht eintragen wollte, fühle ich Kopf anhaltenden Schmerz, den es eine Art von Änderung Verhalten war, Änderung oder ändernde Gewohnheit hat gedacht. Ich bin von Bus den ich fremd von meinem buttock zur Hüfte hinunter die Beine abgestiegen fühle aber ich habe Laufen dann es hinter normal fortgesetzt war.

Jun 16, 2006

Heute morgen, als ich in Bett war, ich fühle den Kraft Schuß zu meiner linken Seite Frau es Schmerz den ich meinen Körper war habe gedreht, es zu vermeiden. Heute habe ich eine Art von rot gesehen und wachsenden Gewebe auf meiner richtigen Seite läßt Lippe herunter aber es war nicht groß als die linke Seite. Ich habe eine Punkt Nadel dort gesehen aber ich könnte es neu definieren war nicht oder das alte, das alte habe die ich gesehen, als es dunkler Nadel Punkt Tage oder vor Woche war. Heute abend, wenn ich ich auftische, wie mehrere Nadeln Schuß zu meiner Nase am Loch könnte es mich schwindlig und runny Nase fühlen hat gemacht, bevor daß ich habe gerochen Kraut das ich nicht sicher die Ursache war. Ich arbeitete etwas könnte fühlen, bewegte innerhalb meines Backenknochens.

Juni 17, 2006

Gestern Abend habe ich am Salon Stuhl ich den Anhaltspunkt für Lernen, was das Material wurde benutzt anzugreifen mich dann ich habe gehört ausruft Stimmen dann ich müd an meinem Herzen fühle, Minuten ich weg vom Stuhl, ich ins Bett an Mitternacht später nicht gesessen könnte erhalten bin gelaufen gehe. Als ich in Bett war, ich habe den Kraft Schuß zu meiner Vorfront an der richtigen Seite ich Schmerz ich dann gedreht fühle fühle, es zu vermeiden. Später habe ich schlechten Geruch in meinem Schlafzimmer zuerst es ungefähr 2 Ein.M gerochen war. Ich habe dritte Zeiten für frische Luft, ich Fenster für Atmen, starker Wind, ich zu der Zeit gehört habe gespritzt habe geöffnet, daß Stimmen von mehreren Männern Sprechen Asian Sprache ich nicht verstehen könnte, und ich habe Kaffee von außerhalb meines geeigneten. ich das Fenster eine Weile gerochen habe geschlossen. Heute morgen habe ich ich Schmerz an zwei Seiten mein unter Unterleib aufgewacht fühle, weil ich meinen Magen mit Anstrich bedeckt habe. Ich könnte den Kraft Schuß zu meinem beide Hüften, meine Schenkel, ich zu richtiger Seite die Kraft Schuß zu meinem Aussetzung Seite Körper fühlen ist drehe fortsetzt. Ich habe unbalancing heute morgen erhalten. Heute nachmittag habe ich am Salon Stuhl diesen diary hinunter ich den Kraft weichen Schuß zu meinem richtigen Kopf am Hals ich Bequemlichkeit für mein Ausgleichen gesessen hat gemerkt könnte fühlen fühle. Ich fühle Erleichterung 50% für die richtige Rückseite Lunge die ich den Grund nicht habe bemerkt.

Juni 18, 2006

Dieser dinnertime habe der ich am Tisch ich den Schuß zu meinem Knochen an meiner richtigen Lunge in der Rückseite gesessen fühle. Abends habe ich am Salon Stuhl, liest den ich den Kraft Schuß zu meinem Kopf es pressured hinunter zu meinen Augen fühlt, ich unruhig gesessen fühle ab, stumpft und schwer könnte, ich lesen nicht und, aufgebe ich könnte verstehen. Ich bin ausgestiegen, daß ich stellt, Unterstützung war normal. Dies war so mehrere Mal, den sie ihm meinem Kopf machten. Meine Lippe Gewebe wurden größer und das getrocknete rauhe Haut Umgeben meine linke untere Lippe gewachsen. Meine unter Lippe Buchse wurde verschwunden. Meine Lippe wurde Gestalten geändert.

Juni 19, 2006

Heute abend habe ich am Tisch ich Schmerz an der linken Magen Seite dort Schuß vor wenigen Tagen gesessen fühle war. Ich habe gehört, daß einige ein geklopftes an meiner Tür ich zur Tür gekommen bin, die er zu gehen zu nächster Tür verläßt, dürfte er Verkäufer sein. Als ich meine Zähne gebürstet habe, die ich den Kraft Schuß zu meinem linken Bein fühlen könnte. Heutzutage war meine Rückseite nicht leicht es irgendeine Art war, die mich belästigt.

Juni 20, 2006

Heute morgen fühle ich Verletzung an meinem buttercup eine Weile und ich fühle auch das Kraft Schuß Recht, es zu reichen, sich war emporschwingt und zieht es Hand wurde verschlossen fest. Geistiges Mißbrauchen, als das gerade zu Menschen entwickelt wird. Ich nehme gewöhnlich Bus zu gehen, meinen Briefkasten zu prüfen, und ich mache mein Lebensmittelgeschäft ich Taxi dann habe genommen, zurück meines geeignetes zu gehen. Meine Rückseite war normal leicht war aber ich habe gewußt nicht, was meiner Rückseite hilft.

Juni 21, 2006

Morgens fühle ich meine richtige Rückseite von meinem Arm Knochen Vene, ich an der Mitte Rückseite unease es meiner linken Seite gleiche Bedingung die ich Tage bevor Abend gestern dann wurde stranded fühle war habe gehabt, den meine Rückseite Erleichterung war. In nehme ich Rest in meinem Bett ich meine Hand an meine Brust dann ich meinen Daumen mich wie mein Knie sich heute nachmittag stelle fühle emporschwingt emporschwinge

Heute abend und gestern habe ich gesehen, daß meine obere Lippe es geändert wurde, nicht meine Lippe war, die es so schrecklich war. Das war meines physisches, das hier gebetroffen worden ist, das geistige ist. Heute nachmittag war ich in Bett, Rest dann ich war schläfrig dann meines zwillings leicht bewußt wurde überfallen von irgendeiner Quelle Geschlecht Besessenheit zu nehmen. Ich habe gestern Abend und wenige Tage erkannt, bevor ich am Anfang von Schlafen ich war, gesehen habe, daß die Leute die Orte, die ich nie in meinem Leben weiß, ich habe gesprochen den Unsinn den ich habe gewußt daß es nicht recht wenn ich habe versucht hatte, wach zu sein. Das Verfahren war das wichtige Ding vom Beginnen des Schlafens für was den sie ins unterbewußte Gemüt hat eingefügt haben gewollt und sind woken auf zu der Zeit gewesen und der Punkt, den der künstliche Traum sein wollte, trägt im bewußten Gemüt.

Juni 22, 2006

Gestern Abend war ich in Bett ich den Kraft Schuß zu meiner Schulter, mein Daumen noch rot heute morgen fühle war. Ich habe an ungefähr 3:00 Ein.M aufgewacht. Ich bin zu Badezimmer ich hinteres Schlafen wieder dann ich an 5:50 Ein.M dann gegangen bin gegangen habe aufgewacht. Ich wollte zu Badezimmer wieder gehen aber es träume fremd zu mir so ich es durch Schlafen dann ich war will ablenken, daß ich zu Badezimmer gegangen bin, und drückend meinen Urin, ich ich Legen in Bett, ich zu Badezimmer nicht jedes Mal ich habe aufgewacht habe fortgesetzt will gehen habe aufgewacht herunter. Heute abend tische ich ich die Schuß Aufregung zu meinem Kopf könnte fühlen auf.

Juni 23, 2006

Gestern könnte Abend, den ich habe gesessen am Salon Stuhl ich überprüfe meine Arbeit die ich die Schuß Aufregung auf meinem Kopf fühlt, ich nicht fortsetzen, weiter meine Lektion zu überprüfen, damit aufzugeben, ich es protestiert habe. An der Schlafenszeit fühle ich den Schuß zu meinem richtigen Schenkel dann die Kraft Aufregung auf meinem Kopf und meiner Vorfront. Das Verhör, das Mikrochip wurden an meinem Ohr sie wie Empfindung mit den Stimmen dann implanted einrahmt kontrollieren.

Juni 24, 2006

Ich habe den großen roten Punkt wie die Größe von acne an meiner linken Backe gesehen, als es war auf meiner richtigen Backe die ich auch acne an meinem Kinn auch gesehen habe. Vor wenigen Tagen und, bis heute morgen ich den Kraft Schuß zur Vene an meiner richtigen Stirn am Wurzel Haar fühle, (tempo) ich versucht kleine Kopfschmerzen ich die Vene an jenem Ort aber nicht groß dann heute fühle habe gesehen. Meine linke Hüfte war besser heute. Wenn ich am Tisch saß, die Vibration Kraft hat mich schwindlig gemacht fühle, als ich aus war, daß es befleckt, gegangen wurde. Jetzt es war Nachtzeit ich habe gesessen am Salon Stuhl liest ich fühlt den Kraft Schuß zu meinem Kopf ich fühle Kopfschmerzen dann betroffen hinunter zu meinen Augen, es war nicht leicht für mich liest ich bin gelaufen weg vom Stuhl ich war hinter normal dann ich bin zurückgekommen Sitzung an den Stuhl liest den Kraft Schuß zu meinem Kopf, mein Ohr ich fühle Kopfschmerzen es war nicht leicht für Lesen die den, Jedoch ich könnte Sitzen, der dort dann liest, ich müde, dürstig mein Herz Schmerz, ich dann sagen habe fortgesetzt fühle war, daß es Leute leicht töten wird.

Juni 25, 2006

Gestern Abend machte die Kraft zu meinem Kopf hinunter zu meinen Augen ich Kopfschmerzen und Schmerz zu meinem Augen Gebiet dann fühle. Heute habe ich gesehen, daß mein haft Seite Augenbraue Knochen höher es gewachsen wurden, wie großer Knochen war dort, das Verfahren zu mein Gesicht fortsetzend umgestaltet. Heute morgen der Kraft Schuß zu meiner Stirn und meines versucht ich Kopfschmerzen und Schmerz fühle. Wenn ich Dusche nehme, die der Schuß zu meiner linken Lunge dann mein linker Schenkel machte. An dinnertime habe ich am Tisch der Schuß zu meinem Arm gesessen. Jetzt war es 10:50 P.M. Ich habe am Salon Stuhl dem Kraft Schuß zu meinem Kopf wie den ich gestern gesessen habe beschrieben.

Juni 26, 2006

Ich machte meine Wäscherei ich dort mit meinem Herzen mein Herz gestern Abend heute morgen bin gekommen stört wurde angegriffen, als ich beschrieben habe. Ich habe dort mit meinem Herzen nicht normal mein Herz hinter normal eine Weile dann gesessen war war. Nachdem ich habe beendet meine Kleider die ich ist zurückgekommen mein geeignetes. eine Weile ich müd dann fühle, nachdem Mittagessen, das es hinter normal war.

Nachdem dinnertime ich auftische, dann bin ich gekommen bin gelaufen, am lesend Tisch zu sitzen, per E-mail schickt die ich müd fühle und Schmerz an meinem Herzen stellt ich weg zu einem anderem bin aufgestanden ist gelaufen, den Angreifer zu vermeiden, mir folgte. Heute habe ich gesehen, daß meine Augen in verschiedenen Gestalten ein großes Augenbraue Knochen änderten, war es nicht meine Augen!

Juni 27, 2006

Heute fühle ich den Schuß zum Ort zwischen meinem Herzen und unter Arm habe ein Bündel der Muskeln, Nerven und Vene auch, ich gesehen, daß mein linker Daumen beeinflußt wurde. Später habe der Streik mein linkes Oberteil ich dann gesehen wurde angenommen führt, daß mein Daumen hinter normal war.

Juni 28, 2006

Gestern Abend legte ich in Bett ich die Kraft mit Kreis Zahl gespitzter Kopf aktiviert hart zu meiner Brust an meinem Herzen ich nichts eine Weile könnte fühlen befestigt festlegen fühle. Heute morgen habe ich ich die Kraft Schuß zu meinem Herzen ich ständig kleinen Schmerz an meinem Herzen so lang wie ich in Bett ich dann vorbereitet habe aufgewacht könnte fühlen war fühle war ist aufgestanden, aus dem kleinen Schmerz zu gehen, gegangen wurde. Ich bin zu Bus Gestell ich Bus gelaufen habe genommen zu gehen, dann macht Lebensmittelgeschäft dann ich habe genommen Bus Aufzustellen, nach Hause zu gehen. Ich war völlig frei von irgendetwas Belästigen mich.

Nachdem Mittagessen das ich am Tisch gesessen habe, den Nachrichten den Kraft Schuß zu meinem Kopf liest, fühle ich Schmerz an meinem Herzen ich zu einem anderen Ort Fortsetzen Lesen dann der Schmerz dann die Kraft zu meinem Herzen das ich müde dann habe bewegt wurde gegangen machte fühle. Jetzt ist es 10:00 P.M. Ich habe am Tisch diese Notiz hinunter den Kraft Schuß zu meinem Herzen ich Schmerz an meinem Herzen ich den Tisch dann gesessen hat geschrieben fühle verlasse, zu Salon Stuhl ich nur habe hingesetzt mich behalten merkend diary der Schmerz sofort wurde gegangen zu gehen, bewegte ich dort die Kraft mir zum Salon Stuhl den ich dann habe gesessen folgte, jenen Angriff zu vermeiden. Ich wurde diese Lage enttäuscht, die ich diese Handlung protestiert hat.

Juni 29, 2006

Gestern Abend, als ich in Bett war, ich könnte die Kraft Schuß zu meiner Brust, mein Herz das ich Verletzung, Schmerz die ich so böse fühlen war fühle war. Ich schlief ich, aufgewacht worden ist, der als ich gehört habe, daß Leute Fremdsprache aus Seite Hof ich gesprochen hat, nicht könnte verstehen, daß ich hinteres Schlafen wieder gegangen bin. Ich wurde den Schmerz dann ich die Kraft zu meinem Herzen wieder zu der Zeit der Schmerz heute morgen gegangen habe aufgewacht verringerte fühle machte. Die Kraft habe zu meinem Herzen wieder ich diesmal ich wie die Pumpe die es für wenige Zeiten, dieses das ich dann gedacht machte fühle hat ermüdet könnte fühlen hat gepumpt, daß es offen das Hemmnis der Arterie sein könnte. Mein Herz war so starke Geschichte die Zeit malpractice in 1988 mein Herz in Schwierigkeit dann war aber dann wurden es durch Gewinn Rückseite, die stark ist wie ich es vor gehabt hat, kürzlich diese Dinge dann geschehen war, als ich in diesem diary geschrieben habe. Wenn ich nehme Dusche die ich könnte fühlen den Schuß zu meiner Rückseite herunterläßt Bein dann ich wie stranded Muskel oder Vene fühle. Ich wurde den Schuß an meinem richtigen hinteren Knie auch ich wie ausgeschöpften Bein, Stunden später es dann gegangen fühle fühle. Als ich an Küche Ausguß war, ich habe den Kraft Schuß zu meinem Körper vermieden. Ich habe am Tisch ich den Kraft Schuß zu meinem Herzen, meinem Kopf, und meiner Schulter gesessen fühle.

Juni 30, 2006

Gestern Abend habe ich ins Bett mein Herz nicht in normaler Bedingung ich aufgewacht bin gegangen war, als ich die Stimmen gehört habe, die außerhalb meines geeigneten lachen,. Gerichtshof Hof. Heute morgen habe ich mein Herz normal aufgewacht ist, während ich, keine Kraft, nichts bin. Nachdem Mittagessen das ich auftisch ich fühle den Schuß zu meiner linken Seite und richtigem Seite Rückseite Kopf am Hals der es war wie aufhebend ganzes Bündel ich der Muskeln die Kopfschmerzen an meiner Vorfront und Schmerz die Vene hinunter zu meinem linken Bein auch fühle. An der Nachtzeit habe ich am Tisch ich den Kraft Schuß zu meiner linken Lunge ich Schmerz an meinem Herzen, ich ins Bett Sitzen dort gesessen fühle fühle bin gegangen und habe lesen fortgesetzt, den ich nichts fühlt. Ich bin Tisch dort Lesen ich die Vibration dann der Kraft Schuß zu meinem Recht ich Sitzen eine Weile zurückgekommen hat gesessen fühle führt habe fortgesetzt, der dort liest, den ich meinen Herz Schmerz fühlt. Ich bin zu Salon Stuhl dort ich nichts gegangen hat gesessen fühle. Nachdem ich zu Badezimmer gegangen bin, ich wurde Salon Stuhl ich Schmerz ein kleiner Schmerz an meinem Herzen um eine Minute dann es dann zwei kleinerer Schmerz in Sekunden dann es eine Weile gegangen bin zurückgekommen fühle wurde gegangen.

Juli 1, 2006

Gestern Abend ist während meines Schlafen das ich nur Minute oder Sekunden habe aufgewacht zu wissen und, mich an irgendein Ding zu erinnern, zu meinem linken unteren Bein machte die Vene zu meiner Sohle wurde beeinflußt. Ich könnte den Kraft Schuß zu meinem richtigen Schenkel und mein linker oberer Arm auch fühlen. Heute hatte ich Magen den ich den Kraft Schuß zu meinem unter Unterleib umgestürzt könnte fühlen, der es Schmerz gegangen wurde.

Juli 1, 2006

Gestern Abend während meines Schlafen das ich nur Minute oder Sekunden habe aufgewacht zu wissen und sich mich an irgendein Ding zu erinnern dass zu meinem linken unteren Bein machte die Vene zu meiner Sohle wurde beeinflußt.

Ich könnte die Kraft Schuß zu meinem richtigen Schenkel und mein link oberer Arm auch fühlen.
Heute hatte ich Magen umgestürzt den ich die Kraft Schuß zu meinem unter Unterleib könnte fühlen den es Schmerz gegangen wurde.

Juli 2, 2006

Gestern Abend habe ich aufgewacht, wenn die Unterhaltung Stimmen aus Seite meinem apt. Hof, sie hatte gesprochen Fremdsprache die ich nicht verstehen könnte.
Heute morgen habe ich gesehen, daß meine unter Lippe eine Art getrocknen Haut war und bin größer und mager zu außerhalb es nicht gutes Gefühl mit meinem Mund wie das gewachsen war. Ich habe viel Gewebe auf meiner unter Lippe aufgehoben, bevor ich Bürsten meiner Zähne angefangen habe.
Heute, nachdem ich nehme Dusche die ich Knoblauch gerochen hat, als ich jene Erfahrung irgendwann gehabt habe, bevor ich unbequem unter meinem linken breastbone eine Weile dann es wurde gegangen fühle.
An der Hauptmahlzeit, als ich am Tisch gesessen den Kraft Schuß zu meinem Kopf habe.
Jetzt an der Küche ich die Kraft wie Welle oder Vibration machte zu meinem Kopf könnte fühlen. Ich war am Salon Stuhl gesessen und schreibt, ein kleines schwindlig hatte gemacht ich es hatte erhalten.

Juli 3, 2006

Gestern Abend habe ich auf gesessen in meinem Bett den ich die Schuß zu meinem Kopf ich habe ein kleine schwindlig fühle erhalten. Ich könnte die Schuß zu meiner linken Hand fühlen und mein Recht hand habe ich Schmerz am Schuß fühle dann ich versucht reicht mich an die Lektion zu erinnern den ich habe der Art von Kopf erhalten, ich fuhle Kopf schmerzen war, damit ich es abgebe.
Ich wach bis 3:00 A.M. war Ich habe schlechten Geruch gerochen, der ich dürfte fallen beim Schlafen nachdem das dann ich am künstlichen Traum aufgewacht habe, es unwahr mischte und Denken, träumte ich ein fremder Ort und fremde Leute.
Heute morgen aufgewacht hat ich am Lied das einige Ein gesungen habe aber es war nicht Traum und es nicht außerhalb Singen war.
Dann erinnere ich mich ein Lektion ich gestern Abend aufgebe Lösung von meinem unterbewußten Arbeiten zu sein, das Problem zu lösen, das ich in bewußtem Gemüt trug.
Abends ich am Tisch gesessen Hauptmahlzeit hat und las der Nachrichten den die Kraft Schuß zu meinem Hals und meinem Kopf die ich schwindligen und ausgeschöpften Hals Muskeln, den die Kraft ich ausgehalten dann daß ich fühle normal hat, den die zuruck aufgehalten war, daß schwindlig und ausgeschöpft Muskeln wieder fühle gewöhnt hat.
Wenn ich bin gelaufen zu Küche die ich aus war, daß ich normal war den ich zurückgekommen derTisch den ich schwindlige und ausgeschöpfte Muskeln wieder fühle.
Wenn ich auftische gemachte die Kraft folgte mir zur Küche folgte den ich zu Badezimmer Bürsten meine Zähne, ich aus jener Kraft Shuss dann ich wieder normal war.

Juli 4, 2006

Zu Tag habe ich gesehen, daß meine obere Lippe geändert wurde, könnte ich das fremde Ding wie Schnur Muskeln mein Gesicht am oberen Lippe Gebiet für vor wenigen Tagen fühlen bearbeiteten. Ich habe gesehen, daß ein schwarzer Punkt oder grauer Punkt an der Mitte Lippe vor ungefähr Woche herunterläßt, änderte meine unter Lippe Gestalten und, der es hat gelehnt draußen so ich es Außenstehender gerufen habe, war es nicht meine Lippe.

Juli 5, 2006

Heute morgen war ich in Bett den ich fühle die Kraft Schuß zu meiner linken Vorfront ich still jene Position behält, das zu empfangen, so lang wie schießt ich in Bett ich eine Art von oder die lustige Anästhesie von jenem Ort und hinunter zu meinem Ohr dann hinunter zu meinem linken Hals war fühle abstumpft. Als ich ich aufgestanden bin, gesehen habe, daß die gerade Linie um 2 inches an meines tempo. Nachdem Mittagessen das ich am Tisch gesessen hatte Nachrichten plötzlich lesen, fühle ich Schmerz an meinem ovary Ort, nachdem ich Schlaf genommen habe, ich fuhle Schmerz den habe ich fühle ease ine Weile dann ich fühle Schmerz, ich gedacht daß ich dürfte angreifen von der Kraft die ich nicht fühlen könnte.

Juli 6, 2006

Heute habe der Schmerz an der linken Seite ich gedacht, daß es ovary Ort war, es lietichkeit war.

Juli 7, 2006

Gestern Abend annimmt ich bei der Verarbeitung war, daß ich einen normalen Traum habe, aber es war nicht vollständig mein normaler Traum. Mein Traum wurde beraubt, da der lottery von TEXAS mit dem Gewinn 2, 12, 22, 32, 42 zählt, und kann 19 sein weil sie bange von, wenn ich reich mit meinem Traum werden werde. Heute, nachdem Mittagessen Zeit die ich am Tisch gesessen habe, ich habe den Kraft Schuß zu meines Kopf ich wie eine Quetschung fühlt, daß ich stellt nicht gewußt fühle verlassen führt wie zu erklären das, Stunden später, daß fühlen Quetschung an jenem Ort gegangen wurde. Nachdem ich nehme Dusche die ich Schmerz an meinem richtigen Kopf am richtigen Ohr fühlt, das es unbequem eine Weile dann es wurde gegangen war. Am dinnertime habe ich am Tisch gesessen die Kraft zu meinem Kopf aktiviert worden war, ich schwindlig fühle und es war an Küche Ausguß auch.

Juli 8, 2006

Gestern Abend, wenn ich war in Bett bevor Schlafen das ich fühlt die Schuß zu meinen zwei Tempo dann zu meiner Mitte vorderen Kopfs, ich vermie das nicht, behalten wird daß so lang wie ich war in Schlafen ich könnte fühlen es war wie eine Art der

Quetschung einzustellen, Ich schlief in jener Bedingung. Ich habe aufgewacht, als die Frau außerhalb meinem apt Gebäude geweint hat, habe ich mehrere Leute gehört, die jener Frau in jener Lage helfen. Dies war auch die Zeit ich in künstlichem Traum den ich Schlafen wieder, ich im frühen Morgen am Alpdrücken dann war gegangen habe aufgewacht.

Heute morgen bin ich meine Rückseite an der Lunge Position fremd wie Militärisches Kunst Vene Schloß, Machen es wieder normal dann aufgestanden exercise war.

Heute morgen war mein Kopf GUT ich zu Lebensmittel geschäft gelaufen als ich gemacht hatte.

Heute abend habe ich am Tisch gesessen Nachrichten las den die Kraft die sie haben benutzt ich könnte nicht bemerken was es war, es zu meinem Mitte Kopf, ich nicht Bequemlichkeit am Mitte Kopf, Es hart für mich zu denken und zu verstehen wurde beeinflußt fühle war.

Juli 9, 2006

Heutzutage habe ich versucht befürchte den wach ganzen Nacht zu sein, aber ich könnte es, ich an ungefähr nach 3:00 A.M. machen habe geschlafen Ich habe an 7:30 A.M. aufgewacht.

Juli 10, 2006

Mein Magen war GUT heute weil die Speise die ich hat gegessen gestern ich Magen umgestürzt hatte.

Juli 11, 2006

Heute morgen habe ich die Spur der Nadeln an beiden meinen Backenknochen gesehen. Heute nachmittag könnte ich die Welle von Vibration Kraft an meinem Tisch Ort, irgendeine Zeit fühlen ich die Welle Vibration Kraft in meinem Sitzung Zimmer fühlen könnte. Wenn ich Dusche nehmmte den Kraft Schuß zu meinem linken Bein sowohl Front als auch Rückseite.

Nachdem der dinnertime an der Küche der Kraft Schlag zu meinem richtigen Oberteil Kopf.

Juli 12, 2006

Gestern Abend habe ich versucht wach zu sein aber ich habe Fallen beim Schlafen fortgesetzt. Als ich war in Bett ich fühle die Kraft etwas meiner oberen Lippe und zu meinen oberen Zähnen machte, es zu den Nerven meiner Zähne wurde verletzt.

Heute morgen habe ich gesehen daß meine obere Lippe änderte, es nicht meine Lippe war, Ich könnte meinen hinteren Körper nicht sehen, damit ich nicht gewußt habe, was sie zu meinem Körper machten.

Heute morgen habe ich am Tisch gesessen Nachrichten las die ich hat gerochen Speise aber ich habe gewußt nicht daß es Speise oder Chemikalie, ich inhale meinen richtigen Lunge Schmerz dort wie gestern Abend dass schießen wenn ich am Tisch saß.

Wenn ich am Tisch saß meine Arbeit gemachte, die Kraft schweigsam und leise Angriff zu meiner richtigen Lunge, zu meiner linken Lunge, zu meinen Schultern, zu meinem Kopf es macht zu mein Gehirn beeinflußt wurde gestört, ich es mich verhindert. Ich habe es protestiert.

Juli 13, 2006

Heute morgen habe ich den winzigen Schnitt an meiner linken Seite Nase unter meinem Auge, es Implantation Gewebe zu jenem Ort gesehen dürfte sein. Heute nachmittag, wenn ich habe gesessen am Tisch schreibt den meiner Arbeit ich könnte fühlen die Welle zu meinem Sitzung Zimmer und am Esstisch auch aktiviert wurde, es zu meinem Kopf beeinflußt wurde, Funktion umzukehren wurde aufgestellt es dann wurde ausgeschaltet, ich könnte fühlen das Zimmer war klar von Welle der Vibration. Stunden wurde die Kraft es zu meinem Kopf, meinem Gehirn, mein Herz das ich durchgeführt wurde beeinflußt fühle schwindlig dann ich gelaufen weg aus die Welle den ich war GUT später fühle.

Juli 14, 2006

Gestern Abend habe ich an 2:15 A.M. aufgewacht. Ich habe etwas zu meinem linken Ohr, ich bin gegangen zu Badezimmer dann ich habe gesehen daß meine Backen durchnäßt hinunter waren, ich gesehen könnte fühlen machte daß mein Gesicht lang hinunter ausgestreckt wurde, habe ich gesehen daß mein linker Ohr Rahmen an der Mitte rot drehte. Ich bin Schlafen wieder gegangen. Heute morgen habe ich aufgewacht fühle fremd zu meinem linken Ohr und linken Backe und linken Seite Kopf auch, es etwas Nerven war. Ich habe gesehen, daß meine Backen verschieden waren, als ich schlief es gestern Abend an 2:15 A.M. so ich mich was sie zu mir während der Nacht ich habe gesehen wunderte machten. Ich bin draußen gegangen und bin für 2 Miles gelaufen, nachdem jene einkaufende Reise die ich mein Ohr, meine Backe, und meine Kopf Rückseite zu normal fühlt.
Wenn ich Dusche nehme, die ich den Schuß zu meiner richtigen Lunge fühlt. Heute abend habe ich am Tisch gesessen den ich die Kraft Schuß zu meinem linken Ohr, das ich fühle hat ausgeschöpft meinen linken Schulter Muskeln dann ich mein linkes Ohr Loch für um 15 Minuten bedeckte, es von daß Spannung fühle wieder lang nicht. Ich könnte den Kraft Schuß zu meinem linken Front Kopf, zu meiner Rückseite ich betroffen zu meinem hinteren Kopf ich gehte weg vom Tisch zu Salon Stuhl dann die Kraft zu meiner richtigen Nase, es machte zu Geschlecht Empfindung Nerv wurde beeinflußt fühlen.

Juli 15, 2006

Heute morgen glaubt ich am künstlichen Traum mit dem Gefühl des religiösen M habe aufgewacht. Wenn ich bürstet meiner Zähne die Schuß an meinem richtigen Schenkel fühle, ich könnte fühlen etwas machte zu meiner Lunge die ich ausgeschöpft eine Weile fühle. Ich gewöhnlich am Salon Stuhl sitzen zu exercise meine Beine machen den ich fühlt die Kraft Schuß zu meinem linken Ohr, das ich unease mein linkes Ohr fühlen könnte. Wenn ich habe gesessen am Tisch las Nachrichten die Kraft Schuß zu meinem Kopf dann ich von etwas Besessenheit Denken unterbrochen wurde, ich habe es gekämpft dann ich es fortsetzen überwunden habe weiter dann ich zu lesen, die Kraft Schuß zu meinem Kopf ich fühlen Kopfschmerzen fühle, die ich nicht könnte fortsetzen, ich es zu abgeben.

Juli 16, 2006

Gestern Abend als ich in Bett war, die Kraft schießt mein linken Kopf ich fuhle Schmerz wie Kopfschmerzen habe, ich auf im Bett führte gesessen zu vermeiden die Kraft war dann die eine Weile wurde gegangen. Ich schlief an ungefähr 3A.M. Ich aufgewachte ungefähr 6:30 A.M. am jemand träumt habe, daß sie bestimmt wer sie wählen und entlang erhalten wird, dies mich frustriert hat gemacht fühle weil mein unterbewußtes Gemüt jetzt wie der Abfall Ort für sie, was sie haben gewollt abzuladen. Ich führte still in Bett mit meinem Ärger den der Kraft Schußt zu meiner linken Front war, als es Schlag bevor ich schlief den zu meinem Ganze Kopf wurde dann ich fühle vomit wie Gehirn Verletzung für Sekunden dann es aufgehalten machte, später war ich Schlafen wieder, ich aufgewacht die Spannung gegangen dann ich mein Gehirn könnte fühlen erfrischte habe.

Juli 17, 2006

Nachdem Hauptmahlzeit ich auftisch gemachte den dieSchuß Schlag zu meinem richtigen Bein dann der Schuß an meiner richtigen Lunge und hinunter zu meiner Rückseite.

Ich habe gesehen, daß das winzige Getreid an meiner linken Seite Nase es wie Mikrochip implanted zu meiner Nase war, habe ich auch gesehen daß mehrere Getreide zu meinem Gesicht implanted wurden, hat meines Front, meine hinteren Ohren, und meine linke Hand.

Juli 18, 2006

Heute morgen habe ich aufgewacht an der Mischung einige ein Traum und etwas davon von meines eigenes unterbewußt.
Ich tische machte nachdem Mittagessen den das ich fühlt die Kraft Schuß zu meinem Magen den Schuß zu meiner Vene an meinem Hals es hat angeschlossen an meine Schulter mein Arm den ich ausgeschöpft eine Weile fühle.
Heute nachmittag habe ich am Tisch gesessen Nachrichten las den die Kraft wie Welle, magnetische Mikrowelle zu meinem Kopf, mein Körper machte dann es mein linkes Seite Körper Fühlen war. Ich aufgestanden fühle ich schwindlig hatte den ich Dusche genommen dann es gegangen wude.

Juli 19, 2006

Ich aufgewacht an 6:30 A.M. Ich hatte ein Alpdrücken gehabt.

Juli 20, 2006

Heute morgen habe ich aufgewacht an der Lage wie ein Traum oder Ding, die ich habe nicht gewußt was es war dann ich es vergessen habe, ich weiß nicht es zu beschreiben. Heute nachmittag habe ich am Tisch gesessen ich den Schuß zu meinem richtigen Seite Oberteil Kopf fühle, wenn ich nehme Dusche die ich den Schuß zu meinem richtigen Kopf wieder fühle. Abends habe ich am Tisch gesessen las den ich fühle die Krap wie die Welle zu meinem Kopf angegriffen worden war, ich schwindlig fühlt hatte.

Juli 21, 2006

Gestern Abend habe ich versucht erwach zu sein aber ich fiel beim Schlafen das ich an ungefähr 3:15 A.M. habe aufgewacht, ich habe keinen Traum ich Schlafen wieder den ich aufgewacht ungefähr 4:40 A.M. am künstlichen Alpdrücken, im Traum dass der mein Charakter gehabt habe war, dann bin ich Schlafen wieder ich aufgewacht ungefähr an 7:00 A.M. am Traum auch, ich einen langen Traum von Vict Nam dann in dieser anwesenden Zeit mischung war, das mein Charakter zu meiner Familie und zu meiner Gesellschaft gegangen habe gehabt war.
Heute morgen würden ich gedacht was sie schaffen habe ihremneuen Pfad heute zu mißbrauchen.
Dies könnte sweigam zu bringen Schlamm werfen zu Leuten aber des Leidtragende wird immer sich dass warum wundern.

Heute wurde mein richtiger Seite Kopf zu Mathe beeinflußt kalkuliert logische Funktion abstumpf es zu mir war überrascht wurde.
 Ich versuche meine Meinung in diesem Berichtsdiary zu vermeiden weil Leser meines Buches lesen Sie verstehen wird, jetzt ich muß daß sagen dies gefährlich zu mir ist und sie beschädigen meine Schönheit, meinen Körper, und mein Gehirn. Ich dulde nicht diese Handlung zu meinem Körper, zu meinem Leben.

Juli 22, 2006

Ich habe einen Traum gestern Abend gehabt aber ich habe es vergessen. Heute morgen war ich still in Bett den ich die Kraft Schuß zu meinem linken Ohr, meinem linken Seite Kopf und Gesicht fühle. Es war mysteriöser Geruch auch.
Als ich in Küche war, ich fühle das Bündel von Kraft Aufregung auf meinem richtigen Magen machte, als ich am Tisch gesessen habe, ich fühle die Kraft zu meinem richtigen Kopf nahe rechts Ohr den der Welle zu meinem Kopf machte, ich fühle schwindlig eine Weile, an der Küche ich die Kraft Schuß zu meiner richtigen Schulter dann ich fühle Verletzung eine Weile, am Kuche die Kraft Shuss zu meine richten shulder ich fühle Verletzung wenn ich Meine Hand bewegung reizt den die Kraft Schuß zu meinem richtigen Ohr dann ich fühle iritite.
Als ich meine Zähne gebürstet habe, der Schuß zu meinem linken hinteren Kopf an mein linken Ohr Gebiet daß ich fessen am Gebiet fühle.

Juli 23, 2006

Als ich schon habe angezeigt daß die Lage hat gemacht mich befürchte geht ins Bett jede Nacht, ich habe nicht gewußt was sie versuchen zu machen zu beide geistigen und physischen Handlungen während der Zeit ich schlief, ich bin allein so niemand für meine Drehung Schlafen Zeit, ich noch erwach an 3:30 A.M. zuschaute war aber ich könnte schläfrig widerstehen nicht, wenn ich auf Bett aufzeichne. Ich träumte in Alpdrücken Pfad dann woken gerade an meinem ex Ehemann und ich war Geschlecht. Ich bin wieder Schlafen dann ich aufgewacht gerade an meiner Familie im Traum habe.
Heute morgen bin ich zu Badezimmer gegangen ich mysteriösen Geruch habe gerochen. Heute habe ich eine Daumen Seite Markte an meinem linken Backenknochen gesehen. Heute nachmittag habe ich am Tisch gesessen Nachrichten las, den ich der Schuß zu meinem Kopf an der Front zu meinem linken Ohr ich gefühlslos an jenem Ort stundenlang fühle dann es gegangen wurde fühle.

Juli 24, 2006

Heute morgen habe ich an 1:15 A.M. aufgewacht war am Traum ich in Badezimmer, das ich herunterzudrücken Darm Bewegen versucht habe dies zweite Zeit war, das erstes Mal war in 1994 oder 1995 ich in Austin hatte gelebt, nachdem sie mein unterbewußtes Gemüt überfallen haben, bin ich Schlafen wieder ich Traum habe gehabt aber ich es habe vergessen. Wenn ich still in Bett ich fühlen könnte die Kraft Schuß zu mien linken Kopf an der Front dann zu mein linkes Ohr dies hatte gemacht mich zu führen ermüdet worden. Heute nachmittag habe ich am Tisch gesessen Nachrichten las, ich bedeckte mein linkes Ohr das ich lese in Konzentrat Lage obwohl die Unterhaltung Stimmen außerhalb könnte unterbrechen meine Konzentration dann die Kraft Schlag zu meinem linken Oberteil Kopf führte ich sofort meine Konzentration verloren wurde, mein Gemüt was sie mich, denkt, der verlieren Konzentration mit nervös oder eine Art des Geschlechts denkend etwas wie das folgte haben vorgehabt mag. Ich lesung gebe ab.

Wenn ich Dusche nehmte die Kraft Schlagte zu meinem Recht lassen Bein herunter. Nachdem Hauptmahlzeit ich auftisch machte ich fühlen könnte der Schuß zu meinem linken Grundohr, herunterläßt Ohr dann zu meinem linken Oberteil Kopf dann zu meinem richtigen Grundohr und Ohr herunterläßt auch.

Juli 25, 2006

Gestern Abend gehe ich ins Bett an 12:30 P.M. Ich aufgewacht habe aufgrund der vertrauten Stimme, die ich aus Seite meines apt. gehört hatte, ich habe mein Ohr bedeckt für jene Stimme zu hemmen. Ich dürfte träumen bevor ich aufgewacht habe, aber ich habe es vergessen. Ich bin wieder Schlafen ich die vertraute Stimme in Vietnamese Sprache cai chan (Bein) habe gehört, ich habe aufgewacht genug zu hören und mich an das zu erinnern. Ich beim Schlafen wieder war ich träumte aber im Traum habe ich gewußt, daß das Traum in meinem Gemüt war, teilt mit ausländischem Asian Leuten aber sie sprechen Vietnamese, wir ungefähr trinkende Gewohnheiten und Rücksicht Frauen Weisen diskutieren.

Heute morgen habe ich gesehen, daß der winzige rote Punkt an meinem linken Backenknochen und die Haut Kratzen war. Die Daumen Größe mark es drehte haut getrocknet heute gestern es wurde gegangen.
Vor wenigen Tagen habe ich den winzigen Punkt wie der Baumwolle Faden an meiner linken Seite oberer Lippe gesehen.

Juli 26, 2006

Ich habe aufgewacht an 7:15A.M. am Traum daß mich weiß, daß das gedacht hat, daß ich vermieden Denken hatte läßt von email bevor ich gestern Abend schlief. Ich habe gedacht, wenn ich habe gewußt daß jemand krank geworden hat oder würde krank ich wünschen daß sie oder er ist Glück und gesundes und glückliches Leben werden, Ich sorge mich nichts.
Heute morgen war ich still in Bett den ich die Kraft Schuß zu meiner linken Seite Nase fühle den die Kraft Schuß zu meinem linken Seite Ohr, zu meinem linken Seite Gesicht reizte, Ich fühle wie die Ausbreitung.
Heute habe ich gesehen daß mein linker Backenknochen größer und höher gewachsen war.
Wenn ich nehme Dusche ich fühlt den Schuß auf meinem obersten liken Kopf Seite ich das linke Bein ausgeschöpft fühle aber ich habe gedacht, daß es von der Welle oder einer anderen Kraft verursacht wurde.
Es war mysteriöser Geruch.

Juli 27, 2006

Gestern Abend habe ich ins Bett früh ich sofort geschlafen war dann ich aufgewacht habe bevor Mitternacht, ich bin gegangen Schlafen wieder ich habe aufgewacht heute morgen ich einen langen normalen Traum gehabt habe. Heute morgen habe ich gesehen, daß die senkrechte Linie an der Mitte meiner Vorfront mit Horizont Linie gebildet hat das Kreuz auf meinem vorderen Kopf darzustellen.
Die Daumen Größe Mark auf meinem linken Backenknochen war still in getrocknet Haut es dunkler und einbeulen in an meinem linken Backenknochen nahe zu meinem Ohr gewöhnt war. Ich habe es protestiert!

Juli 28, 2006

Heute morgen habe ich am künstlichen Traum aufgewacht.
Heute habe ich gesehen, daß getrocknete Haut an meinem linken Backenknochen dort ich roten Fleck mit Kratzen Haut vor zwei Tagen gesehen habe. Ich habe gesehen, daß linker Backenknochen größer wie es gewachsen gestern war, der Knochen angeschlossen linke Backenknochen und liken Ohr gewachsen größer und auch hoh wurde.
An der Küche der mysteriöse Geruch ich es gerochte war den ich wundere mich wenn es von digitalem chemischem Geruch war.

Juli 29, 2006

Heute morgen habe ich aufgewacht weil das Geräusch machte mein Traum unterbrochen wurde daß ich für meinen normalen Traum bedauert habe.

Heute morgen hatte ich den roten Punkt an meinem linken Backenknochen gesehen, die Haut am linken Backenknochen und der Ohr Knochen ganze Abschnitt von umgestalteter Handlung beeinflußt wurde, es drehte verdunkelt als anderer Ort gesehen habe gesehen.

Juli 30, 2006

Gestern Abend habe ich aufgewacht habe im Mitte Schlafen aufgrund von Frau Lachens Stimme den ich Schlafen wieder ich einen Traum mit dem dummen messen Gestalten hatte dann aufgewacht hatte. Heute morgen, wenn ich ins Bett ich fühle etwas zu meinem linken Seite Mund angreift, daß hat mich getrocknet zu meiner Kehle gemacht fühle, ich daß fühle meinen linken Backe Muskel berührte meine linken Zähne war.

Dieser dinnertime ich gesessen am Tisch war de ich die Aufregung Shuss Schlag zu meinem richtigen Oberteil Kopf dann zu meinem linken Oberteil Kopf fühle, hatte dieses meinen linken Vene Hals beeinflußt. Vor wenigen Tagen habe ich FBI Brief zu die Lage geschickt hatte geschrieb weil ich nicht gewußt habe was es hier durchgeführt wurde.

Juli 31, 2006

Gestern Abend war ich ins Bett den ich fühle die Kraft Schuß zu mein linken Kopf dann ich fühle schwer, der Kraft Schuß zu meinem Schulter Muskeln ich ausgeschöpften Schulter Muskeln könnte fühlen.

Ich fiel schläfrig den ich aufgewacht an Alpdrücken Traum hatte. Nachdem dinnertime ich auftische machte die Kraft Schuß zu meinem richtigen Kopf an der Front fühle.

August 1, 2006

Gestern Abend gehe ich ins Bett die Kraft Schuß zu meinem Kopf, zu meinen weiblichen empfindlichen Nerven es ich für lange Stunden stellt wurde beeinflußt war, ich war bang weil ich habe gewußt nicht was sie versucht haben zu meinem Körper und meiner Mentalität ins Halbdunkel bewußt so ich war gegangen aus zu Tisch gesessen zu machen hatte, bis 5:30 A.M. dann ich so ermüdet wurde ich gehte Zu Bett. Ich habe nicht gewußt während der Zeit ich schlief war was passierte wurden. Ich aufgewacht habe an 7:15 A.M. Anspruch die Stimme aus Hof meinem Zimmer dann bin ich Schlafen wieder bis 9:30 A.M. Ich war in normaler physischer Körper, ich still in Bett die Kraft Schuß zu meinem weiblichen Abschnitt wieder dann ich bin aufgestanden das zu vermeiden zu meinem physischen normalen Körper beeinflußt. Heute habe ich meine Mark an meiner richtigen Backe, es in dunklere Farbe und eingebeult worden war, jetzt es sich gesehen war.

Heute habe ich Gedicht Aries Geburt Markierung geschrieben.

August 2, 2006

Gestern Abend hat ich ins Bett die Kraft Schuß zu meinem Kopf es geschienen daß Steuerung der Besessenheit Abschnitt war, den ich befürchte daß es war in ihrer

Verarbeitung damit ich verlassen das Bett machte dann ich Speise Kochen nachdem Mitternacht gerochen habe, ich fiel schläfrig dann ich habe aufgewacht an 7:30A.M. Heute morgen ich 2 rote Punkt Nadeln an meinem richtigen Backenknochen gesehen habe.

Heute morgen habe ich auf dem Bürgersteig zu Lebensmittelgeschäft laufe, plötzlich ich gehört von Stimme das Lachen, daß ich habe gesehen der Herr und die 2 anderen Frauen in beruflichen Kleidern schnelle zu Speise Geschäft nahe durch Seite Spaziergang liefen, ich nicht gewußt habe wenn es für etwas bedeutet hat!

August 3, 2006

Gestern Abend gehe ich ins Bett spät an 2:00 A.M. war so ich habe erkannt daß das erweckt Tätigkeit Umwelt jedoch ich mich selbst am höchsten Punkt verteidige kann, ich an 8:00 A.M habe aufgewacht.

Heute abend ich meine Lektion ruckschaute gehalten auf war den ich fühlt die Kraft Schuß zu meinem linken Oberteil Kopf um 15 bis 20 Minuten dann ich zu meiner Arbeit wie zoning aus, ich nicht konzentrieren könnte, ich zu es durch Zurückkehren meiner Arbeit es ungefähr 30 Minuten, später die Kraft meinen Kopf zu betroffen Geschlecht Denken, das machte mich auf meine Arbeit nicht konzentrieren könnte dann ich aufgestanden gehte weg Der Tisch, es mich so böse ich sie durch Fortsetzen meiner Arbeit zu der Zeit gemachte war aufgefordert bis ich es beendet hatte.

Während der Zeit hatte ich am Tisch gesessen die Kraft Schuß zu meinem linken Backenknochen ich gesehen daß mein linker Backenknochen schwellen höher und größer war.

August 4, 2006

Gestern Abend gehe ich ins Bett spat, ich mehrere Mal habe aufgewacht, jedes Mal in der Mitte des Traums. Ich habe die Unterhaltung von der Gruppe außerhalb meines apt Hof gehört. Ich habe Leute gehört sprechen daß sie meine Familie gut gewußt haben und sie haben schlechten Mann auch gewußt den ich bin Schlafen wieder ich an 10:00A.M habe aufgewacht.

Heute morgen habe ich gesehen die rote Punkt Größe um mein gespitzter Finger an meinem linken Backenknochen es hat Stunden später gegangen wurde

Heute nachmittag habe ich am Tisch gesessen ich die Kraft Schuß zu meinem linken Backenknochen, der Kraft Schlag zu meinem linken Oberteil Kopf den Recht den hinunter zu meinem hinteren Kopf machte.

Heute abend habe ich am Tisch gesessen ich der Schuß zu meinem linken Ohr es war ein scharfer Schmerz für Sekunden hingesetzt fühle.

August 5, 2006

Gestern Abend gehe ich ins Bett an 1:30A.M. ich an 6:00A.M. aufgewacht aber ich hatte der Kopfschmerzen die ich zu Badezimmer dann ich bin Schlafen wieder ich an 10:15A.M habe aufgewacht, ich fühle eine kleine Bequemlichkeit meine Kopfschmerzen. Ich wundere mich wenn es mein Natrium war oder es bei der Änderung

Verfahrens war, warum habe ich dass gesagt? Weil jedesmal ich fühle Kopfschmerzen als ich habe aufgewacht daß jedes Mal ich änderte war, Gewohnheit, gedacht änderte und ändernden Verhalten.

Heute habe ich gesehen die winzige Nadel an großen roten Punkt dort ich gestern gesehen hatte, habe ich gesehen daß ein anderer großer roter Punkt auf meinem linken Backenknochen wie die Größe ich gestern gesehen habe.

August 6, 2006

Gestern Abend gehe ich ins Bett früh an 6:15A.M habe ich aufgewacht, ich bin Schlafen wieder bis 9:15A.M. Ich hatte Traum gehabt aber ich habe es vergessen.

Heute morgen habe ich rote Punkt Nadel an meinen 2 Seiten meiner Nase an der Riß Linie gesehen.

Heute nachmittag habe ich am Tisch gegessen den las den Kraft Schuß zu meinem linken Backenknochen fühlt.

Nachdem Hauptmahlzeit die ich auftisch machte ich fühle die Kraft Schuß zu meinem linken hinteren Kopf am Hals den ich es fühle wie das Hemmen, schwer, ausgeschöpft war.

Dann der Schuß zu meinem richtigen hinteren Kopf am Hals ich fühle es nichts beeinfluß war, es wie der Schuß zu meinem linken hinteren Kopf am Hals vor mehr als Jahr hat beeinflußt war.

August 7, 2006

Ich ins Bett an Mitternacht ungefähr 7:00A.M habe ich aufgewacht. Ich bin Schlafen wieder an 10:15A.M gegangen habe aufgewacht. Ich habe Traum gehabt aber ich habe es vergessen. Ich war still in Bett der Schuß zu meinem richtigen Seite Kopf. Heute, nachdem ich nehme Dusche die ich fühlt es war nicht normal zu meinem beide Hüften, meine Rückseite eine Art des Schmerzes dann es hintere normale Stunden später war.

August 8, 2006

Gestern Abend gehe ich ins Bett ich an Mitternacht den ich an 1:15A.M habe aufgewacht brauchte Ich zu Badezimmer das es nicht normal zu mir ich Schlafen wieder, ich am künstlichen Traum 2 Stunden jedes Mal aufgewacht bis Morgen gehte gegangen hatte. Als ich war still in Bett dem Kraft Schuß zu meinem Herzen ich Schmerz fühle, habe ich meinen Körper gedreht zu es vermeiden, daß dann ich Schmerz an meiner linken Lunge eine Weile fühle,I ch aufgestanden der Schmerz war gegagen wurde.

Heute habe ich gesehen, daß mein linker Seite Front Kopf am den Knochen Tompo, auf höher wurde, sie Schlag gestiegen daß stellt vor einem Jahr oder länger jetzt sie Streik nach rechts Seite ungefähr Monat oder vor 2 Monaten begonnen haben.

August 9, 2006

Gestern Abend gehe ich ins Bett an Mitternacht den habe ich aufgewacht an 7:00A.M. Ich war still in Bett die Kraft Schuß zu meinem Herzen den ich zu Seite habe gedreht es zu vermeiden. Heute nachmittag könnte ich Schlafen nicht widerstehen das ich langes Schläfchen genommen habe.

August 10, 2006

Heute morgen war ich still in Bett die Kraft Schuß zu meiner Frau den ich zu richtiger Seite habe gedreht es zu vermeiden dann ich aufgestanden ich fühle unease daß trennt.
Heute abend nehme ich Dusche die Kraft Schuß zu meiner Frau, dass machte mehrere Schüsse zu mehreren verschiedenen Orten auf meiner Frau diesmal war.
Ich fühle auch das Drücken zu meinem linken Seite Magen, der es war groß um 4 inches von meinen linken Seite Magen drückte zu hinunter bis 10 inches.
An der Küche sie der Kraft Schuß zu meinem richtigen Oberteil Kopf um 5 bis 10 Minuten, meine richtige seite wurde beeinflußt zu der Zeit.
In der Nacht war ich in Bett die Kraft Schuß zu meinem linken Kopf weil ich Recht gedreht hatte der Schuß zu meiner Frau zu vermeiden.

August 11, 2006

Heute morgen habe ich gesehen daß 3 großer schwarzer Alter Töpfe an meinem richtigen Seite Auge und Tempo auch, ein schwarzer Alter Topf an meiner linken Seite über meinem linken Seite Auge, es über Nacht war.
Heute morgen habe ich eine weiße winzige Schnur wie Gewebe implanted auf meine richtige Seite obere Lippe gesehen.
Meine linke Seite läßt Lippe unter ihrem Verfahren entstellte herunter, ich detested Anschauen meines Gesichts jetzt habe. Ich weiß nicht was sie zu meiner Lunge machte die ich schwer an daß trennt fühle

August 12, 2006

Wenn ich nehme Dusche ich fühlte die scharfen Schuß zu meines Tempo es letzte lange Stunde dort.

August 13, 2006

Gestern Abend, als ich in Bett das Kraft Schuß zu meiner Recht Kopf war am tempo dann zu meinem linken Seite Kopf am Tempo zu führen.
Heute morgen wenn ich war still ins Bett das ich die Kraft Schuß zu meinem Herzen, Magen fühlte und läßt Unterleib Abschnitt herunter.

August 14, 2006

Im Abends ich war an der Küche auftisch gemacht den die Kraft Shuss als scharfen Nadel Stock in meine richtige innere Nase es betroffene sofort meine runny Nase fühle hat gemacht. Die Kraft zu meinem richtigen Kopf am Hals den ich habe Fisch kocht gerochen auch dann empfindlicher Nerv an meiner richtigen Nase wurden beeinflußt war, ich das Gewebe Papier mußte benutzen, meine Nase auszulöschen.

August 15, 2006

Heute morgen habe ich rote Punkt Nadel an meinem richtigen Backenknochen gesehen habe, daß das Gewebe implanted in meiner linken oberen Lippe ich versucht habe es aus zu ziehen, aber es war noch dort.

August 16, 2006

Heute morgen als ich in Bett die Kraft Schuß zu meines linken Tempo war, ich es mit meinem Finger reibt haben jenen Ort zu erleichtern.
Heute nachmittag der schlechte Geruch ich Frische Luft gemacht haben aber es war noch dort, ich fühle Kopfschmerzen dann ich die Tür habe geöffnet.

August 17, 2006

Ich habe aufgewacht am künstlichen Traum ich gewußt was sie haben wollt nehmmen was sie zufügen ein vorgehabt in.
Heute morgen, als ich in Bett die Kraft Schuß zu meinem richtigen Fuß am Nerven Punkt war.

August 18, 2006

Heute habe ich am Tisch gesessen der Schuß zu meinem linken Kopf nahe Schulter fühle.
Vor wenigen Tagen wenn ich nehme Dusche die Kraft mit der Größe ungefähr 21/2inches berührte fühlt und hat fortgesetzt Drücken zu meinem tailbone ich fühle Verletzung mehrere Tage später wie der Schnitt.

August 19, 2006

Gestern Abend habe ich in Bett ich fühle die Kraft zu meinem Unterleib drückt stundenlang behalten war, daß einzustellen ich habe ich nicht gedreht zu Seite es zu vermeiden dann morgen ich habe aufgewacht die gleiche Kraft zu meinem Unterleib gedrückt worden war, die machte wie so lang wie ich in Bett gestern Abend war dann Ich aufgestanden war zu Badezimmer Urin zu gehen, an meinem Unterleib gerader Linie wurden verletzt war. Dann ich Dusche nahm ich fühlt die Kraft machte etwas zu meinem Unterleib gerade zum Ort ich fühle mich emporschwingt dann mein zweiter Urin ich es fühle normal das es sich emporschwingt gegangen wurde.
Heute morgen habe ich rote Punkt Nadel an meinem linken Backenknochen gesehen, ich habe gesehen der puff zu meinem linken Backenknochen nahe meines Auge auch.

August 20, 2006

Heute morgen habe ich gesehen daß der puff nasher meinem linken Backenknochen gegangen wurde.

Ich habe am Küche Ausguß gestanden vorzubereiten Speise ich könnte fühlen der Schuß zu meinem linken Magen und am linken Schenkel auch.
Nachdem Mittagessen ich auftisch machte den fühle ich die Kraft Schuß zu meinem Magen an der Mitte dann nach recht Seite.

August 21, 2006

Das Thema war Besessenheit aber wurde aber ich es nicht gescriben was it war so ich hier könnte erklären dass nicht.

August 22, 2006

Gestern Abend als ich in Bett war ich könnte die Kraft der Shuss zu meinem unter Unterleib drückte, fühle ich Verletzung den ich zu richtiger Seite drehte es zu vermeiden. Ich habe mehrere Mal während Schlafens aufgewacht.
Heute morgen habe ich vergessen oder habe erleichtert von der Besessenheit die ich könnte stehen nicht gestern.

August 23, 2006

Gestern Abend habe ich mehrere Mal während die Nacht aufgewacht. Ich habe künstlichen Traum gehabt dass mischte mit jemandem oder seine oder ihr unterbewußtes Gemüt träumt.
 Heute morgen habe ich gesehen, daß 3 bis 4 Punkt Nadel Spuren an meinem Recht Backe herunterläßt, an meiner Nase und meinem Mund, es aussieht der Punkt wie das eine das ich an meiner Mitte oberer Lippe vor gesehen habe.
Seien Sie heute mein Ärger Tag das Besessenheit Thema wurde besetzt wie vorgestern.

August 24, 2006

Gestern Abend habe ich künstlichen Traum gehabt kombinieren.

August 25, 2006

Heute morgen habe ich gesehen der rote Punkt nahe meiner Mark an meinem richtigen Backenknochen.
Als ich habe gesessen am Tisch in meinem apt Zimmer die Kraft der Shuss machte zu meiner Kopf linken Seite es wurde versucht führt meine Koncentration zu verlieren wurde.
Auf der Straße an der Kreuzung wenn ich von Bus aussteigen gehte zu mein apt, Ich fühle der Schuß zu meinem Seite Kopf aber es war nichts, es war nicht beeinflußt fühle.

August 26, 2006

Ich habe keinen Traum gestern Abend gehabt.

Oktober 11, 2006

Gestern Abend Ich habe gehabt Alpdrücken dass ich Flucht die Gefahr und die Natur Katastrophe auch war.
Zur Zeit habe ich für Bewegen zu meinem Haus an einer anderen Stadt vorbereitet.

Ich habe in Houston gelebt

Juli 17, 2007

Da das Ende des Novembers 2006 ich habe bewegt zu Houston den ich schrieb nicht in diesem Buch irgendetwas mehr zu merken weil ich gedacht habe, daß das gleiche war, das sie zu meinem linken Körper machten. Jedoch vor wenigen Wochen fühle ich dass war etwas neue Methode, wenn ich an meinem Küchentisch saß Mahlzeiten hat, die sie schießen meiner Rückseite von links Lunge die es hat beeinflußt wie Anästhesie von links Lunge zu meines linken Kopf führt dann mehrere Stunden später ich Schmerz an jener Lunge fühle, der Schuß zu meiner richtigen Lunge wenige Tage später ich habe dass bemerkt, während ich das fühle als meinem linken Lunge Verfahren beeinflußt, wenigeTage später hustete ich dann ich Medizin hatte genommen jenes Husten zu unterdrücken.
Sie setzen Schuß zu meinem beide Lungen, mein Doppelpunkt ist fort wenn ich dort für meine Mahlzeiten saß. Ich bewegte zu dinning Zimmer für meine Mahlzeiten den Schuß zu meinem linken Auge, es war der stark Schuß 2 Mals das tag dann nächsten Tag ich jene Ort Drehung zu grauer Haut hatte gesehen. Ich nahm zu einem anderen Ort de Tische den starken Schuß zu meinem linken Kopf fühle ich und zu meiner linken Arm, ich es Schmerz fühle war.

Es war fast jeden Tag wenn ich Dusche nehme und bürstete meine Zähne die Kraft Schuß zu meines Kopf, meine Rückseite, meine Lungen, meiner Rucken, meinen buttocks, meinen Schenkel, meine Beine, meine Füße, und meinen Magen, es war mein ganzer Körper.
Wenn ich auftische gemacht habe den der Schuß an meiner Stirn, meiner Rückseite, meinen Lungen, meinem Kopf, und meiner Beinen Haut ich fühle (es hat Insekt oder Wurm Kriechen auf unserer Haut wahscheinlich). Wenn ich Computer benutzte in meinem Hauptschlafzimmer der Schuß zu meinem Hals, meinem hinteren Kopf, meiner Nase, meiner inneren Nase, meinen Backen fühle.

Juli 27, 2007

Gestern Abend ich an der Küche tische machte den ich der Rauch habe gerochen den ich fühle Schmerz an meiner linken Brust eine Weile dann es gegangen wurde.
Gestern Abend habe ich zu einem anderen Zimmer im meinem Hause bewegt wenn ich aufgewacht habe, den starken Schuß zu meinem linken Oval es schrecklicher Schmerz fühle war.

Vor wenigen Tagen, wenn ich in Bett lag, ich habe den Schuß zu meinem uteri, meine Frau, ovaries, ich gedacht daß sie schon die Vorrichtungen in meinem Haus installiert haben, jetzt haben sie dass Aufgaben angefangen.
Wenn ich bin gelaufen außerhalb ich fühle besser als ich war in meinem Haus mit Rauchen von Geruch.
Ich fühle den Schuß zu meiner linken Hand, nachdem Mittagessen, ich der duften von Indien gerochen hatte, meine linke Hand gelenk Schmerz.

Juli 28, 2007

Rauch hat mich Kopfschmerzen, schwindlig gemacht fühle haben und ich würde leicht in meinem Badezimmer zusammenbrechen.

August 2 - 4, 2007

Ich habe gerufen Gas Firma Dienst gekommen, Gas Öl und Rauch zu prüfen, den Kühlschrank, Tiefkühlschrank, und trockenere Gerät Dienst gekommen auch den Luft conditioner servicemen zu gekommen zu prüfen den Luft Leitungskanal Belüftungsschlitz und Luft conditioner zu reinigen, Ich habe Geld für jenen gefährlichen Geruch ausgegeben.
Ich habe nicht gewußt wie und wenn der Schuß zu meinem innerhalb meiner oberen Lippe und meiner unter Lippe waren, es Schmerz war, habe ich roten Pfeffer gegessen den meine Lippe waren in große dicke Lippen den ich des Spur der Nadeln dort schwellen gesehen habe, es vom seafood (shrimp) gegessen ich heute und gestern abend dürfte verursachen habe.

August 29, 2007

Vor wenigen Tagen lese ich Zeitung die ich von der Anzeige um die Verfahren Drehung Leute von 25 Alter zu 75 altern, das Frau Gesicht zeigen, wie sie aussieht, wie dadurch von 25 zu 75 altert. Eine andere Zeitung hat geschrieben um die Anzeige Kunststoffchirurgie und Änderung Genus, Änderung Frau zu Mann und Mann zu Frau, Änderung Verhalten, Charakter und hat die Struktur des Körpers geändert. Ich fragte mich selbst, daß das Verfahren war, das sie auf mir bestraft haben.
 Meine Würde, meines ehrenwertes, mein Lebens geld können nicht zahlen.
Meine Schönheit wird ein Milliarde Dollar sein.

September 4, 2007

Gestern Abend war ich in Bett der Schuß zu meiner linken Sohle, meine Frau, meiner richtigen Sohle aber leichterer Schuß als die linke Sohle fühle.
Heute morgen habe ich aufgewacht den ich fühle fremd und unbequem an meiner richtigen Seite unter meinem richtigen Ohr. Meine linke Sohle und mein linkes Bein war Schmerz ich könnte fühlen aber es war nicht schwer wie mein linker Fuß.

Oktober 11, 2007

Vor ungefähr Woche wurde ich habe gewußt nicht was sie zu meiner Brust machte, meine unter Arm und meiner Rückseite an meinen Lungen es verletzt waren.
Vor zwei Tagen habe meine 2 Beine schrecklicher ausgeschöpften Schmerz, ich dass könnte nicht gewußt.
Ich dass könnte nicht gewußt was sie es machten. Meine Brust Größe verloren waren in nur über Nacht, es kleine Größe als sie beleidigte zu mir wie alte Frau dass sie vorgehabt habe gewußt was sie es zu machen geworden war.

Oktober 15, 2007

Gestern Abend und vor wenigen Tagen habe ich nicht gewußt was sie innerhalb meiner Frau, innerhalb meiner uteri Route machten. Als ich aufgewacht habe, gehört habe, daß die lachen Stimmen von der Gruppe ausrufen, ich fühle Empfindung Nerven innerhalb meiner uteri Route berührten hat fortgesetzt fühle dann es fühlen für den ganzen Tag, heute ich brauche gehen zu Badezimmer in dringen wie Wasser aus will es könnte kontrollieren nicht.

Oktober 20, 2007

Gestern Abend wenn ich Nachrichten auf meinem Computer las ich gehört haben daß der Ton wie der Riss zu spalten die Wand oder etwas zu offnen die Wand versucht hat, ich habe gedreht um anzuschauen was es war, ich gesehen nichts habe worden aber wenn ich habe gesehen mein Gesicht im Spiegel ich habe gewußt daß es war vom Computer oder es falsch war, fühle ich meinen Mark Knochen Schmerz, Stirn Schmerz, der Schuß und weich Schuß Drücker zu meinem Rücken mehreren Mals dann eines Tages fühle ich meine Rücken nicht Steuerung die gerade Rückseite beim Sitzen war.

Oktober 21, 2007

Heute morgen habe ich gesehen daß die Spur des Schnitts an meinem richtigen Fuß nahe zum Knöchel und 3 große roten Punkt an meinem Fuß.
Vor wenigen Tagen zu heute wenn ich an meinem Computer Tisch am Spiel Zimmer saß den der Schuß zu meinem linken Oberteil linken Kopf fühle den Seite Kopf an meinem linken Ohr dann es schwindlig verlassen war und ich könnte konzentrieren nicht und hart zu verstehen.

November 10, 2007

Der Schuß zu meinem Kopf, meiner linken Backe, der Art der Einspritzung zu meiner richtigen Backe und zu beiden Schultere könnte ich die Spur der Nadeln sehen, belästigt meine Füße Vene. Der Schuß zu meinem ovaries für lange Periode Zeit fühle ich dann es Schmerz an jenem Ort, der Schuß zu meine Frau und uteri, wenn ich ins Bett lag. Heute nehme ich Dusche, ich fühle die Vibration belästigt meine Frau dann ich ihr beobachtet haben zu sehen was es machte war dann ich es erfahren wurde, daß meine Frau Gestalten geändert wurde, es in kleiner Größe war, es fremd zu mir, es Muskeln verloren fest war, ich könnte fühlen es erschutte Muskeln wenn ich gehte war.

November 15, 2007

Alle Nacht gestern Abend habe der Schuß zu meinem unter Unterleib und meine Frau, heuter Morgen ich aufgewacht habe ich konnte nicth gelaufen es so schmerzhaft war, ich konnte gewußt was sie machten zu meinem uteri und meine Frau dann heute abend wenn ich nehme Dusche, ich habe beobachtet was sie zu meinem unter Unterleib machte war, ich Überraschung als ich 2 Linie Spur von Strecken Haut an der linken Seite gesehen habe von meinem unter Unterleib waren, des Spurs dass Kind zu tragen werden. Ich habe 3 Kinder aber während der Schwangerschaft und nachdem childbirth ich Kreme zu meinem unter Unterleib, meinem Magen, meiner Rückseite, und meinen Beinen auch verwendet war.

November 16, 2007

Gestern Abend, als ich in Bett war den die Kraft wurde versucht, etwas zu meiner Frau zu machen, ich nicht habe gewußt wie es zu beschreiben dass ich fühle die Kraft machte das Ding wie das Kreis Ding aus meinem weiblichen empfindlichen Ort dann ich fühle dem Schnitt über an die Linie meine Frau gestaltet beginnt, dann ich fühle es herunterzieht, das als eine Art meines uteri aus war, ich aufgestanden war jenes Verfahren zu es vermeiden.

November 17, 2007

Gestern Abend belästigt die Kraft meine Frau, wenn ich in Bett war, das ich könnte schlafen so ich bin aufgestanden zu nehmen Bild mein Zimmer das ich verteidigt habe mit dem Blockade Gestell, mit Kissen, Karte Buch, und meinem Anstrich zu bedecken meinen Körper vom Schuß zu versuchen um zu ändern zu gestalten meinem Körper zu schaden, aber es wurde durch diese Dinge ich es vorbewuss dass sie die Kraft einstellt erhalten habe gemerkt durch es zu erhalten.
Heute morgen ich zu Badezimmer ich meinen Urin abwischte den ich fühle fremd zu meine weiblichen Seite geändert war aufgestanden gehe habe ausgelöscht. Ich war so böse so ich Bilder meine fremde Frau nahm zu der Zeit es habe genommen war, dass war so hart mein Bild mich selbst zu nehmen. Es war nicht meine Frau, es ihre Frau oder der Mann Gestalten war.

November 19, 2007

Heute wenn ich nahm Dusche habe ich beobachtet daß meine Frau sieht wie sie es gestern Abend geändert haben, ich gesehen daß es in weiblichen Gestalten geändert wurde aber es war nicht meine Ursprung Frau. Da ich habe bemerkt daß die Änderung dann ich von meine Frau immer morgens beobachte oder in der Zeit nehme ich Dusche.

November 21, 2007

Gestern Abend habe ich ins Bett der Schuß zu meinem unter Unterleib dann ich heute morgen gesehen daß mein Unterleib Form in Mann Gestalten war.

November 25, 2007

Heute ich erfahren alle Bilder dass ich auf meiner digitalen Kamera gelöscht geworden war, jedoch ich habe spare Bilder zu meinem Computer und verschließte die Akte auf meinem Computer.

November 26, 2007

Heute morgen habe ich aufgewacht den ich fühle Verletzung an meine Frau wie ein Schnitt, ich es habe beobachtet versuchen aber ich ihr fühle nur ich ihr könnte sehen nicht.
Heute morgen habe ich den Nadel Punkt an meiner Mitte oberer Lippe, der Punkt an meiner Nase und dem Schnitt an meiner Nase ungefähr inch lang gesehen.
Ich fühle die Vibration unter meinem Unterwasche (panties underwear).

November 28, 2007

Heute morgen habe ich beobachtet daß mein unter Unterleib gesehen habe, daß es in saggy Gestalten war, ch habe etwas fremd zu meiner oberen Lippe gesehen damit ich yarned zu reshape es war.

Dezember 1, 2007

Bevor gestern ich habe gesehen daß der klein puff an meiner linken Seite obere Lippe nach links Backe, habe ich heute gesehen daß sie jenem Ort das Mann Aussehen bilden damit ich es mit meinen Fingern reibte.
Heute morgen wenn ich still in Bett der Schuß zu meiner Frau und meinem Unterleib, ich habe gewußt nicht dass was sie heute machten, ich bin so ermüdet werden dass meine Frau jeden Morgen zu prüfen werde ich so ermüdet.

Heute morgen wenn ich habe geprüft meine Frau die ich habe gesehen daß sie zu einer anderen Form der Frau ändern, aber es war nicht meine Ursprung Frau. Ich war so argerlich.

Dezember 7, 2007

Heute wenn ich nehme Dusche ich wasch meine Frau den ich fühle an der linken Seite meine Frau hat harten Kreis dort wurde. Habe ich nicht gewußt was sie ihr zu machen, die männliche Form versuchen sie?

Dezember 14, 2007

Gestern Abend schlief ich in meinem Bett ich habe aufgewacht Ursache der Schmerz zu meinem oberen Teil meiner Rückseite den ich das Karte Buch habe genommen dann ich lag hinunter auf die mattratze zu stellen, ich habe schlafen bis zu Morgen.

Ich dass erinnerte mich an die Nacht ich ins Bett den die Kraft Schuß zu meine Frau ich erinnerte dass ich versucht der Kissen, meine Anstrich, und des Schachtel Papiers zu hemmen aber es griff still meine Frau an, damit ich mein Zelle Telephons genommen habe stellt an meine Frau dann ich könnte fühlen die magnetische Mikrowelle zu stellen, die Umgeben bewegt, das dann zu anderem auf meinen Körper angegriffen wird, Ich habe gewußt, daß sie erkennen könnten daß auch an jener Nacht.

Dezember 27, 2007

Wenn Ich nehme Dusche ich die Vibration fühle zu meine Frau anzugreifen, sie versucht haben von Gestalten zu Gestalten zu ändern.

Ich fühle der Schuß zu meiner Lunge, die Vibration zu meinen Lungen, ich Schmerz in der Nacht fühle wenn ich auf mein Bett lag.

Dezember 29, 2007

Heute ich Dusche nehmme der Schuß zu meinem Fess fühle dann ich höre daß sie beleidigen mich zu der Zeit daß gesehen haben, ich war so böse habe ich Gott gerufen sofort das Licht zu meinem Bein gestreikt worden, ich nicht gewußt daß ihre Kraft Bestrahlung irgendeiner Quelle aus verloren war weil ich war sie erschroken.

Januar 8, 2008

Gestern Morgen ich habe genommen Dusche wenn ich wasch meine Frau ich könnte fühle mich an der richtigen Seite dort 2 Seiten Frau Form emporschwingt war, ich ihr nicht sehen aber ich fühle wie sandig an jenem Ort, es war Mikrochip oder irgendeine Art des Gewebes oder Zelle dürfte eingefügt worden, ich fühle dass meine 2 Seite Frau nicht meine volle 2 Seite Frau Form wurde, es geänderte Form ich könnte es nicht beschreiben war.

Januar 10, 2008

Gestern Abend während der Zeit ich Nachrichten las auf dem meinem Computer der Shuss zu meinem linker oberer Seite Kopf den zu Mitte zu hinunter 1 bis 2 ich, ich diese Orte mit meinen Fingern habe berührt dann fühle ich die Art von Einsatz Chip oder etwas weil es wie ein kleiner Knopf dort war.

Heute abend an der Küche ich fühle die Vibration zu meinem beide Lungen, der Schuß zu meinem linken Ohr, unter meinem Ohr, der Schuß zu meiner linken Seite Frau fühle auch.

Januar 14, 2008

Heute hat alle Dinge mich die Erlösung gedacht haben gemacht habe gehabt, das Mission Gott Universum und Mich zu schreiben.

Januar 22, 2008

Vor ungefähr Woche wenn ich habe beendet meine Dusche nehmmen den ich fühlt der Schuß und die Vibration zu meinem Hals dann wenige Minuten später ich fühle steifer Hals oder eine festigen Muskeln an meinem Hals und oberer Rückseite hinhält war.

Januar 23, 2008

Heute wenn ich an dinning Zimmer saß, das ich den Schuß zu meinem linken Hals fühle. Wenn ich an der Küche auftische machte ich fühle einen boucle Kreis Kraft Schlag zu meinem richtigen Oberteil führt 2 Mals dann das beeinflußt war leicht schwindlig wenn ich meine Zähne bürstete oder es eine andere der Kraft habe die ich nicht bemerkt war.

Januar 25, 2008

Gestern Abend war ich nur Legen in meinem Bett ich die Kraft fühle es zu drücken zu meiner Brust vom Hals zum Mark Knochen (marrowbone) gedrückt worden war, fühle ich den ganzen Brust Schmerz durch zu den Lungen in Rückseite auch. Es wurde gestört daß mein Schlafen damit wenige Stunden später ich war noch wach ich fühle den Kraft Schuß zu meinen Zehen, meinem Fuß, meine Beine, die ich gefühlloosen Muskeln von meinen Füßen bis zu meine Hüften fühle.
Heute morgen habe ich der roten Punkt an meiner linken Seite oberer Lippe gesehen. Vor wenigen Tagen habe ich gesehen und fühle das sandige wie eingefügte Chip zu meiner linken Seite Backe.

Januar 26, 2008

Vor wenigen Tagen habe ich an meinem Computer saß ich gehört habe daß der Ton und ich könnte fühlen die Welle von elektronisch geprüft durch meinem Hause, dass war 2 ununterbrochene Linie Wellen unterbringt.
Im Sommer 2007, ich war gegangen draußen schnitten Gemüse und Nahm photo dann ich innerhalb meines Hauses zurückgekommen, ich mein Mittagessen vorbereitete und Wäschte meines Gemüses das ich nur Schneiden. Nachdem ich es beendet habe zum Hintereingang wo ich Stellte meiner Kamera dort. Ich habe bemerkt daß der Ton hier an der Kamera ich war stundenlang habe gehört dann ich Kamera meinem Zimmer Obergeschoß wenn ich an der Tür dann ich könnte fühlen der Vibration das Ausbreiten schnell dass gehört könnte den Ton gebracht habe gestanden zu den Wänden meines ganzen Hauses zu erweitern zu den Fenstern schüttelt, ich Panik die ich gedacht habe daß mein Haus kann sich explodiert in Sekunden hat dann es hat automatisch sich abgeschaltet und meine Kamera auch.
Gestern und heute habe ich in meinem Haus das Gas Öl und Rauch gerochen wie 5 Monate vor es hatte.

Januar 27, 2008

Gestern habe ich begonnen meinen diary zu meinem Computer zu tippen für mein nächste Buch Gott Universum und Mich zu sorgen.
Wenn ich am dinning Zimmer sass die Kraft zu meinem linken Kopf, mein hinterer Kopf am Hals angegrifft worden war.
Wenn ich an meinem Computer im Spiel Zimmer gesessen war meine Arbeit zu tippen der Schuß zu meinem Kopf fühle.

Januar 28, 2008

Das Gas Öl habe ich noch es heute gerochen war.
Wenn ich in dinning Zimmer saß der Schuß zu meinem linken Ohr, meinem Mitte Rückseite Kopf fühle.
Als ich an meinem Computer gesessen war ich fühle die Kraft zu meinem Kopf gedrückt worden war, der Schuß zu meinem linken Kopf, und meinem richtigen hinteren Kopf.

Januar 29, 2008

Heute morgen habe ich aufgewacht, glaube ich am Traum daß von schrecklichem Geschlecht Gemüt in meinen Traum leitet, der zu meinem bewußten Gemüt führen wird ins zwillings leicht bewußt. Ich habe so böse ich gesagt war, daß es wie Davince Code in Zukunft sagen würde.

Februar 2, 2008

Heute als ich am Tisch dinning Zimmers gesessen habe das ich fühlt die Kraft zu meinem richtigen Oberteil Kopf, Hals, linke Lunge angegriffen worden war dann ich fühle wie gefühlslose Muskeln dort.
Vor wenigem Tag, wenn ich bürste meine Zähne die ich fühle den Schuß zu meines unter richtige Augen dann ich den kleinen schwarzen Punkt dort dann den Tag später ein anderer Schuß Punkt an gesehen habe, daß dann wieder Morgen vom nächsten Tag es stellt den großen schwarzen Punkt habe gesehen und habe in an jenem Ort eingebeult.

Februar 3, 2008

Am Hauptmahlzeit Zeit die Kraft Schuß zu meiner linken Lunge, mein linker Hals unter meinem linken Ohr, und meinem linken Kopf.

Februar 4, 2008

Als ich an meinem Computer gesessen war die Kraft zu meinem linken Kopf gedrückt worden war.
Heute abend wenn ich bürste meine Zähne der Schuß zu meinem der Ort zwischen Hüfte und Unterleib herunter und geprüft durch meine richtige Frau auch fühlt.

Februar 5, 2008

Als ich an dinning Zimmer war die Kraft zu meinem linken Rückseite Kopf zum Hals angegriffen worden war dann ich wenig schwindlig fühle.
Wenn ich an der Küche auftische machte ich fühle die Kraft zirkulierte Vibration der Welle unter meinem panties dann es schuss zu meiner linken weiblichen Seite dann durch zum Knochen an das linken Seite Frau auch.

Februar 7, 2008

Gestern Abend habe ich aufgewachen aufgrund des schrecklichen Schmerzes an meinem richtigen Fuß gelenk Knochen dann in Sekunden aufgewacht ich Schlafen wieder, ich habe geträumt. ein Traum in China oder einigen Ein mit Erfahrung Zuschauen kalter Katastrophe Nachrichten kürzlich Zeit in China.
Heute nachmittag wenn ich habe genommen Dusche die ich wasch meine Frau ich fühle Schmerz beide Seiten meine Frau, es in Verletzung war wie die Nadeln angreifen diese Seiten war.
Mein Ärger war voll jetzt. Es war so schrecklich ich nicht schweigsam kann. Meine Frau war Änderung in ihren Gestalten, bevor sie Änderung von meiner Frau versucht haben, sie waren so hart haben versucht meine natürliche Frau in Schwulen dann lesbian zu ändern, sie gewußt haben was ich dass sagen.

Februar 8, 2008

Ich habe Gas Öl, gerauch nicht gerochen habe heutzutage da ich aus für mein Lebensmittelgeschäft vor wenigen Tagen gegangen war.
Als ich in Bett war ich fühle meinem Backen wie in Nadel aufhebt waren dann daß herunterfallen laßt.
Vor wenigen Tagen ich fühle die Kraft hochzog meinen unter Unterleib dann gestern Abend die Kraft machte zu meinem Unterleib auszubreiten, dass so Schmerz war damit ich Dose und mein Zelle Telephon genommen habe zu meinem Unterleib gestellt werden, ich gelaufen war meine Muskeln zu exercise dann es Erleichterung Stunden waren später.

Phiem
Februar 8, 2008

Printed in the United States
By Bookmasters